Désirée Nick
mit Volker Ludewig

Bestseller
einer Diva

Seit Jahren vergriffen

Knaur Ⓚ

DÉSIRÉE NICK, 25, ist eine lichtblonde Sopranistin, Tänzerin, Lehrbeauftragte für katholische Religionspädagogik, Schauspielerin, Diseuse, Talkmasterin und Entertainerin. Nach drei Personality-Shows, der Hauptrolle in Rosa von Praunheims »Neurosia«, einem Triumphzug durch deutsche Talkshows und der Produktion einer CD ist »Bestseller einer Diva« das erste Buch der legendären Berlinerin. Ihren eigenen Worten zufolge basiert es nicht nur auf Fakten, Fakten, Fakten, sondern auf Gerüchten, Verleumdungen, Beleidigungen und den Graffiti diverser Berliner Männertoiletten. Désirée Nick plant, sobald sie erwachsen ist, zu heiraten und das Leben einer Nur-Hausfrau und Mutter zu führen. 1996 bekam sie einen Oscar.

VOLKER LUDEWIG wurde Anfang der siebziger Jahre in Goslar geboren. Sein Kinderarzt hieß Dr. Frankenstein (ungelogen), und auch später fand er sich selten in guter Gesellschaft wieder. Désirée Nick nahm sich seiner 1992 an – als Headhunter in eigener Sache zog sie Ludewig von seinem Posten als Kartenverkäufer eines viertklassigen Varietétheaters ab, den er sich anzunehmen gezwungen sah, nachdem er seine Modeling-Karriere durch den Säureanschlag eines Kollegen frühzeitig hatte abbrechen müssen. Seit diesem Tag beschäftigt sie ihn als »personal assistant« und ermöglichte ihm so u. a. kosmetische Chirurgie (er sieht jetzt wieder aus wie neu, nur etwas strafferer), das Studium der Anglistik (sein M.-A.-Zeugnis hängt über einem ihrer Louis-Quatorze-Schreibtische), den Erwerb eines Macintosh-Computers (auf dem er ihre Fanpost beantwortet) und eines Versace-Sakkos, in dem er sie bei öffentlichen Anlässen vom Taxi zur Tür begleiten darf. Seine Mitarbeit an diesem Buch umfaßte das Anspitzen der Bleistifte der Diva (das erste Manuskript wurde in der Farbe rouge-noir geschrieben), das Ausführen der Hunde, wenn die Nick von der Muse geküßt wurde, und das Vor- und Zurückspulen des Diktiergeräts (Bang & Olufsen). Volker Ludewig hat über die Jahre Angebote von Inge Meysel, den Kessler-Zwillingen, Dr. Antje Schaeffer-Kühnemann und anderen illustren Größen ausgeschlagen. Sein Kommentar: »Désirée Nick hat mir mein Leben wiedergeschenkt – andere würden mich doch nur kaufen.«

Die Handlung dieses Buches beruht auf wahren Begeben-
heiten. Jede Ähnlichkeit mit lebenden oder verstorbenen
Personen ist nicht nur beabsichtigt, sondern unvermeidlich.

Originalausgabe Juni 1997
Copyright © 1997 Droemersche Verlagsanstalt Th. Knaur Nachf., München
Das Werk einschließlich aller seiner Teile ist urheberrechtlich geschützt.
Jede Verwertung außerhalb der engen Grenzen des Urheberrechts-
gesetzes ist ohne Zustimmung des Verlages unzulässig und strafbar.
Das gilt insbesondere für Vervielfältigungen, Übersetzungen,
Mikroverfilmungen und die Einspeicherung und Verarbeitung
in elektronischen Systemen.
Umschlaggestaltung Siegfried Schiller, Pentenried
Satz MPM, Wasserburg
Reproduktionen: Siefert, Ulm
Druck und Bindung: Ebner Ulm
Printed in Germany
ISBN 3-426-60665-8

5   4   3   2   1

Ich widme dieses Buch Marcel Reich Ranicki

sowie

Allen anderen Männern,
die mich in meinem Leben belogen,
betrogen, enttäuscht, versetzt
oder nicht einmal zurückgerufen haben.
Möge der Herrgott dafür Sorge tragen,
daß sie sich auf der nächsten Rolltreppe
das Genick brechen.

Vermögen wieviel war da.
Was kam an Geldern zu.
Was wurde ausgegeben.
Was ist noch da.
Welche Gelder sind noch zu
erwarten.

Erstes schriftliches Zeugnis des Wunderkindes im Alter von 6 Jahren.

Inhalt

Désirée by Joop!
(Bitte beachten: Es ist *keine* Lagerfeld-Skizze.)

Prélude

ICH WAR EINE MINDERJÄHRIGE, SCHWANGERE, ALKOHOLSÜCHTIGE, HEROINABHÄNGIGE SADO-MASO-STASI-NAZI-HURE!

Natürlich bin ich all das nie gewesen. Ich habe Ihnen nur soeben das erste Gesetz des Showbusineß vermittelt: überraschen, übertreiben, übertrumpfen. Einfach mehr aus allem machen. Vergrößern. Außer der Nase – die muß man verkleinern. Ich mache beides nicht – und es klappt trotzdem. Das ist die zweite Regel des Showbusineß: die Regeln immer wieder neu erfinden, genau wie sich selbst – und natürlich: Frisieren, Frisieren, Frisieren! Bei Interviews jedesmal einen neuen Standpunkt vertreten, widersprüchlich-kontrovers-provokant-geistig-brillante Antworten geben, am besten in geschmackloser Kleidung und mit zuviel Make-up (wie Regine Hildebrandt). Soviel Klasse, Stil und Qualität haben, daß man es sich leisten kann, geschmacklos aufzutreten. Was billig wirkt, muß doppelt wertvoll sein. Crêpe de Chine zu Polyester machen!
Wenn Sie all das verabscheuen, haben Sie im Showbusineß nichts zu suchen. Wenn Sie all das fasziniert, stellen Sie sich darauf ein, extrem hart zu schuften und sich nie für irgend etwas zu schade zu sein. Abgesehen von ein paar Frustrationen, Erniedrigungen, Demütigungen, Bitterkeit, Verleumdungen, Intrigen, Rückschlägen und Ängsten, kurz: Enttäuschungen, werden Sie sehr viel Spaß haben. Und vielleicht ziehen Sie sogar das ganz große Los und werden so reich

beschenkt, daß eines Tages ein Verlag anruft und Sie bittet, ein Buch zu schreiben. So was passiert einem natürlich nur, wenn man instinktiv die Geheimnisse des Showbusineß wie eine Klaviatur beherrscht und sich auf die große Kunst versteht, mit platzenden Seifenblasen immer wieder Spannung zu erzeugen.

Kurz: zu unterhalten.

Holt einen Stern vom Himmel, und es bleibt nichts, als ein grauer Meteorit ...

Volker Ludewig, Kammerzofe
c/o Désirée Nick,
Seiteneingang,
Dienstbotenflügel

An den
Droemer Knaur Verlag
Rechtsabteilung

Sehr geehrte Damen und Herren,
zufällig geriet mir beim Auswischen des Wäscheschranks das
Manuskript der Autobiographie Désirée Nicks, bei der ich in
Stellung bin, in die Hände. Um Ihnen einen Rechtsstreit zu
ersparen, der die Veröffentlichung des Buches aufgrund von
Verletzung u. a. meiner Persönlichkeitsrechte verhindern würde, habe ich mir erlaubt, an den entsprechenden Stellen meine
persönlichen Bemerkungen anzubringen.

Die Honorierung meines Beitrags an diesem Buch stelle ich mir
folgendermaßen vor:

– Aufführung meines Namens als Co-Autor,
– 80% des Lizenzhonorars Ihrer Autorin, 90% der Neben-
   rechte,
– weltweite Filmrechte,
– mein Foto auf dem Einband (eine Fotosession mit dem
   Fotographen meiner Wahl – Herb Ritts oder Bruce Weber –
   Kosten übernehmen Sie),
– Désirée Nicks goldenes Adreßbuch,
– ein Jahr lang Mittagstisch im Grand Hotel Esplanade –
   finanziert von D. Nicks Lizenzeinkünften. (Als Wiedergutma-
   chung für die schlabbrigen Käseknäckebrote und vertrock-

13

neten Gurkenvollkornschnittchen, mit denen sie mich fünf Jahre lang ernährt hat. Von dem schimmligen Hüttenkäse ganz zu schweigen, den sie mir als Gervais' Antwort auf Gorgonzola verkaufen wollte . . .)

Sollten meine Argumente Sie bislang nicht überzeugt haben, so kann ich Ihnen sagen, daß ich im Besitz des Schlüssels zu Désirée Nicks geheimem Bankschließfach in Potsdam bin, in welchem sich die Dokumente über ihre wahre Herkunft und die Ergebnisse des Vaterschaftstests für ihren Sohn Oscar befinden. Sie möchten sicherlich nicht, daß diese brisanten Informationen an die Öffentlichkeit getragen werden . . .

Volker Ludewig

P.S.: Auf diesem Wege möchte ich Ihnen auch gleich mein Buch »Nicks dazugelernt« anbieten, einen Selbsthilferatgeber für Menschen, die unter obsessiven Arbeitsbeziehungen leiden. Exposé anbei.
In Ihrem eigenen Interesse möchte ich Sie bitten, Désirée Nick gegenüber vor Veröffentlichung des Buches nichts von unserer Übereinkunft – sollte es dazu kommen – zu erwähnen. Der Schock würde sie wieder in die Betty-Ford-Klinik treiben, und Sie müßten dann für die Lesetournee mit meiner Wenigkeit vorliebnehmen, wogegen nichts einzuwenden wäre, ich habe mir alle Bühnenkostüme nachgearbeitet und ihre Perücken passen mir auch, aber ich werde wohl schon genug damit zu tun haben, der Nick ihre Valium-Rationen in die Klinik zu schmuggeln.
Ich freue mich auf Ihre Rückmeldung.

Hochachtungsvoll,
Volker Ludewig

1 Ouvertüre (Opening Tirade)

»ICH BIN DÉSIRÉE NICK – ÄNDERN SIE EINEN EINZIGEN BUCHSTABEN, UND SIE HABEN DIE GESCHICHTE MEINES LEBENS!«

Dies ist eine meiner unwiderstehlich charmanten Antworten auf die in Interviews ständig wiederkehrende Frage nach dem Ursprung meiner grandiosen Kultur. Allerdings gebe ich zu, mit diesem Statement sowohl in der Biolek-Talk-Show, als auch in New York David Letterman gegenüber ein wenig geflunkert zu haben (böse Zungen behaupten, ich würde die Wahrheit manipulieren ...). Um mich von solchen Verleumdungen zu distanzieren, reiße ich mir gleich auf Seite 15 die Maske vom Gesicht und enthülle allen Fans gegenüber Nix als die nackte Wahrheit: Die Wurzel meiner Kultur liegt seit jeher in der Poesie. Gedichte mag ich ja mal zu gerne, Sie! Wenn sich was reimt, bringt das doch immer gleich Rosen in den grauen Alltag. Und wenn ich des Abends nach der Vorstellung im Whirlpool meines Tourneebusses sitze, dann kriege ich immer meine intellektuellen Anwandlungen. Große Teile meiner erfolgreichen Shows sind auf Raststätten längs der Autobahn entstanden. Nachdenken, entspannen und zuschauen, wie der Verkehr an einem vorüberbraust. Und kein Wunder, denn schon als Kind habe ich immer schöne Sprüche aufgeschrieben. Erste literarische Aufzeichnungen im zarten Alter von zwölf Jahren bestätigen dies. Um neue Fans auf das intellektuelle

Niveau einzustellen, welches mich so reich und berühmt gemacht hat, möchte ich eingangs ein Frühwerk zum Besten geben:

Für Walter

Ich wünsch Dir einen Knaben, keinen groben Mann,
Mit einer hohen Stirne, doch ohne Hahnenkamm;
Mit zarten Fingerspitzen und unbeflecktem Schwanz,
Schneller als der Osterhase und länger als ein
    Rosenkranz;
Der Dich nicht durch sieben Himmel in die nächste
    Hölle fährt,
Sondern, Edelstein im Nabel, Deine kleinen Freuden
    nährt.

Das habe ich auf der Beerdigung meines Kollegen Walter Sedlmayer vorgetragen. Es hat den ersten Preis beim Bundeswettbewerb der »Tage des schlechten Geschmacks« gewonnen. Seitdem entwickelt sich mein feiner weiblicher Geist unaufhaltsam. So wurde ich zu einer durch und durch kultivierten Person. O ja – ich lese im Monat bestimmt vier, fünf Pfund Bücher und gehe nie ohne ein gutes Buch ins Bett – oder einen Mann, der eins gelesen hat. Doch wenn Sie mich fragen, was diese alten Philosophen teilweise für einen Quatsch geschrieben haben – das würde doch heutzutage kein Mensch mehr lesen.
Es gibt einen Satz, ich glaube von Demokrit, der heißt panta rhei (Griechisch: alles fließt). In meiner Neubearbeitung Demokrits fürs Jahr 2000 korrigiere ich diesen Blödsinn und behaupte:

Alles hängt

Das Kind hängt an der Mutter
Der Bauer an dem Land
Der Protestant an Lutter
Das Ölbild an der Wand
Am Manne hängen Eier
Der Schwanz hängt sowieso
Wenn nicht, dann ist's 'ne Feier
Und macht ihn tierisch froh.
An mir da hängt der Busen
Ich hänge an der Kunst
Die Kunst hängt an den Musen
Und die hängen durch – was sunst.
Der Weinberg hängt voll Reben
Der Hund an Herrchens Blick
Der eine hängt am Leben
Der andere am Strick.

Wenn ich morgen sterben würde, wie man es eigentlich von Legenden erwartet, dann stünde am nächsten Tag in der *Bild:* Sie war eine Franziska van Almsiek der Poesie. Bedenkt man, wie ausgeprägt mein Draht zum Volkstümlichen ist, kommt man nicht umhin, meinen »Aufstieg zur exzentrischen Kultfigur« *(Tagesspiegel)*, zur »Marlene fürs Jahr 2000« *(Spiegel)*, »Revolutionärin des Showbusineß« *(Frankfurter Rundschau)*, »Erfinderin des Damenwitzes« *(taz)* oder Kritiken wie »Marlene ist tot – es lebe Désirée Nick«, »Désirée Nick ist Kult – wer ihre Show nicht gesehen hat, lebt um zu bedauern«, »Theatersterne vom Himmel geholt« als kulturpolitisches Phänomen unserer Zeit zu werten. Letztendlich spiegelt meine Karriere wider, was ein gebildetes Publikum am Ende des 20. Jahrhunderts von einer Künstlerin erwartet: Intelligenz, Talent und dicke Titten. Ich frage mich manchmal, was aus mir geworden wäre – ohne Intelligenz, Talent und dicke Titten? Was bliebe als nackte Substanz unter dieser Spachtelmasse aus Selbstbewußtsein und intellektueller Brillanz? Die Antwort drängt sich geradezu auf: natürlich Unsterblichkeit! Wenn man so gebaut ist wie ich, ist man nicht mehr recyclingfähig – ich bin klinischer Sondermüll!

Um so erstaunlicher, daß es mir nach unzähligen Fehlschlägen beruflicher und privater Art doch noch gelungen ist, über die spartanische Ballettänzerin, die exkommunizierte Religionslehrerin und schwer vermittelbare Sozialhilfeempfängerin – kurz die chancenlose Katastrophenfrau – zu einer Künstlerin zu erblühen, die man nicht nur beneidet, sondern sklavisch kopiert. Noch dazu, wo ich ja nicht gerade ein Glückskind bin: Ich bin mehr so der Typ, der nach Lourdes fährt und dann dort ersäuft. Halt so 'n Rassehund, der sich unter Straßenkötern durchgebissen hat. Und ich bin selbst immer wieder verwirrt angesichts der überwältigend vielseitigen Schattierungen meiner Persönlichkeit. Wohin mit diesem reichhaltigen Potential an künstlerischen Gaben? Die Antwort ist klar: Deutschland braucht einen neuen Superstar. Wir haben ja niemanden mehr. Sicher, Marika Rökk. Aber die tanzt ja nicht mehr, die wird nur noch geworfen und gefangen. Von den Frauen hat's doch keine mehr nach Hollywood geschafft in den letzten zwanzig Jahren. Vielleicht noch Hanna Schygulla, aber von der hat man auch nie wieder gehört. Wäre ihr Hals nicht so kurz, würde sie den Kopf ganz schön hängen lassen. Ist ja eigentlich erstaunlich, denn der Arnold Schwarzenegger hat noch keine ideale Filmpartnerin gefunden. Was dem Fred Astaire seine Ginger Rogers, dem Groucho sein Marx und der Pola ihr Negri – das werde ich eines Tages für Arnold sein. Es ist doch traurig, wie wenig Format unsere deutschen Stars haben. In den USA, da wissen die Stars noch, was sie ihrem Publikum an Allüren schuldig sind. Bei uns, das sind doch alles keine richtigen Stars mehr. Also Mutter Beimer? Heidi Kabel? Inge Meysel? Ich finde, das Bundespostministerium sollte eine Briefmarkenserie über die Mütter der Nation herausgeben. Es ist nämlich höchste Zeit, daß diese Frauen mal wieder von hinten geleckt werden. Und auch die Schlagerstars sind hier alles andere als attraktiv. Neulich habe ich in einer Talk-Show neben Dieter Bohlen gesessen. Dieser Mann hat mit seinen achtundvierzig Jahren immer noch eine solche Akne, daß ich Lust bekommen habe, mich auf sein Gesicht zu setzen, einen Filzstift zu nehmen und »Verbinden Sie die Punkte« zu spielen. Oder die großen alten Damen der deutschen Unterhaltungsindustrie: die Valente – ein unübertroffenes Talent im Showbiz, ich küsse die Erde, auf der sie geht – muß heute durch die Arktis tingeln, »Bonjour Catherine« singen und sich zufrieden geben mit freier Kost und der Kreuzfahrt gratis. Und Hildegard Knef erst! Macht auf Techno-Oma, um das Geld zusammenzukratzen, damit sie sich endlich mal wieder die Haut hinter die Ohren nähen lassen kann. Armer Rex Gildo! Seine Dehnungsstreifen um die Mundpartie kaschiert auch kein Schnauzer mehr. Mein Gott, muß der viele Bananen quer gegessen haben ... Dagegen Michael Jackson: Aus einem schwarzen Jungen ist ein weißes Mädchen geworden, das auf der Insel Lesbos ein Kind zeugt.

Was will die Autorin mit diesem kleinen Exkurs der Doppelzüngigkeit ihren Lesern sagen?

STARS werden von ihren Mitmenschen auf merkwürdige Weise betrachtet. Schon allein die Tatsache, als STERN bezeichnet zu werden, sollte einem zu denken geben: Schöne strahlende Sterne stehen immer einsam am Firmament – nur so vermag ihr Strahlen alle Blicke auf sich zu ziehen.

Mir ist es schon passiert, daß mir Fans bis aufs Klo gefolgt sind und mich entsetzt anstarrten, weil ich doch tatsächlich eine sanitäre Einrichtung für die vorgesehenen Zwecke in Anspruch nahm. Jawohl: Stars müssen pissen.

Der Preis für den Erfolg ist nun mal ein Leben im Goldfischglas. Und was wäre Désirée Nick ohne ihre Fans? Ich laufe sogar den Glatzköpfigen hinterher: Seinen Flaum verloren zu haben bedeutet schließlich nicht, kein saftiger Pfirsich mehr zu sein!* Ich weiß, was meine Fans von mir erwarten, und nichts regt mich mehr auf, als in der Mitte eines Magazins Lügen über mich gedruckt zu sehen, anstatt auf dem Cover. Ich kann und will mein Publikum eben nicht enttäuschen – all die lieben Menschen, deren Lachen Musik in meinen Ohren ist und die tatsächlich bereit waren, an der Abendkasse dreißig Mark für mich hinzublättern. Und zwar nur, um zu erleben, daß ich eine von ihnen bin, die auch nicht richtig singen kann – aber trotzdem den Mut hat, dafür Geld zu nehmen. Ich habe ja Fans, die sehen sich meine Shows sechs- bis siebenmal an – ich nehme an, weil sie beim ersten Mal gar nicht alles begreifen. Nun ja, das Erfolgsprinzip liegt auf der Hand: Singen, wenn man's kann, ist keine Kunst; aber gehe einer raus aufs Seil, der es nicht kann, und die Meute hält den Atem an!

Die Welt ist voller schöner Töne und voller begabter Sänger; das 20. Jahrhundert gab uns Bessie Smith, Billy Holiday, Aretha Franklin, Ella Fitzgerald – Vorbilder, denen die Interpreten von Wien bis Sylt nacheifern, doch in unserem inneren Ohr erklingt immer nur die Stimme des Originals.

---

* Ich habe auch nichts gegen Männer aus den neuen Bundesländern. Mit denen habe ich sogar sehr gute Erfahrungen gemacht. Die machen wesentlich mehr Oralsex als Wessis. Man muß nur dafür sorgen, daß man unterrum so riecht wie ein Westpaket. Seitdem ich das gemerkt habe, habe ich mein Intimspray gegen Jacobs Krönung eingetauscht. Funktioniert prima, man muß nur aufpassen, daß kein Sand ins Getriebe kommt.

Was Judy Garland, Edith Piaf, Liza Minnelli und Marlene Dietrich hatten, war Stil. Die Musicalartisten heute haben all die Songs, aber keinen Stil. Das ist der Punkt, an dem ich auf der Bildfläche erscheine – als Professorin für das Studienfach »Singen ohne Stimme«. Die Marktlücke, die ich für mich entdeckt habe, ist, daß ich immer das Gegenteil von dem mache, was üblich ist. Ich singe nicht schön, dafür aber laut, habe meinen eigenen Stil und schlage damit die Brücke ins 21. Jahrhundert. Eat your heart out, Ute Lemper ...*

Grundlage dieses eigenen Stils ist ein intensiver Publikumskontakt: das Resultat endloser Auftritte und Tingeleien in drittklassigen Nachtclubs, auf Kaninchenzüchterbällen, Laubenpieperfesten und nicht zuletzt Travestieetablissements, deren goldene Tage dreißig Jahre zurückliegen – in dieser Hinsicht bin ich mir nie für etwas zu schade gewesen.** Ich habe meine Karriere auf einem Niveau begonnen, in dessen Untiefen mich nicht einmal meine besten Freunde begleiten wollten. Kollegen, die heute vorgeben, schon immer Fans von mir gewesen zu sein, waren nicht selten jene, die mich anfangs verspotteten oder mich nicht einmal ansehen kamen, weil ihnen der Auftrittsort nicht fein genug war. Leider bleibt nicht ein einziger übrig, der mir in all den Jahren der Suche wirklich konsequent zur Seite stand. Alte Freunde sprangen ab und lästerten über meinen Untergang, neue stellten sich erst wieder ein, als ich das Schlimmste bereits hinter mir hatte: mein Coming-Out im verborgenen als Superwoman, in deren Glamour man sich gerne sonnt. Ach so, und dann gibt es da noch die »allerbeste Freundin« die nach 15 Jahren plötzlich anrief, um zu erfahren, was wirklich in

---

* Zu Deutsch: Tut mir leid, Schlampe Lemper ...
** Auch so ein goldenes Karriereprinzip, das so manchem Diplomschauspieler empfohlen sei, der auf seiner Schauspielschule verlernt hat, zu gehen wie ein Mensch.

der Biolek-Talk-Show zwischen mir und Inge Meysel geschah!*

Showbusineß ist hart, gnadenlos, grausam, schmerzvoll: Ich liebe es! Vor drei Zuschauern, von denen zwei am Knutschen sind, früh um vier um einen Lacher zu kämpfen, bedeutet mir mehr Lebensqualität als die Sicherheit eines bürgerlichen Daseins. Wenn diese drei, die eigentlich was viel Aufregenderes vorhaben, als mir zuzuhören, am Ende eine Zugabe wollen, dann muß ich irgend etwas richtig gemacht haben. Und so habe ich den Beruf gelernt. Auf der Bühne! Immer wieder ausfeilen, perfektes Timing finden und analysieren, was mein Stil sein könnte.

Und dann muß man sich noch nachsagen lassen, man habe sich nach oben geschlafen. Wenn es überhaupt möglich ist, daß Frauen sich nach oben schlafen, dann möchte ich bitte wissen, warum so wenig Frauen oben sind. Anschei-

---

* Inge hatte mich vor der Sendung in ein vegetarisches Lesbenrestaurant eingeladen. Ich leckte ganz unschuldig an einer Auster – da leckt die Alte doch glatt zurück. Auf dem Heimweg lief uns eine Horde Katzen hinterher – ein blinder Bettler fragte, ob Fischmarkt ist. Im Hotel angekommen, sagt sie vor meiner Zimmertür zu mir: »Du bist lecker!« Ich habe gesagt: »Inge! Aber doch nicht bei dir.«** Aber Inge hatte keinen Zimmerschlüssel mit. In ihrer Handtasche waren nur Vaseline, Handschellen und die Todespille. Also mußte ich sie mit zu mir ins Zimmer nehmen. Man kann die Alte schließlich nicht auf dem Flur stehenlassen, mit ihren Titten auf Halbmast – so verkalkt wie die ist, hätte das Putzpersonal sie senkrecht wie ein Bügelbrett in den Besenschrank geklappt. Wieder einmal siegte meine katholische Barmherzigkeit über meinen gesunden Menschenverstand. Na ja, alt werden ist eben auch nix.

** Verstehen Sie mich nicht falsch, ich wünschte ich wäre lesbisch, dann bräuchte ich mich nicht mehr über hochgeklappte Klobrillen zu ärgern, müßte keine Kondome mehr auskochen und nicht mehr in dieser weißlichen Pfütze schlafen, die immer da zusammenläuft, wo meine durchgelegene Matratze eine Mulde bildet.

Bei der Biolek-Talk-Show
am 27.Februar 1996
erklärte ich Inge die 9oer.

BOULEVARD

Désirée Nick
Entertainerin

nend haben wir in Deutschland eine Epidemie der Schlaflosigkeit.

Nein, meine ersten fünfunddreißig Jahre waren keine elegante Reise, keine schicke Odyssee mit dem Pferdewagen, sondern vielmehr eine Irrfahrt durch staubige Straßen und freudlose Gassen. Zu gerne hätte ich von Anfang an in einer standesgemäßen Limousine gesessen – Gott, was würde ich toll aussehen –, statt dessen blieb mir bei jedem Schritt auf dem steinigen Weg, den ich einsam bewanderte, der Schmutz der Straße an den nackten Füßen hängen. Und diese Spuren der Straße wurden mir wertvoller noch als Goldstaub! Seitdem habe ich nie wieder den festen Boden unter den Füßen verloren – nur die Schuhe, die ich trage, sind immer teurer geworden.

Die Erfahrungen der harten Zeiten bewahren mich davor, bei besonderen Erfolgen euphorisch zu werden und bei Mißerfolgen zu verzweifeln. Außerdem mache ich lieber meine eigenen Fehler, anstatt die anderer Leute – was der Grund dafür ist, daß ich so manches TV-Angebot ausgeschlagen habe, bevor es ein spektakulärer Flop werden konnte. Im Grunde muß man mich nur machen lassen und einfach die Kamera draufhalten. Durch mich käme doch endlich mal frisches Blut in die Fernsehstudios – und zwar alle 28 Tage! Irgendwann und irgendwo haben wir alle mal unsere fünf Minuten inspirierter, geistiger Brillanz und werfen *das* Bonmot ein, welches die Party rettet. Vom Entertainer aber wird verlangt, zu einer vertraglich festgesetzten Zeit, an einem gegebenen Ort jenes Charisma zu versprühen, das einander unbekannte Menschen gegensätzlichster Mentalität durch gemeinsames Lachen in beflügelnde Emotionen versetzen und stimmungsmäßig auf den gleichen Nenner bringen soll. Mit einem Bündel dreckiger Witze allein würde so ein subtiler Deal nie funktionieren.

Erfolg ist eine Frage des Vorbereitetseins – und ich lasse nichts aus, was mich in Kontakt mit meinem professionellen Selbst bringt. Und doch holt mich vor jeder Show mein Alter Ego wieder ein ... Backstage das Stimmengewirr des erwartungsvollen Publikums – der Moment, in dem mein Ehrgeiz alle Unsicherheiten heraufbeschwört, angeborene Schüchternheit mit dem Bedürfnis nach Anerkennung kollidiert ... Hier stehe ich, dies ist es, was ich immer wollte, ein Puls, prickelnd wie Champagner, bereit, an diesem Abend all meine Reserven in die Waagschale zu werfen, und im selben Moment gelähmt durch bodenlose Angst: die Angst, nicht Meister jener Magie zu sein, dieser unmanipulierbaren Chemie zwischen mir und meinem Publikum, die das Wesentliche meiner Auftritte ausmacht. Erst wenn mir die Herzen des Publikums zufliegen, fühle ich mich von allen Fesseln befreit – wie ein dicker fetter Ballon, der aufsteigt und anfängt zu fliegen –, dann halte ich die Leute in der Hand und nehme sie mit auf meine Reise in die Absurdität, in eine Welt, die sie noch nie gesehen haben. Fiktiv – für dreißig Mark.

In diesen glücklichen Momenten trete ich aus mir heraus. Dann weiß ich, was ein Star ist, fühle, wie ein Star fühlt, und tue instinktiv, was ein Star tut – und wie er es tut. Es ist nicht etwa das, was ich sage und tue, sondern wie ich aussehe und klinge, während ich es sage und tue. Ich spüre mit der vollsten Überzeugung, daß ich für den Rest meines Lebens eine Liebesbeziehung mit dem Publikum unterhalte. Das wird solange gutgehen, wie man mir verzeiht, daß ich dann und wann fremdgehe.

Wo also bleibt die eigene Autobiographie? Eine Frage, die nicht nur der Knaur Verlag an mich richtete, sondern die ich mir selbst seit frühester Kindheit gestellt habe. Nur hätte ich nicht gedacht, wie schnell ich dazu komme! Hoffentlich fällt die Vergabe des deutschen Kleinkunstpreises im nächsten Jahr nicht auf denselben Tag wie meine Ernennung zur Literaturpreisträgerin. Zuerst einmal muß ich jetzt prüfen, ob mein alter Freundeskreis noch zu meinem neuen Image als Autorin paßt. Jetzt werde ich mir nämlich einen California Dream Man als Chauffeur engagieren, mich mit schwarzen Bodyguards umgeben und mir eine lesbische Zofe halten, die mir die Maniküre besorgt, während ich vom Himmelbett aus die Plagiatsprozesse sortiere. Das wäre dann die Jackie-Collins-Variante. Oder ich arbeite wie Barbara Cartland und erlebe eine Liaison dangereuse auf Schloß Alzheim, um auf der Suche nach der verlorenen Zeit in Onkel Toms Hütte zu landen. Nach Schuld und Sühne erlebe ich Glanz und Elend der Kurtisanen, David Copperfield erklimmt meinen Zauberberg und macht mir dort den Prozeß. Am nächsten Morgen bringt mir Marcel Reich-Ranicki das Parfum, und ich sage: »Aber Darling, du hast ja nicht einmal ein Bidet! Wie stellst du dir das vor? Soll ich mich denn in der Dusche vielleicht auf den *Kopf* stellen??« Eine debile Haushälterin muß her, dann habe ich jemanden, dem ich die Rechte an dieser Autobiographie vererben kann.

Scheiße! Ich habe keinen Garten. Ich brauche dringend einen englischen Landschaftsgarten. Ich muß des Nachts am Pool flanieren, meine Sätze laut deklamierend, prüfen, ob der Rhythmus stimmt. Wenn Rosamunde Pilcher dann um Ruhe bittet, haue ich ihr erst die Muschelsucher um die Ohren und versöhne mich dann mit ihr im Delta der Venus.

Wieso bittet man mich bereits mit Mitte Zwanzig um meine Autobiographie? Bin ich die neue Dietrich? Eine deutsche Madonna? Eine Annette von Droste-Hülshoff, eingekerkert in der Bastei Lübbe? Oder gar eine Hera Lind, die schreiben kann? Egal – jetzt kann den Aufstieg nur noch Akne stoppen. Der Unterschied zwischen mir und anderen Leuten ist nämlich: Mein Leben basiert auf einer wahren Geschichte! Und dieses langersehnte Buch soll sich nun endlich für Euch öffnen!

2 Alles Nicks

Wochenlang hat sie Geschichtsbücher über die Habsburger durchgeackert, auf der Suche nach einer rühmlicheren Vergangenheit. Na, ob das was wird?? Da helfen nicht mal die Benimmkurse und Charme-Schulen-Workshops, die sie seit elf Jahren erfolglos belegt.

Ich komme aus einer alten, traditionsbewußten, konservativen Familie: Wir sind Alleinerziehende in der vierten Generation. Anscheinend vermehren wir uns nicht in Gefangenschaft. Deshalb fehlt mir wohl auch jeglicher Draht zur Emanzipation: Ich mußte mich nie befreien, weil ich nie gefangen war. Im übrigen halte ich die Emanzipation für die größte Kulturlüge des 20. Jahrhunderts: Ja, ihr Mädels von den Frauenkampftruppen – nehmt doch mal die Nickelbrillen ab: Ein Mann kann heutzutage immer noch herumschlafen wie er will – die Kumpels klopfen ihm dafür auf die Schulter; als Frau machste vierzig-, fünfzigmal einen Fehler, und schon biste 'n Flittchen. So wird es immer bleiben. Meiner Meinung nach lohnt sich die Frauenbewegung nur von der Hüfte abwärts.

Frage mich langsam, wie lange ich Désirée Nick noch aushalte – diese Borniertheit, Egomanie, die Verlogenheit dieser Frau, ihre Halbbildung, ihr Sexismus und ihre brüchigen Haare, die permanent den Ausguß verstopfen – und wer macht die Sauerei weg? Ich natürlich. Am Anfang mochte ich sie ja noch

27

gut leiden und hatte ihr auch dankbar zu sein für meinen Face-Lift. Sie sagt jetzt jedem, der es nicht wissen will, mein Gesicht sei bei einem Säureanschlag zerstört worden, und sie hat mir die Rekonstruktion finanziert – dabei hatte sie einen Freigutschein, weil sie ihr in der plastischen Chirurgie die Nase und die Titten verpfuscht hatten. Und weil sie mittlerweile bei Christian Science ist (angeblich ist Leo Kirch das auch) begibt sie sich nicht mehr unters Messer.

In meiner Anarchie des Denkens liegt nicht nur die Urwurzel meiner archetypischen Anlagen, sondern auch die Antwort auf die Frage nach der mir innewohnenden Bandbreite. Tatsache ist aber, daß mein genetischer Cocktail aus den DNA-Ketten cholerischer Gutsbesitzer in korrekter Landkleidung und von gesunder Hautfarbe besteht, die über Generationen hinweg dem devoten Augenaufschlag und der delikaten Taille blasser Dienstmädchen erlagen. Die jahrhundertelang immer wiederkehrende Überbrückung von Standesunterschieden ist DAS Charakteristikum, welches mir den Facettenreichtum einer Persönlichkeit verliehen hat, die sich zwischen Tweed-Kostüm und Ikone der Popkultur, zwischen Staatsschauspiel und Travestie, zwischen Luxusweibchen und gutbürgerlicher deutscher Hausfrau bewegt. Und das mögen wir doch alle, nicht wahr? Wenn ich auch heute als Inkarnation moderner, preußischer Tugenden mit kesser Berliner Schnauze gelte, so liegen die familiären Wurzeln meines Stammbaumes doch einerseits im österreichischen Charme, andererseits in den Untiefen der sächsischen Seele.

Ich? Aus Sachsen?

Nun, liebe Geschichtsbanausen und genealogisch Desinteressierten, folgt auf den nächsten 27 Seiten die Geschichte meiner Ahnen – solltet ihr das Buch ausschließlich wegen meiner schmutzigen Witze und Gemeinheiten über die Lemper gekauft haben, schlagt vor bis zur Seite 242 ff. Und wundert Euch nicht, wenn ich Euch ein Rätsel bleibe!

»Herkunft ist nicht abwaschbar, Herkunft ist eintätowiert« ist das ewig wiederkehrende Idiom meiner aus Weimar stammenden thüringischen Großmutter – und Sachsen sind nun mal alle, die vom Reiche der Wettiner regiert wurden. Schließlich war meine geliebte Großmama (Oma durfte ich nicht sagen) trotz ihrer Löcher in den Schuhsohlen eine Adlige vom Scheitel bis zur Sohle. Und das war prägend. Wann immer wir in der Berliner Armut meiner frühen Kindertage zusammensaßen (ein Fünf-Frauen-Haushalt in zwei Zimmern – eine litt immer am prämenstruellen Syndrom*), waren die Abende gefüllt mit der Besinnung auf alte innere Werte. Und in diesem weiblichen Klima kristallisierten sich aus bestem sächsischen Geiste erste Überlebensstrategien heraus. Oft trug meine Großmutter in ihrem Gewandhaus-Sächsisch den »Erl-

---

* Prämenstruelles Syndrom = PMS heißt der unheilvolle Zustand, der Millionen von Frauen tyrannisiert, oftmals bis zu zehn Tage vor Einsetzen der sich heranwälzenden Periode. Nicht wenige Frauen haben Monatsblutungen von zehn Tagen zu beklagen, eine Phase, die seit Urzeiten als so lähmend und beeinträchtigend gilt, daß sie eine anschließende Rekonvaleszenz nötig werden läßt – drei bis vier Tage, d. h. bis zum Herannahen der nächsten PMS-Welle, woraus sich ergibt, daß sich Frauen zwischen zwölf und fünfzig Jahren eigentlich immer im Ausnahmezustand befinden. Klassische PMS- und Periodensymptome sind Depressionen, Putzwut, Reizbarkeit, Schlaflosigkeit, Weinkrämpfe, Freßanfälle, Völlegefühl, Angstzustände, Einsamkeitsgefühle, nervöse Hautreaktionen wie Akne Vulgaris, Hausstaubmilbenallergie, Kaufräusche, Migräneattacken sowie Hysterien unbekannter Genese. Zum Los der Betroffenen gehören nicht selten suizidale Tendenzen. Das PMS-Syndrom gilt als juristisch anerkannter mildernder Umstand, wenn Frauen in dieser Phase zu Mörderinnen werden. Prophylaktisch schwöre ich persönlich auf abendliche Dammassagen mit Stutenmilch oder Weleda-Schlehenelixier, da die darin enthaltenen Freien Radikalen die wesentlichen Bausteine zur Erneuerung des labio-uteralen Gewebes bilden.

geenich« oder »De Glogge« vor, wobei sie meine Lachanfälle von Strophe zu Strophe mit Varianten von »Du, baß uff – isch gann mich noch steichern« kommentierte. Sie pflegte ihr Residenzsächsisch nur noch ein ganz kleines bißchen, und zwar bewußt und aus Heimattreue, schließlich sei es ihr kulturelles Erbe und eine der schwersten Sprachen der Welt – in der nahezu alle großen deutschen Geister der Literatur und der Musik die treffende Ausdrucksvielfalt für ihre innere Genialität gefunden hatten. »Wemmr ooch nischt ham, simmr doch hibsch z'samm« war ihre Lebensmaxime, die sie stickenderweise vom geretteten Chippendale-Kanapee aus verkündete. Es wäre aber viel zu stereotyp, in diesen frühen, gemütsbildenden Werten allein den Ursprung dafür zu suchen, daß Kommunikation mit dem Publikum und Geschichtenerzählen mir einmal Brot und Butter bedeuten würden.

Die Tragödie unserer Familie begann nämlich Anfang des 19. Jahrhunderts am Hofe Franz Josef des Ersten, Kaiser von Österreich. Und zwar hatte die Schauspielerin Malwine von Sell die Frucht ihres Fehltritts mit einem Hofcantor in die Untiefen der kaiserlichen Gesindekammer verbannt – und damit eine Dynastie unfreiwilliger Amazonen begründet. Ihre durch uneheliche Geburt gezeichnete Tochter Hulda hatte dort, in Form eines mehr oder minder geduldeten Daseins, Abbitte für ihre Herkunft zu leisten. Es liegt im dunkeln, wer genau sich ihrer annahm, sie entwickelte sich aber erwartungsgemäß zu einer Leichtlebigen. Blutjung, mit Schande behaftet, wurde sie als Magd in den Haushalt eines Hofmarschalls abgeschoben und machte dort schon bald ihrem Ruf alle Ehre – durch ein Techtelmechtel mit der Herrschaft. Das Jungfernkränzlein dahin, hatte die Schamlose erneut von der Bildfläche zu verschwinden.

Es muß Gnade im Spiel gewesen sein, wenn nicht sogar romantische Zuneigung; wie sonst ist es zu erklären, daß sie, die Verdammte, ihre Existenz nicht im Armenhaus für gefallene Mädchen beendete? Auch besaß sie einen Spitzenkragen – verdächtig, verdächtig –, sollte sie dafür ihre Mädchenehre hergegeben haben . . .? Irgend jemand *muß* sich für sie eingesetzt haben, denn aus derart ungünstigen Verhältnissen stammend, schien ihr Schicksal nicht nur besiegelt, sondern endgültig verspielt. Traditionsgemäß hätte sie ins Wasser gehen müssen, aber offensichtlich wußte sie überhaupt nicht, was sich gehört! Um so interessanter, daß diese schweren Prüfungen junger Jahre eine unerwartete sittliche Reife zur Folge hatten: Hulda wurde eine Zielstrebige! Es gelang ihr nämlich, eine gewisse Karriere als Kartoffelschälerin zu machen. Wahrscheinlich hatte ihr Erzeuger sie dank seiner Beziehungen in der Gesindeküche untergebracht – der kaiserlichen, immerhin! Ohne irgendeine Verbindung zur Wiener Hofburg hätte sie bestenfalls auf einem Strohsack in den Donauauen verenden können. Jedenfalls muß sie sich schälender-, putzender-, schabender- und hackenderweise profiliert haben, denn – so unglaublich es klingen mag – Hulda von Sell findet man im Jahre 1858 als kaiserliche Kaltmamsell registriert.

Wie stoßen hier auf die erste Karrierefrau unserer Familie!

Mit so einem legendären Aufstieg hätte sich jede andere begnügt – nicht aber Hulda! Immer ein Lied auf den Lippen (unterstelle ich ihr mal), von schmaler Taille und heiterer Stirn (das ist verbrieft), überzeugte sie mit ungekünstelter Anmut. Und gerade das war ja das Schlimme: Wo man doch von einer Kaltmamsell erwartete, daß sie plump sei! Wieder entsprach Hulda nicht dem Rollenfach – sie fiel auf, und zwar graziös! Besonders bei Knechten und Bütteln, deren Angebote sie allesamt ignorierte. Es wollte sich einfach kein rechter Blick für die niederen Stände einstellen. (Eine erbliche Vorbelastung, die auch mir zu schaffen macht.)

Wollte Hulda insgeheim höher hinaus? Oder war ihre temporäre Abstinenz die Folge innerer Läuterung? Hingebungsvoll ging sie im Arrangieren kalter Platten auf, veredelte das, was zu Tisch getragen wurde, mit instinktivem Schönheitssinn und fieberte jeden Tag der Übergabe ihrer Kunstwerke entgegen, ihrem Höhepunkt des Tages nämlich, der sie in Kontakt mit den Silberdienern brachte! Das war natürlich der Anfang vom Ende! Einer hieß jedenfalls Sandor Ferency, war ungarischer Herkunft und noch dazu Posaunist im Kaiserlichen Musikcorps. Inwieweit Hulda ihm das abendliche Üben versüßt haben mag, ist nicht überliefert, zumindest aber muß sie ihm beim Blasen so oft Gesellschaft geleistet haben, daß sie bald mit einer Tochter niederkam: Alma von Sell – heiraten konnte man sie aus Gründen der Ehre selbstverständlich nicht, schließlich war ihre Sittsamkeit nicht das erste Mal in Frage gestellt. So hat es in dieser Generation also wieder nicht zu einem neuen Nachnamen gereicht.

Doch hinter Huldas heiterer Stirn verbarg sich ein emsiges Hirn. Hulda wußte genau, daß sie nichts zu gewinnen hatte. Warum also den Pfad der Tugend suchen, wenn er doch nie zu den Palästen der Weisheit führen würde? Sie dachte gar nicht daran, zu bereuen, befand, daß ein neuerliches uneheliches Kind der Misere insgesamt nun auch keinen Abbruch mehr tun könne, und siehe – damit verschaffte sie sich Respekt: Bald galt sie als Privilegierte in dem ihr zugewiesenen Umfeld, hatte sie sich doch mittlerweile mit ihren Russischen Eiern unentbehrlich gemacht und so mancher Speise mit geheimen Ingredienzen eine Konsistenz verliehen, die vielleicht sogar auf der verwöhnten Zunge des Kaisers zerschmolz ... auch eine Tugend! Und wer weiß, ob eine Eheschließung mit »so einer Person« nicht noch mehr sträfliche Begierden erweckt hätte.

Ein jedes Saatkorn, das Hulda gesät hatte, erwuchs bei Alma zu voller Blüte. Die Tatsache, daß ein einzelner als Teil einer gro-

ßen Sache wichtig werden kann, war genug, ihr den Rücken zu stärken. Alma hatte Bescheidenheit mit der Muttermilch aufgesogen und trug diese als ihr schönstes Kleid! Hinzu kam die Fortune, von den Eltern die jeweils besten Anlagen ererbt – und ausgebaut – zu haben. Man sprach nicht nur von ihr, man *schrieb* über sie: von bezaubernder Anmut, langem Blondhaar, einer goldigen Stupsnase, besaß sie die Musikalität und Lernfähigkeit des Vaters, den dekorativen Schönheitssinn der Mutter und eine entzückende Gesangsstimme. Wenn das kein Grundstein für eine Karriere war – jedenfalls reichte es ihr als Sprungbrett. Nicht bereit, sich mit einem Dasein in den Katakomben der Gesindeküchen abzufinden, zog sie es schon als Kind vor, sich in der freien Natur zu präsentieren – als Gänseliesl! Dieser bescheidenen Gegebenheit verlieh sie durch Blumenpflücken, Kränzeflechten und Liedersingen soviel Flair, daß der berühmte Maler Moritz Daffinger, hingerissen von soviel ländlichem Charme, Almas »Entdecker« wurde und in ihr sein liebstes Modell fand. Alma wurde Kinderstar!
Willig drapierte sie sich nach seinen Vorstellungen. Mit graziler Unschuld verströmte sie bodenständigen Liebreiz und – immer ein bißchen Scholle unter den Fingernägeln – wurde zur Inkarnation naiver Idylle.
Daffinger machte mit seinen Genrebildern Furore, sogar bei Hofe. Verständlich, daß ihr Name dort irgendwann fiel … Ja, so mancher Stallmeister und Kammerdiener, Hofmedailleur und Bildhauer kam, um das Goldkind persönlich zu bestaunen. Selbstbewußt heranreifend entwickelte sie, geschult durch ihre floristische Fingerfertigkeit, enormes Geschick im kunstvollen Flechten komplizierter Zopffrisuren. Was für die Mutter kalte Platten, waren für Alma Hochsteckfrisuren. Läßt sich in dieser Raffinesse der Horizont einer heutigen Friseuse erahnen????
Jedenfalls kreisten Almas Träume fortan um Perlenschnüre,

Sammetbänder und Schleifen, die aufs Herrlichste einer Turmfrisur zur Zier gereichten. Und Alma war sich selbst ihr bestes Modell. Bei Hofe schrien Heerscharen hysterischer, von Putzsucht befallener, neidischer Prinzessinnen, die der Geißel der Eitelkeit nicht fliehen konnten, nach einer Zofe wie Alma. Infolge dieser Nachfrage litt sie unter der Tatsache, daß mit ihrer Herkunft, moralisch gesehen, etwas nicht in Ordnung war. Und gerade aus diesem Defizit heraus entwickelte sie sich zu einer Tugendhaften.

Sittsam ignorierte sie sämtliche Avancen, einschließlich derer der »gebildeten Kreise« – der Künstlerfreunde Daffingers nämlich, welcher sein Modell Alma anläßlich der bei der Boheme beliebten Landpartien gerne vorzuführen pflegte. So mancher schien von ihrem Charme betört, besonders aber der Wiener Literat Weyl, der später über sie schreiben sollte: »Sie duldet keinen unreinen Gedanken, keine gemeine Lust, keine sträfliche Begierde, und es gilt in ihrer Nähe alles zu vermeiden, was ein zweideutiges Licht auf ihre Tugend werfen könnte. Denk Dir die edelste weibliche Figur in der ersten Blüte der Jugend. Sanftmut, Duldung, stiller Schmerz und eine Ruhe, die nur das Bewußtsein der reinsten Tugend eingeben kann, spricht aus all ihren Zügen. Kein Pinselstrich kann jemals die Glorie ihrer Liebenswürdigkeit fassen, keiner ihr zauberisches Bild entwerfen, welches das Meisterwerk der schaffenden Gottheit gewesen.«

Alma profitierte intellektuell von der Bekanntschaft mit Weyl, der ihr nun nämlich Schreiben und Lesen beibrachte. Wohlgemerkt, ohne daß sie sich mit der Aufgabe ihrer gepflegten Sittsamkeit dafür zu revanchieren gehabt hätte! Fest blieb sie in ihren Grundsätzen, und selbst wenn hier und da ein Samtband für sie abfiel, verharrte sie als keusche Jungfrau in zarter Verschämtheit. Mehr und mehr konnte sie Anteil nehmen an künstlerischer und gesellschaftlicher Unterhaltung, flocht neben Blumenkränzchen und Haaren nun auch Bordüren mit den Materialien, die man ihr – quasi als Modelling-Gage – aus der Stadt mitbrachte, und widmete sich ganz der Veredelung ihrer Gestalt.

Ich bin überzeugt – Almas Gedanken kreisten mittlerweile bestenfalls um feine Stickereien, Blumenbouquets im großen Stil und, wenn sich Höhenflüge ihrer bemächtigten, schon mal um eine Hofdame, die von einer Kutsche aus ob Almas Anmut innehielt, galt es doch in einem Umfeld, in dem Eitelkeit Lebensinhalt war, auf diesem Wege so manche Nebenbuhlerin auszustechen! Doch es sollte keine neidische Hofdame kommen, kein verstörtes Baroneßchen und auch keine klumpige Prinzessin – nein! Es kam der Erzherzog Rudolph, Kronprinz von Österreich.

Aber das ist die nächste Geschichte, fürwahr.

Rudolph

Die einzige, dafür aber besonders dramatische Tat, durch die der älteste Sohn Kaiser Franz Josef des Ersten seinen Weg in die Annalen seines Landes fand, ist sein »Showdown in Meyerling«, benannt nach dem Ort, an dem er seine Geliebte und dann sich selbst erschoß. Welch eine Verzweiflungstat für einen Einunddreißigjährigen, dem die Welt offenstand und eine Nation zu Füßen liegen wollte! Rudolph hatte früh erkannt, daß er die gigantische Last, die ihm das Schicksal in die Wiege gelegt hatte – keine geringere als die der Thronfolge –, niemals würde tragen können. Seine Erziehung war gänzlich auf die bevorstehende Herrschaft über das Habsburgisch-Lothringische Reich ausgerichtet und wurde den in ihm schlummernden künstlerischen Anlagen in keinster Weise gerecht. Noch dazu litt Rudolph unter dem Schatten seines übermächtigen Vaters, der, fast sechzig Jahre lang ein äußerst beliebter und volkstümlicher Kaiser, noch heute eine Institution, ein touristischer household name, ein kommerzieller Glanzpunkt der Geschichte Österreichs ist, der selbst Bühne und Zelluloid nachhaltig inspirierte. Man denke nur an Schmarrn wie »Das Weiße Rößl« die Sissi-Filme oder Andrew Lloyd Webbers Musical »Elisabeth«. Hinter dem äußeren Glanz des Wiener Kaiserhofes verbarg sich jedoch ein eifersüchtig auf seine Macht pochender Franz Josef, der den verdächtig andersgearteten Sohn von jedem politischen Einfluß fernhielt. Nach unzähligen vergeblichen Versuchen, mit dem Vater nicht nur über Jagd, Militär und Polospiel zu reden, spürte Rudolph, daß er an der Monarchie scheitern würde.

Heiratspolitisch unter Druck gesetzt, verlobte er sich 1880 mit der sechzehnjährigen Prinzessin Stefanie von Belgien. Damit sich die zukünftige Braut gleich an das gewöhnen sollte, was sie erwarten würde, reiste der Kronprinz zur Brautwerbung mitsamt seiner Geliebten an, einer Schauspielerin des Badener Stadttheaters. Das Tête-à-tête der Brautleute währte nicht mehr als fünf Minuten – fünf Minuten, in denen die Weichen für ein ganzes Leben gestellt werden sollten – fünf Minuten für ein Weltreich mit Millionen von Untertanen. Allgemein galt die zukünftige Braut des Kronprinzen als »banal, sehr lang mit großen Gliedern, ein Albino mit kleinen schlauen Augen, uncharmant und von offiziellen Anlässen angeödet«. Kaiserin Sissi ließ keine Gelegenheit aus, sich über ihre immens reiche Schwiegertochter, die sie »Trampeltier« nannte, zu mokieren. Nach seiner Heimkehr aus Belgien gab Rudolph brav zu Protokoll: »Ich habe gefunden, was ich gesucht habe.«

Das war der trostlose Beginn einer leidvollen Ehe. Als nach zwei Jahren größter Mühen »leider nur eine Tochter geboren wurde«, war Rudolph seiner Gemahlin endgültig überdrüssig.

Bald fühlte sich der Kronprinz im Heurigenlokal wohler als an der Wiener Hofburg. Am liebsten saß er in der »Waldschnepfe«, seinem Lieblingslokal in Dornbach, zwischen einfachen Leuten, wo man Schrammelquartett spielte und sein Leibfiaker Josef Bratfisch Couplets zum besten gab. Dort traf Rudolph auf Mizzi Caspar, die Diseuse und Vortragskünstlerin, für die er sich so sehr begeisterte, daß er für sie Chansons und Heurigenlieder schrieb. Durch Mizzi Caspar eröffnete sich ihm eine neue Welt: In der literarischen Betätigung fand er eine Heimat und Anerkennung um seiner selbst willen. Ja, es bedurfte eines Mädchens aus dem Volke, um das von Wittelsbachern ererbte Talent des Schreibens zu wecken.

Mizzi wurde Rudolphs Geliebte für drei Jahre – und somit zu der Frau, der er am längsten verbunden blieb. Selbst die Nacht vor seiner jämmerlichen Schreckenstat verbrachte er mit ihr. Bei all der tiefen Liebe, die Mizzi mit Rudolph verband, war sie es, die in ihm den pathologischen Selbstmordkandidaten als erste erkannte. Sein Leiden am Leben mit Champagner und Morphium betäubend, veränderte er sich physisch und psychisch so sehr, daß er deutlich die Züge eines suchtkranken und schwer nervösen Menschen annahm. Obwohl Mizzi innig zugetan, unterhielt er zahlreiche flüchtige Bekanntschaften beiderlei Geschlechts – die ärztliche Diagnose lautete Gonorrhöe. Gesundheitlich labil, nervlich durch Ehekrisen und sein ständiges Doppelleben zermürbt, verdichtete sich seine Flucht aus der Realität zu einer zwingenden Todessehnsucht. Als Schauplatz des schuldhaften Endes sollte der Husarentempel bei Mödling dienen – die öffentliche Selbstexekution sollte als politische Demonstration deklariert werden. Bei Mizzi Caspar läuteten die Alarmglocken. Kurzerhand ging sie zur Polizei, wo man ihr jedoch keinen Glauben schenkte und sie – die Frau, mit der Rudolph gemeinsam sterben wollte – als exaltierte Halbweltdame verlachte. Während Mizzi auf Distanz ging, suchte der geplagte Kronprinz systematisch nach einem neuen Opfer für den geplanten Doppelselbstmord. Da spielte ihm das Schicksal die siebzehnjährige Baronesse Mary Vetsera in die Hände, die mäßig begabt war, keine geistigen Interessen hatte und sich außer für ihre Toilette nur dafür interessierte, wie sie an den Kronprinzen herankam. Sie wählte den direkten Weg, quasi eine Frühform der Kontaktanzeige: Sie schrieb ihm im Jahre 1888 einen Brief, in dem sie um ein Rendezvous bat. Rudolph ging dankbar auf das Angebot ein und begann ein Liebesverhältnis mit ihr. Die Aussicht darauf, daß diese Liaison welthistorische Dimensionen annehmen könnte, wenn sie ihrem Abgott nur im Freitod heroisch vorangehen würde, weckte in der verblendeten Mary die Bereitschaft zum Todespakt.

Und so löste Rudolph sein Eheproblem, als er am 30. Januar 1889 auf dem Jagdschloß in Meyerling im Wienerwald mit seinem Armeerevolver erst Mary Vetsera und dann sich selbst erschoß.

Welch ein Frauenschicksal: anstelle der funkelnden Krone auf stolzer Stirn eine Ladung Schrot hinter derselben! Da sieht man, wo Höhenflüge hinführen! Oder vermessene Kontaktanzeigen. Ganz anders die Bodenständigkeit einer Hulda! Es fällt nicht schwer, sich das Szenario vorzustellen, wie sie den auf sie gerichteten Gewehrlauf im letzten Moment abgewendet und dem Prinzen in sein königliches Gemächte gestoßen hätte, um alsbald ihre Röcke zu raffen und kreischend das Weite zu suchen, einen entmannten Monarchen im Wiesengrunde zurücklassend ... Mir drängt sich indessen die Gewissensfrage auf, nach wessen Muster ich mich im Zweifelsfalle verhalten würde ...

Immerhin bestätigt meine Ahnenfolge, daß die mir zugrundeliegende genetische Melange ein Potential enthält, welches alle Möglichkeiten offenläßt. Diese Konstitution verdanke ich dem Naturkind Alma von Sell, der verzweifelten Glückssuche des unglückseligen Kronprinzen sowie dessen literarischen Ambitionen, die erst in den Armen der Künstlerin Mizzi Caspar wachgeküßt wurden. Unter strengster Wahrung der Anonymität veröffentlichte Rudolph nämlich in wissenschaftlichen Fachzeitschriften ornithologische Aufsätze.* Ohne seine Spezialisierung auf Turmfalken und Raubvögel würde es mich wohl gar nicht geben! Denn um interessante Notizen über das Brunftverhalten der Bartgeier (Gypaetus Barbarus) zu machen, sah sich Rudolph genötigt, die flachen Landstriche der Donauauen zu durchqueren, da dort die meisten Geierhorste stehen. Wann immer sich ihm die Möglichkeit bot, entfernte er sich von seiner Entourage, um unter Gottes freiem Himmel mit sich und der Natur Zwiesprache zu halten. Was muß es ihm bedeutet haben, fern des strengen Hofzeremoniells, alle Verpflichtungen hinter sich lassend, durch den Feldstecher ein Abbild unverbildeter Normalität wahrzunehmen, welches zöpfeflechtend und eine süße Melodie singend auf einem Zaun am Wegesrand saß und zufälligerweise Alma von Sell hieß?!

Ist meine Urgroßmutter zur richtigen Zeit am richtigen Ort unbewußt auf den Strich gegangen? Ich fürchte, sie war nicht einmal fähig zur ehrerbietenden Unterwürfigkeit und all den Floskeln, an die Rudolph gewohnt war, denn sie kannte nur die eine Umgangsform: allen Menschen gleich gegenüberzutreten und sich bestenfalls nach oben zu flechten, allerdings mit ihrer umwerfenden Kombination aus ungekünsteltem Charme und ländlichem Liebreiz. Daß sie noch dazu ihre Bildung um ein gehöriges Maß und aus Eigeninitiative vorangetrieben hatte, muß ihr eine ungeheure Aura verliehen

---

* »Perlhuhnmauser in Siebenbürgen« in *Wild in der Welt*, Band 4 und »Kibitze auf kahlen Fluren« in der Jagdgazette *Wild im Wald*, Ausgabe 12.

Ahnfrau Alma von Sell: Traditionsgemäß hätte sie ins Wasser gehen müssen, aber anscheinend wußte sie überhaupt nicht, was sich gehört.

haben. Rudolph fand eine Freundin! Vielleicht war es gerade die Perspektivlosigkeit einer solchen Bekanntschaft, die ihn, der er ansonsten nur das Intrigenspiel der Wiener Salons kannte, immer wieder treu zu ihr zurückkehren ließ.

Historisch verbrieft ist, daß Rudolph meine Urgroßmutter nicht nur frisiert, sondern ihr auch mehrere Kämme und Spangen verehrt hat, die sich noch heute in unserem Besitz befinden.

War mit Désirée auf dem Trödelmarkt an der Straße des Siebzehnten Juni, und sie hat sich wieder jede Menge Quatsch aufschwatzen lassen. Antike Haarnadeln! Völlig verrostet auch noch. An ihrer Stelle würde ich mit den brüchigen Haaren vorsichtig sein und nicht noch mehr Ausfall riskieren. Und diese Faschingskrone erst!!! »Tiara«, sagt sie dazu und behauptet steif und fest, sie wäre eine wertvolle Antiquität. Als ich sie zu Hause auf die Einstanzung »Made in Taiwan« hinwies, bekam sie gleich wieder einen Wutanfall, und ich mußte bei ihrer Mutter zu abend essen.

So manchen gemeinen Gedanken mag Rudolph Alma anvertraut haben – sie schwieg bis ins Grab. Sie schwieg auch, als sie einen Sohn entband. Tja, Alma konnte stillhalten, wenn es darauf ankam.
Eine legitime Geburtsurkunde gibt es freilich nicht, aber wie, bitteschön, ist es sonst zu erklären, daß meine Urgroßmutter Alma von Sell nach ihrer Niederkunft stattliche Gemächer bezog, das Leben einer Hofdame führte und daß der Bastard einer Landmagd (denn das war sie letztlich, wenn auch nebenberuflich das Super-Model ihrer Zeit) mit all der Noblesse und den Privilegien eines Prinzen aufwuchs? Man besorgte Alma in einer Vertuschungsaktion sogar einen offiziellen Ehemann.

Was das Kreuz für den Vampir, ist meine Nase für jeden Sittlichkeitsverbrecher.

Auf Befehl von oben wurde der treue Kammerherr Julius Höfle mit Alma in den Hafen der Ehe geführt. Doch nicht genug damit: Tatsache ist ferner, daß der Bastard Ferdinand Höfle die Universität besuchte und *man* ihn nach abgeschlossenem Studium erst zum Offizier und dann zum Postminister berief. (Er schrieb später selbst Geschichte, weil er zu den Gründungsmitgliedern der Zentrumspartei zählte, die später einmal die CDU werden sollte.) Darüber hinaus konnte sich Dr. Höfle Zeit seines Lebens beträchtlichen Wohlstandes erfreuen, der weit über das Einkommen eines Postministers hinausreichte, und seine zukünftige Braut mit Preziosen beschenken, die Krone und Wappen der Habsburger tragen. Kaum vorstellbar, hätte sich Alma mit einem Stallburschen verlustiert. So aber kamen nicht nur besagte Juwelen in unseren Familienbesitz, es sei hiermit auch enthüllt, wessen Erbgut ich meine majestätische Nase zu verdanken habe ...
Wie Krone und Wappen der Habsburger nun in die Schatullen meiner Großmutter und auf die Burg Dreigleichen nach Thüringen kamen ... das sehen wir uns einmal genauer an.

Die lange Zeit verkannte und erst nach ihrem Tode zu Anerkennung gekommene Schriftstellerin der Goethe-Zeit Charlotte Sophie Luise Wilhelmine von Ahlefeld, geborene von Seebach, ist meine Ururururgroßmutter mütterlicherseits und erblickte das Licht der Welt am 6. Dezember 1781 auf dem elterlichen Landgut bei Weimar als Tochter des Hannoveraner Obersten und Regimentskommandanten Rittmeister von Seebach, verehelicht mit Freifrau von Ingersleben.
Anders als bei der österreichischen Seite meines Stammbaumes, handelt es sich bei der sächsischen Linie um alteingesessenen thüringischen Landadel. Die Mutter war eine gewissenhaft tätige Hausfrau von ausgezeichneter Ordnungsliebe, welche die Zukunft ihrer Töchter vor allem im Erwerben und

Vertiefen weiblicher Geschicklichkeit (die ich ja geerbt habe) und effizienter Betätigung im häuslichen Umfeld sah. Und auf diesem soliden Boden gedieh in der Verborgenheit der Nacht das ihre Familie zutiefst beschämende Talent der berühmt gewordenen Charlotte von Ahlefeld.

Charlotte war eine Eigentümliche. Keineswegs der Liebling ihrer Eltern, da schon früh als eigenbrötlerisch auffallend, zog sie sich als Kind gern auf entlegene Bodenkammern zurück und fand ihren Lieblingsaufenthalt auf dem Dachboden eines Taubenschlags (!), wobei sie das Flattern und Girren der Vögel nicht störte, wenn sie sich mit Lesen und Schreiben die Zeit vertrieb, stetig bemüht, ihren Geist zu entwickeln. Diese Beschäftigung war es, die als Geheimnis gehütet werden mußte, um nicht einen Familienskandal heraufzubeschwören. Einerseits zeigte sie schon früh ihr großes Talent, als sie unter Einsatz ihrer Mädchenehre den Roman »Liebe und Trennung« verfaßte, andererseits kam sie pflichtbewußt den Anforderungen nach, die an eine Sechzehnjährige ihrer Zeit und ihres Standes gestellt wurden: eine eheliche Verbindung mit einem wohlhabenden Mann einzugehen.

Johann Rudolph von Ahlefeld, Besitzer der beiden bedeutenden Landgüter Saxdorf und Sehestedt, traf zu eben dieser Zeit als Bildungsreisender in Weimar ein. Ohne die Zustimmung ihrer Familie einzuholen, gab Charlotte dem Zwanzigjährigen ihr Jawort. Die Eltern waren sogar angenehm überrascht, da sie nun der lästigen Pflicht entbunden waren, ihre schwierige Tochter unter die Haube zu bringen. Als die Verlobung offiziell erklärt war und das Brautpaar einander näher bekannt wurde, machte Johann eine besorgniserregende Entdeckung: In einer Schublade von Charlottes Écritoire fanden sich Geldrollen, bei welchen es sich unmöglich um Ersparnisse oder die Mitgift der Verlobten handeln konnte. Außer Charlotte wußte nur ihre innig geliebte Schwester Henriette, daß das Manuskript von »Liebe und Trennung« heimlich bei einem nicht unumstrittenen Weimarer Buchverlag unter Pseudonym veröffentlicht worden war. Erst nach einem strengen Verhör im Kreise der Familie gestand Charlotte ihr schriftstellerisches Wirken ein. Daraufhin drohte der Bräutigam, von seinem Heiratsversprechen zurückzutreten, weil er »in einer solchen Verbindung nicht Befriedigung finde«. Die Frau Mutter fiel in gnädige Ohnmacht, Henriette flehte auf Knien um Gnade, Charlotte brach weinend zusammen, und der Vater ging zornesrot auf Jagd. Mit einem bitteren Lächeln auf den Lippen einigte man sich schließlich auf einen Kompromiß: Rittmeister von Seebach verbat sich, mit der Flinte in der Hand, daß eine Tochter seines Clans »sitzengelassen« werde; Johann von Ahlefeld hatte sein Wort gegeben, und nun mußte er es auch halten! Am 2. Mai 1798 würde Vermählung sein, und Charlotte mußte auf die Bibel schwören, daß sie fortan der Schriftstellerei entsagen würde. Nach diesem Übereinkommen »im Guten« verschwand die Flinte wieder im Gewehrschrank.

Zwei Söhne und eine Tochter entsprangen dieser ehelichen Gemeinschaft und verschafften Charlottes mütterlichem Herzen Befriedigung. Den materiellen Verhältnissen des Gutsbesitzers entsprechend, lebte Charlotte gesellig und kultiviert und wurde als brillante Konversationspartnerin und geistreiche Gastgeberin geschätzt. Selbst der König von Dänemark und dessen Gemahlin waren ihr innig zugetan, so sehr sogar, daß Charlotte Einladungen der Majestäten zu verschiedenen Anlässen nachkam. An die Stelle des Schreibens trat nun das Reisen, welches ihre Seele erfrischte, ihre Phantasie beflügelte und in ihr die Inspiration für künftige Werke aufkeimen ließ. Wer sich durch Rang, Reichtum oder Bildung auszeichnete, schätzte sich glücklich, Charlottes Namen in sein Gästebuch aufzunehmen, und bald war ihr Kreis reich an Freundschaft und Verbindung, während ihr Gatte ein eher zurückgezogenes

Dasein auf dem Lande führte. Die Kluft, die sie trennte, wurde immer tiefer und schließlich unüberbrückbar.

Als im Jahre 1807 die weitere Erziehung der Söhne es erforderlich machte, nach Schleswig zu ziehen, begrüßte Charlotte diesen Anlaß als Chance zur Trennung von ihrem ungeliebten Ehemann. Als Gründe vorlagen, die eine Scheidung gerechtfertigt hätten – um es mit Ahlefeldscher Diskretion zu formulieren –, mußte sie sich mit der sehr niedrig angesetzten Summe eines Nadelgeldes begnügen, enthielt doch der Ehekontrakt eine Klausel, die besagte, daß im Falle einer Scheidung für sie eine bedeutende Apanage zur Verfügung stünde, die Kinder aber auf ihr Erbteil würden verzichten müssen, damit der aus einer neuen Verbindung hervorgehende Nachwuchs des Patriarchen nicht unter einer Zersplitterung des Familienvermögens zu leiden hätte. So verzichtete Charlotte auf die Scheidung, einzig um ihren Kindern das Erbe zu sichern, und führte fortan, getrennt von ihrem Mann, ein bescheidenes Leben.

Unter solcherart erschwerten Verhältnissen fand Charlotte den Mut und die Kraft, den Faden wiederaufzunehmen, der zehn Jahre zuvor so brutal abgerissen worden war: Gleich einer rückfälligen Morphinistin – die Hand zitternd nach der erlösenden Feder ausgestreckt – verschrieb sie sich erneut und mit ganzem Herzen der Schriftstellerei! Mit zaghaft wachsendem Erfolg, den sie der raren Verbindung eines reinen Herzens mit einem klaren analytischen Verstand zu verdanken hatte. Als 1821 ihre Söhne für die Universität reif waren, zog sie zurück nach Weimar, und hier, in dieser Kulturmetropole, der literarischen Wiege der westlichen Welt, nahm ihre unstandesgemäße Karriere ihren Lauf. Es fand sich ein Kreis von Jugendfreunden und Bekannten, der sie mit offenen Armen aufnahm: Die Großherzogin Luise war ihr wohlgesonnen, Frau von Stein verehrte sie, und auch wenn sie immer noch unter fremdem Namen schreiben mußte – eine Frage der Ehre –, so war ihre Autorenschaft doch bald kein Geheimnis mehr.

Die Nachricht über den Tod ihres Gemahls erreichte Charlotte im Jahre 1848. Die Tränen, die sie vergoß, waren echt – sie hatte gerade die Lektüre von »Die Sturmhöhe« ihrer englischen Kollegin Emily Brontë beendet und war innerlich hocherregt. Ihre Einnahmen verdoppelten sich, ihr Leben gewann wieder an Bequemlichkeit, und sie, wie für viele Frauen ihrer Position in heutiger Zeit durchaus üblich (Liz Taylor, Hannelore Kohl, Inge Meysel), entwickelte sich zu einer Wohltätigen. Arme, Kranke, Waisenkinder – alle fanden bei ihr Zuflucht. Doch ungetrübt war ihr Schicksal nicht, hatte sie doch den Tod hoffnungsvoller Enkel zu beweinen. In Serdorf, dem Gut ihres ältesten Sohnes, war das Schloß abgebrannt, was ihr sehr nahe ging. Der Krieg zwischen Holstein und Dänemark bedrohte jeglichen Besitz und raubte ihr einen Sohn, der in Kriegsgefangenschaft geriet. Im Jahre 1850 schließlich starb Charlotte an der Cholera. Zur Erinnerung an ihren geistvollen Umgang haben ihr die Söhne ein Denkmal errichten lassen, denn sie war ein Vorbild für viele. Neben ihren eigenen Schriften werden die Überreste der unzähligen Briefwechsel, die sie mit den bedeutenden Männern ihrer Epoche führte, die Zeit überdauern. Ihr Briefwechsel mit Clemens von Brentano, Schopenhauer, Fichte, Herder, Wieland und Tieck legt Zeugnis ab über die privatesten Ansichten und Aussichten der großen deutschen Literaten. Sie pflegte beinahe alle Briefe zu vernichten, denn sie fürchtete, daß diese nach ihrem Tode Anlaß zu Indiskretionen geben könnten – also hatte sie hie und da unter den großen Geistern wohl auch mal physisch das Vergnügen. Ihre Werke kamen in Leipzig, Weimar und Danzig heraus, darunter: »Goethes Leben«, »Kotzebues Leben«, »Klopstocks Leben«. Von ihren sechsundvierzig Veröffentlichungen erschien ein Drittel unter Pseudonymen wie »Marie

Müller«, »Erna«, »Felicitas« oder »Amadea«. Es dürfte keine Übertreibung sein, in ihr eine Vorläuferin Virginia Woolfs zu sehen, vielleicht sogar eine Wegbereiterin für Jackie Collins und Hera Lind. Bereits ein kurzer Einblick in ihr literarisches Vermächtnis läßt erahnen, welch genialische Kraft um ein Haar von den Umständen ihrer Zeit verschüttet worden wäre:

Andenken an die Kindheit

Bei der Kindheit längst vergangnen Tagen
Weilet oft mein ernstgewordner Sinn,
Und aus meinem Herzen strömen Klagen,
Daß ich niemals mehr so glücklich bin.
Angestrahlt vom Morgenroth des Lebens,
Lachte mir der Frühling überall!
Keine Blume blühte mir vergebens –
Melodie war mir der Wasserfall.
Unbekannt mit schmerzlichen Gefühlen
Rauschte harmlos, wonnevoll und frei
An der Seite freundlicher Gespielen
Mir vorüber meiner Kindheit Mai.
Möge einst der Abend meiner Tage
Mild und friedlich wie der Morgen sein!
Oh, dann ertrüg ich mit verstummter Klage
Jetzt des Mittags schwülen Sonnenschein!

Die bis hierher porträtierten Frauen meiner Familie stammen aus höchst unterschiedlichen sozialen Kreisen. Kennzeichnend ist jedoch die Tatsache, daß jede dieser Frauen das ihr vorgezeichnete Lebensmuster modifizierte – und sogar sprengte. So hat jede dazu beigetragen, Konturen meiner eigenen Persönlichkeit zu zeichnen. Unschwer läßt sich erahnen, was sich an Anlagen potenzierte, als Anfang des 20.

Jahrhunderts der Postminister Dr. Ferdinand Höfle auf der thüringischen Burg Dreigleichen meiner Großmutter Anneliese von Langbein begegnete. Die Nachfahren der Ahlefeldschen Linie hatten diese romantische Burg im Thüringer Wald zu ihrem Familienstammsitz gemacht. Das Schicksal wollte es, daß Dr. Höfle auf einer seiner Reisen in die Kulturmetropole Weimar wegen eines Unwetters haltmachen mußte und auf Dreigleichen Zuflucht suchte. Dort fegte in vollkommen unstandesgemäßer Betätigung die Tochter des Hauses eine steinerne Treppe im Entrée, wahrscheinlich eine kapriziöse Grille – oder gar PMS (siehe Fußnote, Seite 29). Dr Höfle eilte galant herbei, um die Kehrschaufel zu entsorgen, und das sollte genügen, um das Fräulein v. Langbein erröten zu lassen.

Es war dies der Beginn einer ganz großen Liebe. (Seufz ... nach 200 Jahren das erste Mal.) Welch archetypische Anlagen muß Anneliese in Ferdinand erweckt haben, bei dieser entzückenden Charade – dem Liebeswerben in der Sprache von Domestiken? Schmach und Schande der Ahnfrauen waren in weite Ferne gerückt – ein neues Zeitalter familiärer Harmonie angebrochen, als man sich zur allgemeinen Zufriedenheit unterm Weihnachtsbaum verlobte. Stille Nacht, heilige Nacht ...

Dr. Höfle, das müssen wir schlicht feststellen, war über alle Maßen gutaussehend. Intelligenter, gebildeter und charmanter als die meisten seiner Zeitgenossen. Er war »Liebkind« beim Kaiser und konnte seine hocharistokratische Abstammung zeit seines Lebens nicht verleugnen. Am liebsten schlief er auf einem eisernen Feldbett, verschlang hastig seine Mahlzeiten und achtete peinlich genau auf die pünktliche Abwicklung des Tagesprogramms. Obwohl erzkonservativ und katholisch erzogen, entwickelte er durchaus liberale Tendenzen. Er spürte wohl die weltpolitische Strömung der

Meine Großmutter, Anneliese von Langbein, mit ihren Töchtern Ursula und Barbara.

Stunde: Mit Franz Josef sank die k.-u.-k.-Monarchie ins Grab. Der damalige junge Offizier war von offenem, lebhaftem, heiterem, männlichem Charakter und sah bereits 1910 voraus, daß in weniger als einem Jahrzehnt der Adel in Österreich abgeschafft sein und alle Mitglieder des Hauses Habsburg, die der Republik den Treueeid verweigerten, des Landes verwiesen werden würden. Die Mätressenwirtschaft der Wiener Hofburg war ihm vertraut, da er so manchen Eklat zwischen Kaiserin Elisabeth und der wahren Lebenspartnerin des Kaisers, der Wiener Schauspielerin Katharina Schratt, bezeugen konnte.

Auf diesem schlechten Vorbild begründete sich seine Überzeugung, Glück und Erfüllung nur auf einem mustergültigen Familienleben aufbauen zu können. Er kannte den aristokratischen Klüngel gut genug und konnte am Ende seines Lebens, im Winter 1944, als er als Widerstandskämpfer hingerichtet wurde, reinen Gewissens sagen: »Ich habe niemals Unrecht gehabt.«

Archiven, Büchern und Zeitungen kann man entnehmen, daß Dr. Höfle ein feiner, kultivierter Mann edelster Gesinnung war, ein vollendeter Kavalier, ein Grandseigneur vom Scheitel bis zur Sohle, der dem Tod begegnete wie dem Leben: tapfer, furchtlos und mit majestätischer Gelassenheit. Die Lebensgemeinschaft zwischen dem Kaiserenkel und meiner Großmutter war erfüllt von gegenseitiger Achtung, Harmonie und reifer Menschlichkeit. Anneliese Elsa Malwine von Langbein war das einzige Kind ihrer Eltern, die zu ihrer Charakterbildung Hauslehrer engagiert hatten und ihr selten einen Wunsch abschlagen konnten. Die Tage der Kindheit waren von Klavierspiel, Kutschfahrten und weißen Spitzenkleidern bestimmt. Die vorbildliche Erziehung war darauf ausgerichtet gewesen, recht bald am gewandten Umgang mit Erwachsenen und an geistreicher Konversation partizipieren zu können.

Meine Großmutter machte sowohl im Damensattel eine gute Figur als auch im »runden Kleid«.*

In den glücklichen Tagen ihrer Ehe wurden zwei Töchter und ein Sohn geboren. Am Ende dieses Märchens vom Glück steht das »Dritte Reich«, die Vertreibung aus Thüringen, die Plünderung der Burg, die Flucht nach Berlin mit einem exekutierten Helden im Gepäck und drei kleinen Kindern an der Hand und mit dem Drama eines ehemaligen Burgfräuleins – jetzt nur noch mittellose Mutter und Witwe –, das den auf der Flucht erfrorenen Sohn eigenhändig im Schnee begraben mußte. Es wird noch heute erzählt, wie meine Großmutter den Weg nur jammernd am Boden kriechend fortsetzen konnte und ihre beiden kleinen Mädchen sie weinend anflehten, nicht auch zu sterben.

Können wir jemals wieder angstfrei leben? Ich übertreibe nicht, wenn ich sage, daß uns dieses Familiendrama bis heute nachhaltig traumatisiert hat. Es gibt ohne Frage Dinge, Ereignisse, die Menschen nie verarbeiten oder verwinden können; es gibt neben den großen politischen und wirtschaftlichen Nöten unendlich viel sekundäres Leid in der »zivilisierten Welt«. Wer heute Liebeskummer hat, der bekommt den Rat: »Geh doch mal zum Friseur« oder: »Komm, wir gehen zu H & M.« Meine Großmutter gehört zu der Generation, die es am härtesten getroffen hat. Von den persönlichen Brüchen und der abgrundtiefen Verzweiflung hat sich die Familie nie wieder erholt. Der Krieg hat die Töchter wesentlicher Entwicklungsmöglichkeiten beraubt und die Substanz dieser Frauen unwiederbringlich erschüttert. Natürlich war meine Familie weiß Gott nicht die einzige, die unter dem National-

---

* Dies die Bezeichnung für eine schulterfreie, schleppenschleifende Hoftoilette, meist nach Pariser Entwürfen von einer fingerfertigen Zofe gearbeitet, in der sie, mit selbstverständlicher Natürlichkeit ihr Diadem balancierend, im Kreise Gleichgesinnter Furore machte.

sozialismus Leid erfahren hat. Wie soll man Leid mit Leid vergleichen, wenn es kollektiv über die Welt kommt und sich individuell jedes einzelnen annimmt?

Fest steht, daß sich im Tatendrang der Nachkriegsjahre viele aufschwangen und über ihre ehemaligen Möglichkeiten hinausgingen, über sich selbst hinauswuchsen. Wir jedoch blieben als lebensuntüchtige, weltfremde »Burgfräuleins« zurück, humanistisch gebildet und von tadellosen Manieren, aber letztlich den Verlust des Paradieses, aus dem wir vertrieben worden waren, bis heute beklagend. Gelähmt und lebensuntüchtig der Brutalität des nackten Überlebens ausgesetzt. Alles, was jemals von Bedeutung war, blieb verschüttet in den Ruinen zurück, und das Trümmerfeld dieses Lebens ist bis heute nicht geräumt. Zudem hat der Familienheld Ferdinand Höfle ein nahezu krankhaft hochstilisiertes Männlichkeitsideal hinterlassen – ein Andenken, das selbst ich noch hochhalte, die ich nie auf seinem Schoß saß.

Was wir wohl alle davontrugen, ist eine tiefsitzende Verlustangst. Wie kann man grausame Realität und zerbrochenes Glück nur je verarbeiten? Es muß ein Ventil gefunden werden, den Kummer zu kanalisieren: Der Schlüssel zum Überleben lag für uns auf der Hand – die Verzweiflung gebar ... Humor. Keiner wußte natürlich, daß in Schwierigkeiten zu geraten und sich daraus befreien zu müssen die Essenz jeglicher Komödie ist. Tragödie ist, wenn man sich in den Finger schneidet. Komödie ist, wenn man in eine offene Nähmaschine rennt und einem danach die Falten weggesteppt sind. So wie Materie im Feuer zu Asche wird, so kann man eine Kunst daraus machen, Frustration, inneren Schmerz und hoffnungslose Verzweiflung in Humor umzuwandeln. Die Groteske des eigenen Lebens als Chance begreifen, aus dem Chaos etwas gänzlich Neues zu erschaffen. Wem es als das Beste scheint, überhaupt nicht geboren worden zu sein, sollte erkennen, daß

Meine Großmutter.

Alles von Langbeins.

Alles Nicks.

dieses Glück noch niemand gehabt hat. Ich meine, wem passiert das schon? Nicht einem einzigen unter Millionen und Abermillionen von Menschen. Durch die Metamorphose des Schmerzes in Humor werden Biß und Kontur in die Persönlichkeit gemeißelt; es kommt zu jener Qualität, die wir Souveränität nennen. Erst wenn man über die eigene Misere lachen kann, hat man sie wirklich verarbeitet.

Auf 10 000 Menschen kommt einer, dem alle zuhören, weil er aufgehört hat zu klagen und die anderen entertaint. Eines Tages wußte ich, daß ich das bin. Als ich geboren wurde (war es Anfang oder Ende der sechziger Jahre?) haben mich die Frauen unserer Familie gelehrt, daß gemeinsamer Humor die kürzeste Distanz zwischen zwei Menschen ist. Allerdings gehen die Meinungen über das, was komisch ist, weit auseinander, während die Menschen für das, was tragisch ist, global dasselbe Empfinden haben (von daher hat es Margarethe Schreinemakers leichter als Harald Schmidt). Die Wurzel jeglichen Interesses aber, egal ob komisch oder tragisch, dürfte sein: Ein Mensch sitzt in der Patsche. Proportional zur Intelligenz wird jeder früher oder später zur Erkenntnis kommen, daß man mit irgendeinem Teil des ganz persönlichen Hinterns immer irgendwo in der Patsche sitzt – letztlich haben wir alle einen Fettarsch: Die Frage ist nur, wer ihn am besten versteckt! Wenn das Leben tatsächlich ein Cabaret ist, dann sitzt in der Reihe vor mir jemand mit ein bißchen zu hochtoupiertem Haar. Und wenn Lachen Balsam für die Seele ist, dann sollen meine Shows ein Massagesalon für den menschlichen Geist sein. (Und für diesen Service möchte ich gefälligst verdammt viel Geld bekommen ...) Denn:

IN COMEDIA VERITAS*

* Tja, Kinder, ich habe Abitur! Womit an dieser Stelle der Lektüre auch Akademiker in Ekstase geraten können ...

3   Von Nicks kommt nix

Ich verstehe nicht, wie Désirée über ihre leibhaftige Mutter derart gemein, böse und unwahr den Stab brechen kann. Sie ist doch eine so reizende Person! Manchmal, wenn ich vor Hunger und Kummer nicht ein noch aus weiß, gehe ich zu ihr, und sie hält immer etwas Warmes zu essen und ein Wort des Trostes für mich bereit. Was mag wohl falschgelaufen sein, daß eine so integre, intelligente und attraktive Person ein Kind wie Désirée bekommt . . .

Mein Leben begann in der Silvesternacht 1960 mit einem geplatzten Kondom. Ich sollte also verhindert werden. »Nicht mit mir«, dachte ich, und mit langen spitzen Fingernägeln habe ich mich durch die Latexhülle gebohrt, denn schließlich wußte ich, daß auch mich eines Tages die Missionarsposition erwartet – und die wollte ich mir auf keinen Fall entgehen lassen. Als ich neun Monate später rauskam (Tierkreiszeichen Waage, Aszendent Ziege), war ich so ein häßliches Baby, daß die Hebamme nicht mal wußte, auf welche Seite sie den Klaps geben sollte – zur Strafe hat sie dann meiner Mutter eine runtergehauen. Das machte aber nichts, weil: Die lag im Koma. Kein Wunder, denn ich war einen sauschwere Geburt: Meine Kostümkoffer kamen als Nachgeburt raus, und die Stöckel hatte ich von Anfang an dabei, damit bin ich immer am Muttermund hängengeblieben – Gott sei Dank ist mir kein Absatz abgebrochen. Dazu die Nabelschnur um den Hals geknotet wie eine lila Federboa. Als meine Mutter aus dem

Koma erwachte, war mein Vater schon weg. Bis zur Geburt hatte er damit gerechnet, mit der Misere leben zu können, doch bei meinem Anblick verging ihm der Mut. Von diesem Dilemma sprach meine Mutter ein Leben lang. Die daraus entsprungene Attitüde sog ich mit der Muttermilch auf. Es blieb mir ja keine andere Wahl. Ich erinnere mich, wie meine Mutti mir beim Stillen ins Ohr flüsterte: »Weißt du, was es bedeutet, wenn ein Mann nach Hause kommt, und er gibt dir Wärme, Liebe und Zärtlichkeit? Es bedeutet, du hast dich in der Tür geirrt.« – »Wenn du einen Mann loswerden willst, dann brauchst du ihm nur zu sagen: Ich liebe dich, ich brauche dich, heirate mich, ich will ein Kind von dir.« So lernte ich automatisch, wie eine Welt ohne Männer aussehen würde: frei von Kriminalität und voll mit dicken, ungeschminkten, glücklichen Frauen.

Von der Geburt als solcher hat sich meine Mutter auch nie wieder erholt. Keine Party, auf der sie nicht ihren Dammschnitt vorführt! Die hat untenrum mehr Stiche als jede Chanel-Handtasche. Ihr Körper ist so in sich zusammengefallen, daß der Gynäkologe sich nur mit Sturzhelm in ihre Nähe wagt. Klinge ich vielleicht bitter? Okay, ich bin bitter. Denn ich war kein hübsches Kind. Ich war so dünn, daß mir jede Hose runterrutschte, wenn ich husten mußte. Und ich hatte Bronchitis. Beim Duschen mußte ich hin- und herspringen, um überhaupt Wasser abzukriegen. Aß ich eine Olive, dachte man, ich sei schwanger. Als ich dann auch noch Akne bekam, legten sie mich auf den Küchentisch und raspelten auf meinem Rücken Möhren. Ich meine, das ist doch keine romantische Kindheit.

Es könnte der Eindruck entstehen, daß die herrschaftlichen Anlagen in unseren Adern durch die Begegnung mit den Nicks restlos verwässerten, doch darf man so pauschal nicht urteilen. Das ewige Wühlen in der adligen Vergangenheit meiner Oma hing meiner Mutter zum Hals raus. Sie befreite sich auf intellektuelle Weise: So trieb sie ihr Hormonhaushalt in die Arme des Sprosses einer aus Rußland emigrierten Professorenfamilie. Mein Vater, Sohn des musikhistorisch bedeutsamen Operettenkomponisten Edmund Nick (»Das Halsband der Königin«) kam ihr wie ein alter Vertrauter vor.* Das hätte auch gutgehen können, doch leider fand das Paar sein Glück zu früh. Meine Eltern waren nämlich gerade mal siebzehn. Was heute nicht einmal Gesprächsstoff für eine Arabella-Talk-Show liefern würde, genügte damals, einen Eklat zu provozieren. Mutter flog von der Schule, und bei Vater gab es Krach ohne Ende: Von wegen wer die geisteswissenschaftliche Familie ernährt, wie er sich die Zukunft vorstelle und überhaupt ... also schnell heiraten, um bloß die Schande der Unehelichkeit zu vermeiden, und dann seht um Himmels willen zu, wie ihr klarkommt. Sie kamen natürlich nicht klar: Uschi und Paul.

Waren wir bislang arm, so wurden wir jetzt bettelarm. Und so ist diese Teenagerliaison der späten fünfziger Jahre am Alltag und dessen Bewältigung auf der ganzen Linie gescheitert, daran konnten auch die Elvis-Schnulzen im Radio nichts

---

* »Welch ein Lichtblick, daß sich ein so ernsthafter Musiker und großartiger Könner wie Nick auch der Operette (und dem musikalischen Lustspiel) zugewendet hat! Bereits in seinen Kabarettvertonungen mit ihrer kecken Frische, ihrem hinreißenden Rhythmus, ihrer blitzenden Instrumentierung und ihrer zuweilen erschauernden Hintergründigkeit erweist er sich als Meister, der mit ein paar Takten ein ganzes Dutzend anderer Schlager einfach auslöscht. Und die Operette selbst sucht er mit neuzeitlichen Mitteln auf die Ebene gepflegtester Unterhaltungskunst zu erheben. Sein Erfolg würde allerdings vielleicht noch größer sein, wenn die vertonten Texte volksnäher wären.« (Zitiert aus: Heinrich Zelton, Eduard Wolff: *Operette und Musical*, Seehamer Verlag, Weyarn 1995.) Nun Opa – mir ist es gelungen, das Niveau zu senken: die Nicks – endlich Volksnah!!

ändern. Bevor wir uns versahen, waren wir Mädels wieder alleine – diesmal als Nicks. Nun konnte es nur noch bergauf gehen.

Zu den frühen häuslichen Bedingungen kann man nur sagen: Sperre Nachtigallen in einen Schweinestall, und sie verlieren die Lust am Singen. Mutter und Großmutter war mittlerweile schon alles egal, und Tante und Urgroßmutter saßen jammernd auf der Küchenbank. Die erste Wohnung, an die ich mich erinnere, war nicht *early-sixties*, sondern *late depression*. Man hatte nicht viel Zeit für Hausarbeit, denn nach ihren Erfahrungen im Lazarett arbeitete meine Großmutter als Krankenschwester, nahm sowohl Tages- als auch Nachtwachen an und fütterte uns mühsam mit den bei Privatpflegen geborgten Broten durch. So bezahlte sie meiner Mutter die Schauspielausbildung. Von der Muse geküßt, widmete sich Mutti ganz der Kunst. Tante Barbara machte einen auf flotte Stewardeß, die bei keiner Airline unterkam, und Urgroßmutter Ottilie saß am Ofen und wurde verrückt. Eine meiner frühen Erinnerungen ist, wie sie mir erzählte, sie sei nachts zum Klo gegangen, habe die Tür geöffnet und automatisch sei das Licht angegangen, dann als sie fertig war, sei das Licht automatisch ausgegangen, als sie die Tür schloß. Am nächsten Tag stellte sich heraus, daß sie in den Kühlschrank gepißt hatte. Als sie bei einer Routineuntersuchung beim Nervenarzt Blut, Urin und Stuhl abgeben mußte, sagte sie: »Herr Doktor, hab ich alles dabei«, und legte ihren Schlüpfer auf den Tisch.

Durch Philosophie und Schauspiel einer gewissen Gehirnwäsche unterworfen, sah meine Mutter nicht viel Sinn im Verrichten banaler Hausarbeiten. Und wie recht sie auch hat: Da macht man Betten, wäscht ab, scheuert das Klo, und sechs Monate später kann man wieder von vorne anfangen. »Arm, aber sauber«, das waren wir nie. Reich und dreckig, das wäre okay gewesen, denn bei uns galt Armut als Schande – ist sie

Auf unserem Refektoriumsstuhl, an dem so manches Mal der Kuckuck geklebt hat: Mit meiner Mutter, Anfang der sechziger Jahre.

doch in letzter Konsequenz sogar tödlich! »Armut macht abhängig. Sie beraubt dich der Freiheit, deine Ideen und Pläne in die Realität umzusetzen. Als armer Mensch hast du nie die freie Wahl, deine Möglichkeiten werden immer beschnitten sein, das hemmt deine Entfaltung«, wie ein Mantra klingt es mir noch heute in den Ohren. Die Familie, aus der ich komme, liebt nicht etwa Geld, sondern sie liebt gepflegtes Essen, Bücher, guten Wein, kulturelle Veranstaltungen, Antiquitäten, schöne Gemälde, große Häuser, gute Konversation und wertvolle Freundschaften. Das sind die Gründe, die meine Oma antrieben, in jeder freien Minute Groschen, Markstücke und Fünfer zu Türmchen zu stapeln und diese in Formationen hin- und herzuschieben. Dabei erklärte sie mir, daß mir diese Türmchen jederzeit, in jedem Land der Welt gepflegtes Essen, Bücher, guten Wein, kulturelle Veranstaltungen, Antiquitäten, schöne Gemälde, große Häuser kaufen würden, damit ich all dies bei guter Konversation mit wertvollen Freunden teilen kann, die wirklich glauben, Geld und Gott seien ein und dasselbe. Das war plausibel und schmerzhaft zugleich, denn wir waren nun mal *nouveau pauvre*. Meine Großmutter wurde mit einem goldenen Löffel im Munde geboren und war den Rest ihres Lebens froh, wenn sie einen aus Cromargan ergattern konnte. Doch gerade der stetig wachsende Minderwertigkeitskomplex wurde mir zum Trampolin: Ich entwickelte mich schneller als ein Polaroid. Als Ute Lemper noch mit Puppen spielte, hatte ich schon Herpes.

Désirée hat schon wieder eine Autogrammanfrage an Ute Lemper mit dem Vermerk »Annahme verweigert« zurückbekommen. Sie ist so verzweifelt darüber, daß sie mit Tränen in den Augen und zittriger Stimme ankündigte, Ute Lemper zum zentralen Haßobjekt ihrer ersten Bühnenshow zu machen. Aber Désirée erzählt mir jetzt schon seit Jahren, daß sie ein

Mein Zuhause:
Ohne Fernseher und
ausgerichtet auf tradi-
tionelle Häuslichkeit.
Das Ölporträt im
Matrosenkleid war man
sich bei uns selbst in
der größten Armut
schuldig.

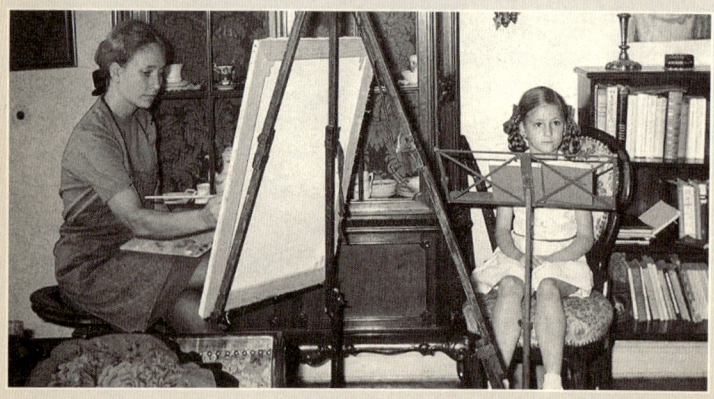

Soloprogramm machen möchte, und ich glaube nicht daran, daß es jemals dazu kommen wird. Dennoch – das Album mit Presseausschnitten von Ute Lemper ist von Désirées Nachttisch verschwunden ...

Im Krabbelkreis der katholischen Kirchengemeinde fiel ich durch stilsicheren Geschmack aus dem Rahmen: Wo andere Kinder noch mit Rasseln herumspielten, beschäftigte ich mich bereits mit einem geweihten Rosenkranz. Allerdings nur solange, bis ich einen Trend kreiert hatte und die anderen Kinder mein Interesse für sakralen Zierat kopierten: Mein erstes Tauschgeschäft tätigte ich im Alter von einem Jahr – der Rosenkranz hatte ausgedient, und neben mir im Kinderwagen ruhte von nun an Barbies Ken. Ein Handel, der in meiner Mutter die schlimmsten Befürchtungen erwachen ließ.

Nein wirklich, ich war beliebt im Kindergarten, und ich habe mit anderen Kindern gern und viel zusammengespielt – aber ich habe es mir bezahlen lassen. Denn wir waren so arm, daß meine Mutter, wenn ich mittags nach Hause kam, fragte: »Wieviel hast du heute im Kindergarten verdient?« Ich war eben Profi von Anfang an.

Als ich mit sieben das erste Mal sexuell belästigt wurde, habe ich am nächsten Tag dem Lehrer eine Rechnung geschickt. Denn Geld ist nicht der Schlüssel zum Glück, aber mit Geld kann man sich jeden Schlüssel machen lassen. Das erste Mal geküßt wurde ich mit zehn Jahren. Das war für mich total enttäuschend, ich fand, es war so gar nichts im Vergleich zu Oralverkehr.

Trotz allem ist mein Herz so rein geblieben wie das einer vertriebenen Kurtisane. Dafür sorgte schon meine entsagungsvolle Hinwendung zur Kunst. Inspiriert durch das musische Klima im häuslichen Umfeld nutzte meine Großmutter die Abwesenheit meiner Mutter während einer längeren Theatertournee, um a) heimlich den verbotenen Wellensittich anzuschaffen und b) mich heimlich in der verbotenen Ballettschule anzumelden. Da die Pädagogik meiner Mutter daraus bestand, mir vorzumachen, wie man das Leben *nicht* angehen sollte, wozu unter anderem gehörte, sich der brotlosen Kunst zu verschreiben, verbot sie mir prinzipiell Ballettunterricht. Klavier war gerade noch erlaubt. Deshalb lehnte ich es auch ab. Ich stand lieber am offenen Fenster und spielte auf der Blockflöte. Es gab mir jedesmal einen Kick, wenn die Leute die Hälse verdrehten, um nach oben zu schauen. Die Erwachsenen erschienen auf einmal so leicht manipulierbar. Besonderen Spaß machte es, im richtigen Moment einen Eimer Wasser in die blöden Gesichter zu kippen. Schon hier war perfektionistisches Timing das Ziel. Flöte und Wassereimer mußten auf den Bruchteil einer Sekunde genau ausgetauscht werden und zwar in Koordination mit der Hans-guck-in-die-Luft-Kopfdrehung der Passanten. Im Grunde hat sich bis heute also gar nicht viel geändert: Noch immer fasziniert es mich, bei meinem Publikum die richtigen Knöpfe zu drükken. Allein damit, die richtigen Töne zu treffen, kann es ja wohl nicht getan sein. Da mein Stimmumfang jedoch nicht mehr als drei Töne umfaßt, ist die Chance gering, daß ich mich vertue.

Wie komme ich vom Stimmumfang jetzt wieder zurück zum Ballettunterricht? Dorthin ging ich nämlich. Und zwar, wie alle, zunächst in die völlig falsche Dilettantenschule. Zur verrufenen Frau Altmann am Olivaer Platz. Sie war eine uralte Frau, die noch vorm letzten deutschen Kaiser getanzt hatte. Behängt mit langen Chiffonschals und wackelnden Ohrringen, saß sie an einem verstimmten Klavier, klopfte den Takt und feuerte uns an. »Improvisieren, improvisieren, improvisieren!« juchzte sie und hob dabei völlig ab. Sich ihrer pädagogischen Erfolge rühmend, prahlte sie damit, daß sie die Kinder schon mit drei Jahren auf Spitze stelle. Die Frage, ob das denn auch gut sei, beantwortete sie mit: »Wenn ich den Kindern die Spitzenschuhe wegnehme, kommen die nicht mehr.« Es wäre nicht mein Leben, wenn diese Repräsentantin der Grazie das gehalten hätte, was sie versprach: Nein, die Ballettlehrerin hatte ein verkürztes Bein und humpelte. »Es ist was faul im Staate Dänemark«, muß ich wohl gedacht haben. Und bei allem, was sie vormachte bzw. vorzumachen versuchte, machte ich immer nur das Humpeln nach. Alles andere ließ ich weg. Mit meinen goldenen Stretchhausschuhen und in Feinrippunterwäsche jagte ich immer als erste durch die Diagonale. Das konnte ich mir auch leisten, denn ich wurde als Ballerina geboren. Als ich in die Schule kam, machten mich andere Kinder darauf aufmerksam, daß ich auf Spitze ging. Tatsächlich: mit *soutenu* und *piqués entournants* eilte ich zur Bushaltestelle, fing im *grand jeté* jeden Medizinball, und wenn ich in die Ecke gestellt wurde, relaxte ich im Standspagat. Als ich zu Frau Altmann kam, konnte ich schon alles.

In dieser Schule war ich vom ersten Tag an die Beste. Deshalb machte es mir auch Spaß. Also erwählte man mich, bei der Weihnachtsfeier den sterbenden Schwan zu tanzen. Weil die Musik von Saint-Saëns ausgekoppelt nicht erhältlich war und die Langspielplatte für diesen einmaligen Zweck zu teuer schien, tanzte ich den sterbenden Schwan einfach zur Musik von Doktor Schiwago. Ich fand das nicht nur billiger, sondern auch kreativ. Eine Weiterentwicklung des von Anna Pavlova kreierten Erbes sozusagen. Und es sollte die große Weihnachtsüberraschung für meine Mutter werden, die kurz vorm Fest von Tournee zurückkam. Um spontan zu bleiben, habe ich nicht ein einziges Mal geprobt.

Nachdem ich die kriminelle Handlung vor Zeugen vollzogen hatte, stand ich im Umkleideraum vor meiner Mutter wie eine

Verbrecherin. »Soll ich jetzt etwa sagen, du hast schön getanzt, oder was?« Ihre Adern in den Schläfen begannen sichtbar zu pochen, ihre Haut wurde aschfahl. Wie von einem Elektroschock durchzuckt, schlug sie mir mit dem Handrücken vor die Stirn, wobei ihr Vier-Karat-Diamant-Solitär (Reinheitsgrad: River-Blue, Top-Wesselton, Fassung: österreichischer Tafelschliff) eine dünne, aber tiefe Hautritze verursachte, aus der eine Blutfontäne ihr bananenfarbenes Satinkostüm bespritzte und unwiederbringlich ruinierte. »Was hast du getan!« kreischte sie und drehte mir den Arm auf den Rücken. Fieberhaft riß sie gallegrüne Wegwerftücher aus dem Dispenser, hielt sie unter den Kaltwasserhahn und versuchte manisch, die Blutspritzer herauszureiben. Diese verfärbten sich unter ihren Bemühungen allmählich rosa und wurden immer größer. Schließlich war das ganze Kostüm verschmiert, und sie riß sich mit einem Verzweiflungsschrei die Jacke vom Leib, daß die Knöpfe wie Knallerbsen durch den Duschraum prasselten. »Siehst du, alles durch dein Scheißballett. Ich hab nichts mehr anzuziehen. Du bringst mich noch unter die Erde. Pack sofort deine Sachen, Flittchen – aber dalli« Sie riß mir die Spitzenschuhe aus der Hand und spülte sie ins Klo hinunter. Hätte ich nicht die Bänder im letzten Moment doch noch losgelassen, wäre ich um ein Haar die Esther Williams der Berliner Kanalisation geworden. Ich bin sicher, Mutti hätte den Klodeckel runtergeklappt, sich draufgesetzt und feste nachgespült. Ihre schrillen Schreie gellten durch den weißgekachelten Mädchenduschraum: »Weg, weg, nichts wie weg aus dieser schrecklichen Ballettschule!« Ich schaute in den Spiegel, beobachtete meine Mutter und sah in einer Vision, wie der Geist der bösen Fee aus dem Ballett Dornröschen in sie fuhr. »Du Hexe, du!« wimmerte ich, mit meinem dünnen Zeigefinger auf sie deutend, und machte ein *changement*.

Das nächste, was ich weiß, ist, daß sie meine Beine aus der fünften Position herausdrehte, mich an meinem Ballettknoten durch den Raum schliff und mir der harte Wasserstrahl der eiskalten Dusche aufs Haupt trommelte. Tränenüberströmt sah ich das *Swedish Platin Blond* meiner ersten Clairol-Tönung im Duschabfluß verschwinden. Ich fühlte mich wie Janet Leigh in *Psycho* und stellte zu meinem Entsetzen plötzlich die Ähnlichkeit meiner Mutter mit Anthony Perkins fest. Daß meine Mutter kein Mann ist, das war meine erste Enttäuschung im Showbusineß!

Auch in der Sankt Franziskus Grundschule in Schöneberg, Nähe Nollendorfplatz, war ich eine Exotin. Sich der einstmals edlen Ahnen besinnend, befand meine Mutter, mir eine strenge Erziehung angedeihen zu lassen, und stellte sich vor, daß Franziskanerklosterschwestern diese wohl gewährleisten würden. Die Tatsache, daß ein bißchen männlicher Kontakt wohl mal ganz guttun würde, hat sie anscheinend verdrängt. Also kam ich aus unserer Amazonenküche und der graziösen Ballettschule auf ein Mädcheninternat. Und zwar im Schottenrock, Cashmere-Twinset und schwarzen Lackschuhen. Die anderen trugen Trainingshose, darüber einen Faltenrock und darüber eine Schürze. Unter Tränen klagte ich zu Hause, ich sei falsch angezogen. Dann zwang ich Mutti, mich modisch zu mißhandeln: Ich wollte dazugehören und auch wie eine Kartoffelleserin aussehen. Mutti gestattete es mir nicht, flocht mir stramme Schnecken und steckte mich zur Strafe in ein dunkelblaues Sammetkleid. Smart zu sein liegt bei uns im Blute. Als ich zur Schule ging, war ich smart genug, gleich am ersten Tag zu begreifen, daß in Wahrheit die Lehrerin für die nächsten fünf Jahre bei mir Unterricht nimmt.

Mit sieben Jahren initiierte ich erstmals einen Eklat: Aufmüpfigkeit gegen die Obrigkeit. Schwester Maria Rabiata hatte mich abstrafen wollen und dachte, sie könnte mir eine Lektion verpassen, indem sie mich vor die Tür stellte. Nachdem ich fünf Minuten popelnd am Fenster stand und auf den leeren Schulhof blickte, wurde mir die veraltete Nonnenpädagogik zu blöd. »Ich geh doch nicht zur Schule, um vor der Tür Fingernägel zu knabbern«, dachte ich, marschierte entschlossen auf die Straße, stoppte ein Taxi, ließ mich zu Hause absetzen und schickte Mutti zum Bezahlen runter.

Als Schwester Maria Rabiata mich nach zehn Minuten reinholen wollte, war die Aufregung groß. Keine Désirée weit und breit. Mit hochrotem Kopf Anruf der Schwester bei mir daheim: Mutti und ich hatten uns schon verbündet, der Nonne tüchtig einzuheizen, so daß Mama ein Kabinettstück hinlegte nach dem Motto: Meine Tochter schon nach Hause gekommen? Nein, wieso das denn! Da meine Mutter mit ihrer Aussage eisern blieb, endete die Sache damit, daß die Äbtissin eine Vermißtenanzeige bei der Polizei aufgab und Schwester Maria Rabiata die Nacht über, auf Erbsen herumrutschend, im Karzer verbringen mußte.

Als ich am nächsten Morgen den Schulhof betrat, jubilierten die Klosterschwestern »Hosianna« und nahmen mich liebevoll, den heiligen Christophorus preisend, auf den Arm – nur weil ich wieder da war. Das verlorene Schaf hatte der Herde eine Lehre erteilt.

Der erste Mann, zu dem ich persönlichen Kontakt hatte, war der Pfarrer bei der Erstkommunion. Ich hatte eine Heidenangst vor ihm. Und wunderte mich über die Kleider, die er trug. Zu Hause richtete ich mir einen Altar ein und machte ihn nach. Stundenlang zelebrierte ich die heilige Messe und experimentierte mit alten Zeitungen, Bienenwachs und Baumwollfäden im Herstellen von Weihrauch. Leider produzierte ich nur Ruß. Als Mutti nach Hause kam, war die Straße abgesperrt, aus der Küche qualmte es, und die Feuerwehr war schon da. Ich wartete auch vergeblich auf ein

Wunder, als ich versuchte, im Hof einen Bienenstock anzulegen. In eine Kiste schlitzte ich Fluglöcher – so, wie ich es im Fernsehen gesehen hatte –, Mülltonnen und Gartenzaun umspachtelte ich eifrig mit Honig. Bereits wenige Stunden später verdunkelte sich der Himmel, als sich Bienenschwärme zu dunklen Wolkenfeldern verdichteten, in die Wohnungen eindrangen und unschuldige Babys und Haustiere attackierten. Diesmal mußte der Kammerjäger kommen, was ich todschick fand: Endlich ein Mann im Haus. Fazit: eine Menge Stiche, zwei blaue Augen, nicht heilen wollende Narben. Ich schwor mir, nie wieder Schein und Sein gleichzusetzen. Oder Wunder zu erwarten. Bis auf weiteres.

Danach schloß ich mit der feldforschenden Naturkunde ab und wandte mich ungefährlicheren Studienobjekten zu. Als wir mit der Kirche zur Wochenenderholung fuhren, vertauschte ich im Schulbus absichtlich die Taschen und schmuggelte den Nonnen Strapse und lila Tangas ins Gepäck. Meine Gaudi war es, die Schwestern danach völlig unauffällig im Visier zu behalten und zu beobachten, daß man ihnen nicht anmerkte, wie sie etwas aus dem Gleichgewicht gebracht hatte. Wenn selbst kirchliche Vertreter Masken trugen, was hatte ich dann vom Rest der Menschheit zu erwarten?

Mein Spiel baute ich über Jahre hinweg aus, und in der sechsten Klasse brillierte ich mit Pornoheften, die in katholisch-schwarzen Aktenmappen verschwanden. Ich glaube, ich hatte nur deshalb gute Zensuren, weil mir die Nonnen dankbar waren. Mit Frauen kannte ich mich eben aus. Wahrscheinlich hatte ich sie abhängig gemacht, und sie ließen mich deshalb nicht sitzen, denn trotz guter Noten hatte ich in Mathematik nie etwas anderes als eine Sechs. Später kamen in Chemie und Physik noch zwei Fünfen hinzu. Einmal schrieben wir eine Mathematikarbeit zum dritten

Mal – mit dem Resultat von drei Dreien, zwölf Zweien und achtzehn Einsen. Die Lehrerin lobte die Klasse, indem sie sagte: »Super, diesmal hat sogar Désirée eine Fünf.«

Wie nun kam es, daß ich trotz allem niemals sitzenblieb? Nun ja ... ich entertainte schon damals alle so gut, daß man mich mitnahm, war ich doch Garant für ein gutes Klassenklima. Und ich war eine von denen, wo die Mutter schick gemacht mit Louis-Vuitton-Tasche und im cremefarbenen Hosenanzug bei der Lehrerin um Gnade flehte, mich doch bitte zu versetzen. Das Kind wäre doch so sensibel, und die Demütigung, eine Klasse wiederholen zu müssen, könne es nie verwinden, ganz zu schweigen von der Langeweile, und letztlich würde wahrscheinlich ja doch nur eine Kosmetikverkäuferin draus werden. Muttis Schauspielunterricht hatte sich bezahlt gemacht, denn ich wurde versetzt.

Die mir wertvollsten Kindheitserinnerungen stehen im Zusammenhang mit der Theatertätigkeit meiner Mutter, inzwischen eine aufstrebende, hochdramatische Charaktercholerikerin. Bereits als Vierjährige stand ich staunend in den Kulissen des Hebbel-Theaters und hielt meine Mutter für eine Göttin, als sie die Medea probte. Des weiteren reüssierte sie in avantgardistischen Jean-Cocteau-Stücken bei der Berliner Vaganten-Bühne und erzählte mir schon damals Geheimnisse über die Berliner Boulevard-Mafia, da sie mit den beiden Wölffer-Brüdern vom Theater am Kurfürstendamm die Schauspiellehrerin Herma Clement teilte. Ihr schauspielerisches Schaffen führte sie bis nach Zürich und Basel, wo sie in den Staatstheatern die Klassiker spielte. Später fand sie den Weg zum Boulevard, machte Tourneen und spielte mehrfach im Renaissance-Theater. Wann immer meine Mutter Sprachübungen machte, Texte lernte und Rollen einstudierte, war sie für mich eine unantastbare Heilige. Ich hatte die schönste Mami der Welt und war stolz, wenn sie mich von

»Das vertriebene Burgfräulein«
– mein Lebensgefühl der ersten zehn Jahre.

der Schule abholte. Wenn ich in der Theatergarderobe auf ihrem Schoß saß, sie wunderbar süßlich nach Puder roch und ich die Requisiten anfassen durfte, glaubte ich mich im Paradies. Die Bühne selber erschien mir als der absolute Heiligenschrein. Wer dort seinen Fuß aufzusetzen auserkoren war, war für mich kein Mensch mehr, sondern Vertreter einer höher entwickelten Spezies, vor der ich einen Hofknicks machte.

Als ich dann dreizehn war, wurde alles anders. Ja, ich habe sehr gelitten in der Pubertät, also zwischen zwölf und neunundzwanzig. Meine Mutter schmiß den Beruf hin, hatte nach zehn Jahren unsteten Theaterdaseins vom Tourneeleben die Nase voll. Eine Off-Szene gab es damals noch nicht, und Misery klopfte an unsere winterlich-vereisten Fensterscheiben. Die Erkenntnis, daß Mami nicht mehr im Rampenlicht stehen würde, das uns einfach alles bedeutet hatte, brach mir das Herz. Noch Jahre später erzählte ich jedem, meine Mutter sei eine erfolgreiche Schauspielerin, so wenig kam ich mit dem Verlust klar. Auf keinen Fall durfte jemand herausfinden, daß ich die Unwahrheit erzählte. Daß wir nicht mehr dazugehörten, gab mir das Gefühl, eine Vertriebene zu sein, eine Adlige, die man ihrer Privilegien beraubt hatte ... womit ich einen neuen Draht zu meiner Großmutter fand, der Armen, der so gar nichts erspart geblieben ist. Für mich war, ist und bleibt Mutti eine Künstlerin.

Irgendwo muß ich wohl gemerkt haben, daß es so etwas wie Männer gibt – und daß ich kaum mehr als drei Sätze mit dieser seltsamen Spezies gewechselt hatte. Anstatt dies auf dem gemischten Gymnasium zu tun, auf welches ich dann kam, verschreckte mich dieses Defizit so sehr, daß ich auf graue Maus machte und wieder ins Ballett ging. Dort waren ja nur Mädchen. An der Stange konnte einen kein Mann ansprechen, und deshalb fühlte ich mich dort sicher. Der tuntige

Ballettmeister war eigentlich ganz nett, und in dieser verdünnten Form ließen sich Männer noch am besten ertragen. Nur eine Sache ärgerte mich an ihm: Seine Augenbrauen waren schwungvoller gezupft, als ich die meinen jemals hinkriegen würde. Aber dafür war seine Schlaghose schön.

Und dennoch ist es der Ballettwelt zu verdanken, daß ich mit sechzehn Jahren zum ersten Mal in meinem Leben einen nackten Mann sah – ich werde dieses traumatische Erlebnis nie vergessen: Als ich die Treppe hinunterging, stand die Tür zur Männergarderobe halb offen. Da kam er aus der Dusche, mit einem Handtuch um die Hüften. Er ließ das Handtuch zu Boden fallen, machte seine Spindtür auf und beugte sich vor. Ich sah ihn nackt! Von hinten! Und wie er sich die Füße abtrocknete! Seitdem weiß ich, daß ich einen Schutzengel habe, denn sonst wäre ich vor Schreck die Treppe runtergefallen und hätte mir beide Beine gebrochen.

Mein Kokon war perfekt. Ich merkte schon früh, das Leben stinkt, und hoppla – ich bin der Star einer Komödie, also war ich im Gymnasium die mit der zu großen Nase, die man in die Seite knufft und mit der man gerne lacht. Selbst die Lehrer nahmen mir meine Frechheiten nicht übel.

Im Biologie-Unterricht bei Frau Schropp mußte ich einmal vor die Klasse treten und eine Vielzahl von Exponaten in evolutionschronologisch richtiger Reihenfolge arrangieren. Ich fing mit Moos an und endete beim Skelett. Nicht genug damit, wurde ich aufgefordert, laut die einzelnen Objekte zu benennen. Am eigentlichen Endpunkt der Aufzählung angekommen – dem Skelett –, fügte ich hinzu: »... und ein altes Krokodil.« – »Wo siehst du denn ein altes Krokodil?« fragte mich die Biologielehrerin. »Kuck ma in den Spiegel«, schlug ich vor, »dann siehst du auch ein altes Krokodil.« Die Klasse trommelte mit den Fäusten auf die Tische. Frau Schropp unterdrückte ein Schluchzen, stampfte mit dem Gesundheitsschuh auf und sagte: »Mein liebes Fräulein, es ist wohl mal wieder Zeit für ein Gespräch unter vier Augen!« Unerbittlich kam meine Korrektur: »Sie irren, meine Dame – wenn überhaupt, dann handelt es sich ja wohl um ein Gespräch unter drei Augen!« Frau Schropps seelenloses Glasauge schien sich förmlich mit einem Tränenfilm zu bedecken. Inzwischen standen meine Mitschüler johlend auf den Tischen und trampelten. Das war mein erster Erfolg im Showbusineß.

Heute in der Fan-Post war ein Brief von Désirées ehemaliger Biologielehrerin Hertha Schropp. Sie schrieb unter anderem: »Meine liebe Désirée, es ist ekelhaft, wie Sie sich in aller Öffentlichkeit erniedrigen, nur um ein paar Mark zu verdienen. Eine Schande nicht nur für Sie allein, sondern für alle Vertreterinnen unseres Geschlechts.« Die Frau hat doch irgendwie recht. Ach hätte ich damals bloß den Job als »personal assistant« bei Marlene angenommen. Charell, nicht Dietrich.

Aber die, die ich so gerne gewesen wäre, war ich nie. Die bin ich auch jetzt noch nicht. Wie ich sie beneidete, diese Girls mit dem perfekt gesträhnten Blondhaar und den richtigen Jeans. Die am Nachmittag ihre Dates hatten, auf dem Schulhof flirteten und montags von Abenteuern in der Disco erzählten. Mädchen, die Lipgloss trugen und denen der hübscheste Junge der Klasse eine Weintraube in den Mund steckte. Und was am meisten weh tat: Ich wußte, daß ich auch nie eine von denen werden würde. Durch Lipgloss fielen meine schmalen Lippen noch mehr auf, die Pickel bohrten sich durch das Make-up, und beim Lachen schämte ich mich für meine Zahnspange. Großmama hatte ihre liebe Mühe, mir abzugewöhnen, die Hand beim Lachen vor den Mund zu halten. Was tun, wenn man natürlich ist und diese Natürlichkeit keinem gefällt? Die Augenzähne waren nämlich bei mir noch mit sechzehn Milchzähne. Diese wurden mir – inzwischen schon bräunlich – ein Jahr später gezogen. Mein degeneriertes, vornehmes Erbgut hatte keine zweiten Zähne vorgesehen – im 17. Jahrhundert wäre ich die gewesen, die mit schönen Augen flirtet und hinter einem Spitzenfächer ihre schlechten Zähne verbirgt. Ich bekam eine Art Mundprothese: eine Zahnspange mit zwei seitlichen Brücken und Plastikzähnen dran. Nahm ich die Spange heraus und schenkte der Welt ein natürlich-breites Lächeln, so erschreckte ich meine Verehrer mit dem zahnlosen Grinsen einer alten Oma. Aber ich hatte ja gar keine Verehrer. Nicht nur hätte ich Angst gehabt, daß sie mein Geheimnis entdeckten, sondern – viel schlimmer – was wäre, wenn deren Zunge sich beim Küssen an meinen Metalldrähten blutig gerissen hätte? Scheiß auf die Zunge, aber wer will schon beim romantischen Rendezvous sein eigenes Blut schlucken? Also mußte ich mit meinem ersten Kuß warten, bis ich zwanzig war, denn erst von den Gagen in der Deutschen Oper Berlin leistete ich mir die eigenen zweiten künstlichen Zähne.*

Ich lernte früh, mich selbst zu erfinden – und lebenslänglich an mir zu arbeiten, finde ich doch, daß man die äußere Schönheit der inneren anpassen sollte. Von nun an gab ich mein Taschengeld für den Gang zur Kosmetikerin aus. Lange, dünne Nadeln sagten meiner aknegeplagten Epidermis den Kampf an. Mit dem Resultat, daß diese sich entzündete, ich wie ein Streuselkuchen aussah und von der Partyliste des Schulschwarms gestrichen wurde. Verbannt wie Prinzessin Diana vom *inner circle* der Royals, erkannte ich, daß ich niemals das Mädchen sein würde, das mit langem, wehendem Blondhaar beschwingt am Strand entlanghüpft. Statt dessen

---

* Nein, sie sind nicht herausnehmbar – ich trage Jacketkronen.

bin ich die, deren Haut keine Sonne verträgt, die krebsrot in Feuerquallen latscht und statt vom gutgebauten DLRG-Rettungsschwimmer von einer gehbehinderten, einsamen Rentnerin, die Ansprache braucht, zur Rot-Kreuz-Station geleitet wird.

Aber im Ballettsaal sah das alles anders aus. Mein fettiges Haar machte den Ballettknoten noch straffer, um die spröde Magerkeit wurde ich beneidet, und meine Zahnspange galt als Symbol der Übergangsphase zu meinem Schritt ins Rampenlicht. Sollte doch der Rest der Klasse am Wochenende die wilde Psychedelic-Party erleben und auf der speckigen Matratze im elterlichen Partykeller knutschen – ich trug Omas Häkelkleid, alte Cashmere-Pullis mit Löchern, festes Schuhwerk und erlebte meine Höhepunkte beim Anblick eines Degas im Deutschen Museum. Da meiner Überzeugung nach ein ordentliches Mädchen als Jungfrau in die Ehe gehen sollte und auf den Traumprinzen wartet, der einen heiratet, bevor er einem an die Wäsche geht, ich fürs Heiraten aber noch zu jung war, hatte ich nicht im geringsten das Gefühl, etwas zu versäumen. Im Gegenteil – alle anderen schienen etwas zu versäumen. Ich war auserkoren, am Altar der Terpsichore mein Opfer zu bringen. Wie taten sie mir leid – all die anderen, die nicht wußten, wie sehr einen blutig getanzte Spitzenschuhe adeln und denen eine Jugend entging, in der Eis, Kuchen und Coca-Cola als Todsünde galten. Manche waren sogar so arm dran, daß sie im Bierzelt schunkelten. Die Nick blickte von ihrer Ballettstange aus auf jeden herab, dem sich die höheren Werte des Balletts verbargen.

Mir dämmert, wie ich einmal in der Kulisse der Deutschen Oper Berlin auf dem Boden saß und mir die Spitzenschuhe zuband. Im Vorübergehen sagte der Theaterfotograf zu mir: »Wir müssen mal Bilder machen – du siehst ja aus wie Grace

Kelly.« Ich rang mir nur ein gequältes Lächeln ab und ließ natürlich keine Bilder machen, von so einem lasse ich mich doch nicht fotografieren ... Grace Kelly war keine Ballerina. Der Mann hatte mich zutiefst beleidigt.

Die Wurzel meiner Persönlichkeit liegt seit jeher in der altmodisch-weltfremden Erziehung daheim. Schon immer habe ich mich von allen historischen Figuren am meisten mit Marie Antoinette identifiziert: eine hochintelligente Frau, die den Stil besaß, anläßlich ihrer Hinrichtung zu bemerken: »Scheiße, gerade heute, wo mein Haar gut sitzt!«
Mein Lebensgefühl als Kind wurde aus künstlerisch-versponnener Atmosphäre genährt. Geborgenheit empfinde ich bis heute nur in einem Umfeld von Antiquitäten und alten Bildern. Neurotisch? Na, und wie! Lange Zeit schien es mir normal, bei Kummer und Sorgen ins Museum zu gehen und Trost aus dem Studium alter Meister zu schöpfen. Leider bleibt man dabei einsam. Und dieses charakterliche Grundmuster erfuhr nun weitere Prägung durch die Hardcore-Ausbildung zur Tänzerin.
Nachdem ich Weihnachten 1972 Marcia Haydee in der Titelrolle des »Nußknacker« gesehen hatte, war ich so berührt, daß ich selbst meine Mutter überzeugen konnte, daß mir Ballettstunden lebensnotwendig seien. Ich erbettelte mir die Schallplatte und habe nur noch mit gefalteten Händen vorm Plattenspieler gekniet und gebetet. Nun endlich ließ sie sich erweichen, denn auch sie hatte beobachtet, daß mein Wille durch nichts zu brechen war. Meine Mutter kapitulierte.

Sie wird immer eigenwilliger – bei jedem anderen Menschen würde man galoppierende Senilität, chronisches PMS oder Borderline-Schizophrenie diagnostizieren, aber seit sie den Wer-

bespot für Dr. Oetker mit Helmut Dietl gedreht hat, züchtet sie sich »Starallüren« an. Gestern nacht kam sie in mein Schlafzimmer und hat den Schrank nach Drahtbügeln durchwühlt. Ergebnislos, sie müßte mich mittlerweile auch wirklich besser kennen . . . Dann wollte sie ihre Rosenbüsche mit dem Elektromesser niedermetzeln, wo sie doch nicht einmal einen Garten hat. Ich hätte ihr nie die Joan-Crawford-Biographie geben dürfen. Nicht auszudenken, was passiert, wenn sie das Buch über Nijinsky liest – dann wird sie noch selber glauben, daß sie mal getanzt hat. Und läßt sich vom Heilpraktiker Elektroschocks verschreiben . . .

Mit zwölf Jahren kam ich in die Ballettschule der Berliner Tanzakademie zu Tatjana Gsovsky und hatte zweimal in der Woche Unterricht. Ich weinte bitterlich, denn die anderen in der Klasse waren zwei Jahre jünger als ich und trotzdem schon viel weiter. So war ich nicht nur die Schlechteste, sondern mit zwölf Jahren schon uralt. Seitdem mache ich mich jünger. Von nun an spielte ich eine Zehnjährige. Tag und Nacht. Zu Hause spielte ich wieder mit Puppen, klebte meinen sprießenden Busen mit Paketklebeband zurück, zupfte meine drei Schamhaare aus und wäre am liebsten von Mutti im Buggy zum Unterricht gefahren worden. Da man sich an dieser Schule Spitzenschuhe erst verdienen mußte, zog ich sie heimlich zu Hause an und hielt die Füße bei Schularbeiten stets *en pointe*.

Während der nächsten zehn Jahre habe ich hart an meinen Füßen gearbeitet. Ich klemmte sie unter Heizkörper, Klaviere, zwischen Wand und Ballettstange und tatsächlich, bereits nach zwei Jahren zeigten sich erste Erfolge, als sich langsam der Spann wölbte. Die größte Belohnung war es, als Jahre später mein Mittelfußknochen ein Überbein bekam – besessen züchtete ich nun Überbeine – rechts und links. Zum

Einschlafen legte ich mich in akrobatische Stretchingposen.*
Als ich endlich Spitzenschuhe tragen durfte, begann im
Alter von dreizehn Jahren ein Maso-Trip. Bevor das Blut
nicht aus den Schuhen heraustropfte, erlaubte uns die Gsovsky nicht, sie auszuziehen. Um von der Qual erlöst zu werden, mußten schon nach einer Reihe *échappées* Blutspuren
auf dem Holzboden sein. Da ich ab dem vierzehnten Lebensjahr pro Tag drei Stunden probierte, hing mir jahrelang die
Haut in Fetzen an den Zehen. Über offene Blasen sprach
man schon gar nicht mehr. Man kippte sich in der Dusche
Franzbranntwein auf die offenen Wunden und rammte sich
die Faust in den Hals, um nicht laut aufzuschreien. Schon
bald wich das Schmerzempfinden einem Taubheitsgefühl.
Kein Wunder, denn wenn einem der Alkohol die Knochen
weggeätzt hat, können sie einem ja auch nicht mehr weh
tun.
Keine Sorge, ihr jugendlich-naiven Leser, jede Tänzerin
macht das so. Irgendwann hört man auf, sich dabei in die
Faust zu beißen, und eines Tages fehlt einem etwas, wenn die
Ballettstrumpfhose nicht mit Blut durchweicht ist.
Ich habe meine Spitzenschuhe geliebt! Zu lernen, die rosa-
glänzenden Satinbänder richtig anzunähen, sie professionell
zu binden, die Schuhe mit Wasserschminke sauberzuhalten
und sie mit vielen Tricks möglichst lange zu erhalten – das war
meine Religion. Anfangs sind sie Schuhe steinhart. Der Spit-
zentanz macht einen zum Meister in der Schmerzverdrän-
gung. Beißt man sich zuerst noch auf die Lippen, so zieht man
irgendwann nur noch die Schultern hoch und rollt beim *relevé*

* Nachahmern dieser wirkungsvollen Methode sei empfohlen, sich von
  einer Minute täglich in dieser Position emporzuarbeiten, bis man sich
  schließlich in der Lage sieht, die Nacht im Spagat durchzuschlafen. Wer
  diese Aufgabe nicht binnen eines Monats meistert, dem möchte ich
  ernsthaft von einer Ballettkarriere abraten.

die Augäpfel gen Himmel. Wenn sich der Blick nach circa zwei Jahren senkt, fallen auch die Schultern etwas lockerer, und meist hat man bis dahin gelernt, seine Tränen zu unterdrücken. Nach drei bis vier Jahren Training entdeckt man, daß Spitzenschuhe keine Bretter sind, sondern Sohlen haben – Sohlen, mit denen man abrollen kann. Denn schließlich soll man gesehen und nicht gehört werden. Dieses Pferdegehämmer von Tänzerinnen mit zu harten Schuhen zerstört die ganze Illusion. Der Preis für das lautlos-sanfte Abfangen jeder Bewegung sind zwar lebenslängliche Ballenentzündungen, aber wenn man dieses Niveau der Technik erreicht hat, ist man schon eine von den Fortgeschrittenen und hängt nach dem Unterricht zwischen zwei Stühlen im Überspagat, ißt mittags einen halben Apfel und gönnt sich bloß am Sonntag noch einen Löffel Hüttenkäse dazu. Mittlerweile hat man sich in den Geruch von Schweiß, Seife und altem Holz verliebt, nach dem jeder Ballettsaal riecht. Wahrscheinlich hat man dort, wo mal die Zehen gewesen sind, Hufe aus Hornhaut, watschelt so auswärts wie eine Ente und wiegt achtundvierzig Kilogramm. Besonders stolz ist man, wenn man die hohe Kunst der Bulimie beherrscht – jedenfalls ist man schon unheilbar erkrankt. Süchtig. Angefixt. Längst hat man sein Herz der Musik von Tschaikowsky zu Füßen gelegt, beim Genuß von »Schwanensee« geweint und sich ganz offiziell als anonyme Außenseiterin der Gesellschaft geoutet. Wahrscheinlich sind zu diesem Zeitpunkt alle Männer, die man kennt, schwul. Doch all das ist no problem. Es geht einem gut. Verdammt noch mal. Denn mittlerweile ist man zäh. Zäh wie das abgehangene Lendenstück eines gepökelten Wisent.

Mich machte Ballett so was von zäh, daß, wenn ich überfallen, ausgeraubt und endlich vergewaltigt worden wäre, ich dies hätte geschehen lassen, ohne meinen Platz an der Ballettstange zu verlassen.

4   Nix als Ballerina

Komisch – Désirée ist die einzige Tänzerin, die ich kenne, die ihre Tanzausbildung völlig vergessen zu haben scheint. Wenn man sie in der Wohnung so rumschlurfen sieht, würde man nie auf den Gedanken kommen, daß sie einmal getanzt hat. Ich kann mir nicht vorstellen, daß Marlene Charell und Ute Lemper auch so schwerfällig durch ihr Penthouse stapfen ... Aber Marlene und Ute sind natürlich eine Klasse für sich. Ich kann mir auch nicht vorstellen, daß die beiden gleich zum Lifting mußten, nachdem sie ihren Ballettknoten gelöst hatten: Désirées Gesicht war ja damals völlig in sich zusammengefallen – und das bei »der« Akne, kein schöner Anblick... (Die Vorher/Nachher-Fotos liegen in ihrem Bankschließfach.)

Lange Jahre war ich untröstlich über die schmerzvolle Erkenntnis, daß Menschen außerhalb der Ballettwelt niemals in der Lage sein werden, nachzuvollziehen, was es heißt, wenn man sagt: »Ich war Balletttänzerin.« Mittlerweile ist mir klar, daß für die meisten Menschen fünfzig Prozent meiner Persönlichkeit immer und ewig ein Rätsel bleiben werden – und das sind genau die fünfzig Prozent, die alle Balletttänzer dieser Welt zu einer Familie machen. Mit dreizehn ging ich jeden Tag direkt nach der Schule zum Ballettunterricht und machte alle Klassen mit – von der Laien- bis zur Ausbildungsklasse. Das waren täglich etwa fünf Stunden Training. Mein gesamtes Taschengeld gab ich für Theaterkarten aus, und die Spitzenschuhe* haben wir uns zu Hause vom Mund abgespart. Mit einer Freundin ging ich dreimal die Woche in die Oper, die anderen Tage waren wir im Ballett.

In der Deutschen Oper Berlin brachte ich meine gesamte Jugend zu. Gegen Mitternacht kam ich heim, wusch meine Trikots mit der Hand, machte dann bis zwei Uhr morgens Schularbeiten und schlief die fünf Stunden, bis um sieben der Wecker klingelte. Die Discowelle zog unbemerkt an mir vorüber. Ich habe es geliebt.

Tänzer sind durch ihr Streben um exquisiteste Unnatürlichkeit vereint. Aristokratischem Kunstgeschmack entspringend, sind die schwerelos durch die Romantik schwebenden Nymphen, Schwäne und Sylphiden die Inkarnation sämtlicher Ballettträume. In seiner klassischsten Form will Ballett entrücken und ist nicht bestrebt, den Lebensängsten der Menschen unseres Jahrhunderts Ausdruck zu verleihen. In seinen glorreichsten Momenten feiert Ballett sich selber als ein Fest für die Augen, ein Satttrinken an Harmonie, ein Blenden mit funkelnder Brillanz, Präzision und strahlender Schönheit. Gegen eine Ballerina in ihrer Blüte ist und bleibt Claudia Schiffer ein drittklassiges Brauereipferd. Das Lebensgefühl des Balletts ist pur, rein und zeitlos – makellos wie eine weiße Blüte –, und so agieren auch seine Repräsentanten. Ballettomanen erheben Anspruch auf Bezauberung. Welchen Kampf mit den Grenzen der eigenen Leistungskraft selbst der Gruppentänzer auszutragen hat, ist für den Laien nicht nachvollziehbar. Und darüber hinaus nicht mit sportlichen Maßstäben, sondern mit denen der Ästhetik zu messen.

Wenn man nach zehn Jahren Training eventuell professionelles Niveau erreicht hat, wird man zum Vortanzen gehen – eine von Hunderten sein und feststellen, daß die Vorzüge, auf die

---

* 80 Mark pro Paar

man stolz ist, plötzlich zum unspektakulären Mittelmaß verblassen. Hat man die Gnade, sich in einer Kompanie zu etablieren, wird man sein ganzes Berufsleben lang darum kämpfen müssen, mechanische Anstrengungen in ein ästhetisches Phänomen zu verwandeln. Denn erst mit technischer Souveränität läßt sich Ballett gestalten und jene Glücksmomente erleben, die alle Qualen aufwiegen. In einer Kompanie schielt man auf die Starsolistin, die es geschafft hat, aus ihrem Körper ein Präzisionsinstrument zu machen, das einzige, das über ein schlagendes Herz verfügt; spezialisiert darauf, Schönheit herzustellen, die zum Ziel hat, die erlesensten Gefühle zu veräußern. Schließlich will Ballett immer verkünden, daß Liebe auf Erden unmöglich und nur in einer höheren Dimension zu finden ist. In den Momenten der Vollendung überstrahlt die Schönheit des Tanzes unsere von Technologie überwucherte Wegwerfkultur und beseelt den Menschen, der sein Leben dem klassischen Tanz verschreibt: das Kunstwerk Tänzer, der schon im Augenblick seiner Erschaffung wieder erlischt, der uns beschenkt mit Festlichkeit und Poesie: welch ein verletzlicher Luxus ...

Will man all diese Träume zerstört bekommen, so wende man sich an das Ballett der Deutschen Oper Berlin. Dort ist man darauf spezialisiert, die hohen Ideale junger Tänzerherzen zu zerbrechen. Dazu benötigt man nur einen sadistischen Ballettdirektor, eine senile Ballettmeisterin und eine Mumie als Direktorin der Schule. Diese Voraussetzungen waren in den Jahren 1972–1983 erfüllt. Der Willkür dieses Panoptikums lasse man freien Lauf im Wettstreit um irrationale Entscheidungen. Der Besetzung der Direktionsetage der Deutschen Oper Berlin während meines dortigen Engagements hätte ein Platz im Berliner Wachsfigurenkabinett zugestanden – und dann hätte ich einen Brandsatz reingeschmissen. Die leichteste Lektion im Psychoterror gegen Tänzer ist, ihnen Vorteile als Nachteile

auszulegen. Zum Beispiel einem Tänzer, der gut springt, zu sagen, sein Sprung sei schlecht. Damit sind Weltbild und Selbstwert gekippt. Oft wurden auch Charaktertänzer ins Büro bestellt, um sich anzuhören, sie hätten so wenig Persönlichkeit, daß man sie nicht mal in Schreitrollen einsetzen könnte. Besonders apart macht sich das, wenn dies der Direktion erst nach zehn Jahren auffällt. Mich verbannte man aus der Gruppe in »Giselle« weil meine Arabeske zu hoch war.

Doch diese Zusammenhänge waren für mich als kleine Tanzelevin undurchschaubar. Schließlich trug ich die Scheuklappen, die man braucht, um Lebenserfüllung in perfekten *tendus* zu finden. Mein Körper war nicht geschnitten wie ein Ferrari, aber am Ende sah er so aus. Als Profi wurde ich um meine Füße, die Spitzentechnik, den Sprung, das Adagio, die Pirouetten und meine Flexibilität beneidet. Von vornherein wurde ich als angehende Solistin gehandelt. Peter Breuer, Weltstar dieser Tage, übte mit mir privat *pas de deux* und Pirouetten, weil er der festen Überzeugung war, ich würde eines Tages seine Partnerin werden. Ich schien prädestiniert für die Partie der Odette Odile in »Schwanensee«, und mein Spitzname war Plissetskaya. Mein größter Erfolg im Ballett dürfte nämlich sein, daß es ein paar extravagante Posen gibt, die nur bei mir und Maya Plissetskaya nach was aussahen. Und alle im Ballett wußten das. Nun ja, allein dafür hat sich die Qual gelohnt.

Unterm Strich war aber alles für die Katz, denn das Schicksal besaß die Infamie, mich so groß werden zu lassen, daß ich alle Gruppentänzer überragte – und das, ohne auf Spitze zu stehen. Bei Neubesetzungen wurde ich meist aussortiert, und wenn ich Understudy war, nahm man im Krankheitsfall nicht etwa eine bessere, sondern eine kleinere als mich. Nachts wachte ich schweißgebadet aus Alpträumen auf, geschüttelt vom festen Glauben, ich sei 210 cm lang. Um mich zu

»schonen«, sprach man aber nicht darüber, man sagte mir: »Du bist noch nicht soweit.« Dabei gastierte ich schon als Myrtha in München, und in Berlin reichte es nicht mal für eine schäbige Polonaise.

Gruppentänzer bekommen an der Deutschen Oper keine Chance. Schreibt Euch das an den Spiegel, Ihr hungrigen Elevinnen! Dafür stehen nämlich zu viele unterbeschäftigte Solisten auf der Matte, und das Risiko, daß eine Anfängerin ohne Bühnenerfahrung bei ihrem Debüt auf die Schnauze fällt, will keiner tragen. Silke Sense, die als vom Ehrgeiz zerfressenes, neurotisches Ballettopfer in die Geschichte der Deutschen Oper Berlin einging, ist bei ihrem Swanilda-Debüt in »Coppelia« bei einer *piqué entournant manege* gegen die Hauskulisse gedonnert! Sie hat auch mal in der Kantine gesessen und ihren Auftritt in »La Sylphide« verpaßt, weil sie Kartoffelsalat gefressen und mit einem Bühnenarbeiter in der *Auto-Bild* geblättert hat. – Tja, meine Liebe, jetzt haste's schwarz auf weiß.*

An der Berliner Oper sind mehr aufstrebende Talente untergegangen, als verdientermaßen gefördert worden sind. Mich abzusägen war ein Kinderspiel, da ich den Makel hatte, mit 178 cm wirklich zu groß zu sein. Wenn ich nur zur Anprobe kam, verdrehten in der Kostümabteilung alle die Augen, da es jedesmal hieß, extra in den Fundus runterzusteigen und Strumpfhosen in XXL rauszusuchen, so daß sich eines Tages die Kostümdirektorin sagte, da muß man doch mal in der Direktion anfragen, ob die Partien von der Nick nicht eine von den Kleinen übernehmen kann, anstelle dieses langen Elends, denn Strumpfhosen in *Extra-Petite* liegen gerade be-

---

* Das hättste Dir doch denken können, daß ich Dich nie leiden konnte. Kannst froh sein, daß ich in meiner Autobiographie nicht schreibe, wie Du mir mal mein Trikot geklaut hast – ich hab extra nix gesagt, weil Grün Dir nämlich gar nicht stand.

quem parat. Mein zurückgenommenes verhuschtes Wesen wurde mir vom ersten Tag an als Blödheit ausgelegt. Schließlich bestellte man mich in die Direktion und fragte mich, was mir einfiele, so zu wachsen. Gerd Reinholm schrie mich an: »Noch ein Zentimeter und du fliegst! Das ist doch hier kein Kuriositätenkabinett.« Ich kam mir vor wie ein Ausstellungsobjekt aus dem Panoptikum und sah für mich selber keine Berechtigung mehr, den Arbeitsplatz an der Ballettstange zu blockieren. Nachdem ich mir damit mein Herz eigenhändig herausgerissen hatte, war ich reif fürs Nervensanatorium.

Damals ahnte ich noch nicht, wie schwierig es ist, sich für ein Sanatorium zu qualifizieren: Ich bin selber hingegangen, um mich einzuweisen, wurde aber wieder nach Hause geschickt – alles Flehen und Betteln um professionelle Hilfe stieß auf taube Ohren. Vor mir tat sich ein Abgrund auf, den ich nicht den Mut hatte allein zu durchschreiten, doch genau das war es, was das Schicksal mir abverlangte. Um den Abgang vom Ballett gebührend zu zelebrieren, ging ich nach der Kündigung auf meinem persönlichen Weg in die Wüste: die bundesweite Vortanztournee. Dieser Horrortrip bedeutete, neben Hunderten von Konkurrenten dicht an dicht an der Stange zu stehen und sich mißtrauisch zu beäugen: Sind meine Beine besser als die vom Vordermann? Bin ich dünner als die hinter mir? Hätte ich nicht doch das andere Trikot anziehen sollen? Man kennt den Saal nicht, man kennt den Boden nicht, weiß nicht, welche Art Training gegeben wird; meistens steht man am Platz von irgend jemand anderem, und stellt man sich in die Mitte der ersten Reihe, dann wird man von den 199 Leuten, die hinter einem stehen, angefeindet. Beginnt das Training, wird man erst einmal von oben bis unten gemustert. Schon bei den *pliés* gehen die Ballettmeister herum und zeigen auf diejenigen, die sich gleich wieder anziehen können. So wird aussortiert, bis am Ende eine Handvoll Leute in die nähere Wahl kommt. Ich schaffte es zwar meist noch bis zu den großen Sprüngen und den *fouettes*, doch am Ende konnte ich mir anhören, was ich eh schon wußte. Von Amsterdam bis Regensburg dasselbe Todesurteil: »Wunderbar im Training, doch leider viiiiiiiel zu groß.« Ich hatte so etwas schon vermutet und wurde immer wieder in meinen Ängsten bestärkt. Zumindest mußte ich mir nicht den Vorwurf machen, ich hätte in der Ballettszene irgend etwas unversucht gelassen. Wenn es in der Welt des Tanzes schon keinen Platz für mich gab, dann wollte ich es auch ganz genau wissen – ein Schlag mit dem Hammer hatte nicht gereicht, mich k.o. zu hauen, aber der Spießrutenlauf, den ich jetzt absolvierte, machte mich reif für die Lobotomie ... Die Angst, meine Vision von mir selbst zu verlieren, hielt bis zuletzt das Fünkchen Hoffnung am Leben, das Schicksal möge mir eine Zukunft am Ballett nicht verwehren. Aber Schicksal kennt keine Gnade nicht.

Als ich von dem Vortanz-Fiasko zurückkam, wurde ich erst mal krank – sterbenskrank. Wochen- und monatelang konnte ich kaum das Bett verlassen. An das Verrichten der einfachsten Alltagsaktivitäten war überhaupt nicht zu denken. Mir die Haare zu waschen, schien genauso unmöglich, wie einen Fuß vor die Tür zu setzen. Die Bücherfront über »Depression als Chance« in meiner Bibliothek stammt aus dieser Zeit. Als mich die Welt nach einem halben Jahr wiedersah, hatte ich dreißig Pfund zugenommen. Das einzige, wodurch ich spüren konnte, daß ich noch am Leben bin, war das Gefühl, derart vollgefressen zu sein, daß mir schlecht wurde. Nahm ich eine Valium, so schmierte ich vorher Mayonnaise drauf. Am Ende eines Tages rechnete ich aus, wieviele Bleche Kuchen ich gegessen hatte. Burger King gewährte mir – als bis zum heutigen Tag einziger Kundin – Lieferservice.

So vegetierte ich im Jogginganzug mit Depressionen vor mich

hin – wie in einem Tunnel, in dem man immer weitergeht, weil man weder rechts noch links ausweichen kann. Monatelang bin ich zu Hause geblieben, weil ich panische Angst hatte, draußen auf der Straße womöglich noch Leuten aus der Ballettszene zu begegnen. Ich schwor mir, nie wieder ein Theater zu betreten, und schmiß mein ganzes Trainingszeug in den Müll.

Meine geliebte Ballettmusik zu hören, war mir unerträglich geworden. Riefen mich ehemalige Kollegen an, so ließ ich mich verleugnen. Wenn ich Ballettbilder von mir sah, tat das unendlich weh. Tränen tropften auf die Fotos, als ich sie mit der Nagelschere zerschnitt.

In ihrer Ratlosigkeit führte mich meine verzweifelte Mutter eines Tages dem Hausarzt vor, der mich zum Psychiater schickte. Dort war ich aber nur einmal, ich erkannte nämlich auf den ersten Blick, daß er einen Knall hatte. Mein Leid war viel zu subjektiv, mein Problem zu spezifisch, als daß es ein dem Ballettsaal Außenstehender begriffen hätte. Mit meinen dreißig Pfund Gewichtszunahme hätten mich die Weight Watchers immer noch als gertenschlank bezeichnet. Ich war viel zu schwach, um jemandem begreifbar zu machen, was ich verloren hatte: mein Leben nämlich. Mein ganzes System revoltierte, ich fiel in eine totale Apathie, und es kristallisierte sich der Gedanke heraus, meinem Leben eigenhändig ein Ende zu setzen.

Mutti war mittlerweile wieder verheiratet, lebte auf großem Fuß und pendelte zwischen dem grandiosen Anwesen des zweiten Gatten in Geneva und unserer dunklen Buchte in der Leibnizstraße. Dieses Wechselbad amüsierte sie gar nicht ... Sie wollte ihrem neuen Umfeld die smarte Tochter vorführen und fand zu Hause ein selbstmitleidiges Wrack vor. Auch diesmal machte sie aus ihrer Empörung kein Hehl. »Die Deutsche Oper hat eine Ruine aus dir gemacht. Du bist einundzwanzig und ein Pflegefall. Den Schweizern gegenüber muß man dich jedenfalls verstecken. Wer will denn so was – niemand!«

Ging es mir mal fünf Minuten besser, erinnerte man mich gleich wieder an die Tragweite meiner Misere: »Wie stellst du dir überhaupt deine Zukunft vor ... Was soll bloß aus dir werden ... Du bist unser schwarzes Schaf ... Nicht einmal verheiraten kann man dich, so was nimmt doch keiner, blablabla ...«

Mutti konnte das von ihrem hohen Roß herab gar nicht verstehen. Endlich ging es ihr blendend, hatte sie doch ihren persönlichen Glückstreffer gelandet – nun hätte man auf heile Welt machen können, aber nein, da macht ihr das Kind einen Strich durch die Rechnung. Wieder war das Glück nur eine Teilzeitstelle. Wo war das einst so adrette Mädchen, die kleine junge Dame mit Hütchen, weißen Handschuhen und dem artigen Knicks, über die die ganze Nachbarschaft entzückt war (von einigen Vorkommnissen mit Bienen und Ruß mal abgesehen ...). Sogar Kinderhasser hatten zu meiner Mutter gesagt: »Ihre würde ich mir auch noch gefallen lassen«, und schenkten mir fünf Mark. Das entzückende Ding war nicht mehr vorzeigbar und hatte sich in eine mit Neurodermitis dekorierte Gürtelrose verwandelt. Welcher Horrorfilm lief hier ab?

5 Nicks unter der Soutane

Désirée gibt mir seit neuestem nichts mehr zu essen, wenn ich nicht vorher ein Tischgedicht aufsage. Nur weil sie erfahren hat, daß ich protestantisch erzogen bin. Wolfgang Joop ist auch nicht katholisch, aber ihn zwingt sie nie zu so etwas – sie legt unterschiedliche Maßstäbe an, und soviel habe ich im Konfirmandenunterricht gelernt: Vor Gott sind alle Menschen gleich. Nicht aber vor Désirée. Überhaupt Wolfgang Joop: Nie darf ich dabeisein, wenn er sie besucht, dabei hat sie mir so oft versprochen, mich ihm vorzustellen, damit ich meine Modelling-Karriere wiederaufnehmen kann. Aber sie will mein Glück verhindern.

Als ich nach weiteren sechs Monaten immer noch ungewaschen im Bett lag, für mich nie das Telefon klingelte und aus meinem Zimmer nur zwei Geräusche kamen – Geschmatze und Ballettmusik –, rastete meine Mutter bei einem Berlinbesuch vollends aus. Ich erlebte Bette Davis in meinem Kinderzimmer, wie sie Ballettplakate von den Wänden riß, Ballettbücher aus dem Fenster schmiß und Türen knallte, daß der Putz von der Decke rieselte. Ihren Leopardenhut setzte sie dabei nicht ab. Die Vorstellung, die sie gab, hatte Verve und Esprit – man hätte Karten dafür verkaufen können. Ich rannte heulend auf die Straße, blind vor Wut und Verzweiflung, mich hassend, weil mir der Mut fehlte, mich vor die U-Bahn zu werfen ... Ziellos schleppte ich mich durch die Stadt, bis ich in Sankt Ludwig landete, jener Kirche, in die ich einst zur

Kommunion gegangen war. Dort saß ich auf der Kirchenbank und schaute solange den lieben Gott an, bis der mich vom Küster rausschmeißen ließ.

Als nach drei Wochen mal jemandem auffiel, daß ich dort ständig saß – am Tag so circa sechs Stunden –, sprach mich der blondgesträhnte Pfarrer an. Er habe bislang nie gewagt, das Wort an mich zu richten, immer habe man den Eindruck, ich breche gleich in Tränen aus, was mir denn fehle. Eigentlich wollte ich nur mit den Achseln zucken, doch dann hörte ich mich sagen: »Ich bin auf Wohnungssuche.« Offenbar war noch genügend Überlebensimpuls in mir vorhanden, um eine Vision von Eigenständigkeit und dem Start in eine ungewisse Zukunft zu entwickeln.

Der Pfarrer hielt mir ein armseliges Kirchenblatt unter die Nase. Dort las ich:

> Zwei-Zimmer-Dienstwohnung im Grünen mit Balkon für nur 300 Mark renoviert, an Absolventen der Theologisch-Pädagogischen Akademie zu vergeben. Ab sofort.

Da ich schon mehrfach aus dem Fenster gesprungen war, mich vergiftet, aufgehängt und von jeder Spree- und Landwehrkanalbrücke gestürzt hatte – also längst mausetot war und überhaupt nichts mehr zu verlieren hatte, rief ich in meiner Trance tatsächlich dort an. Als ich aus meinem Koma erwachte, wußte ich, daß man die Ausbildung zur katholischen Religionslehrerin absolvieren mußte, um den begehrten Mietvertrag zu bekommen, und daß ich einen Termin fürs Bewerbungsgespräch hatte. Daraufhin zog ich Bilanz: Eine Wohnung war schwer zu finden, aber um ein neues Leben zu beginnen, waren die eigenen vier Wände der erste Schritt. Die drei Jahre Ausbildung würde ich schon irgendwie durchstehen. Fürs erste schien gesichert, wo ich nun wieder meine Ballettplakate aufhängen könnte, und wenn ich dann am Ende Religionslehrerin wäre, sei's drum, dann schule ich eben um. Danach, so mein Plan, wollte ich mich arbeitslos melden, dem Staat bis ans Lebensende als schwer vermittelbar und der Krankenkasse als manisch depressiv auf der Tasche liegen und das Dasein einer Frührentnerin führen. Meine Kostüme für diesen Part würde ich bei Humana Second Hand kaufen. Sollte man mich aus der Wohnung werfen, so würde ich in ein Heim für alte Jungfern ziehen. Oder eins gründen.

Diesmal würde es klappen! Also erkundigte ich mich gleich, gegen wieviele Bewerber ich um die ausgeschriebene Stelle in den Wettstreit gehen müßte. Und erfuhr, daß ich die einzige war. Niemand anders wollte Religionslehrerin werden. Ich auch nicht, aber ich wollte die Wohnung und war bereit, mit ganzem Einsatz meine Zeche zu zahlen. Hier wird übrigens ein wesentliches Charaktermerkmal meiner Persönlichkeit offenkundig, aus dem mein individuelles Erfolgsrezept hervorgeht:

1. Wissen, was man will.
2. Bereit sein, den Preis dafür zu zahlen.
3. Ihn bezahlen.*

Mit dieser Erkenntnis erschien ich zum Vorstellungsgespräch. Seit einem Jahr das erste Mal ordentlich gekleidet, gewaschen und frisiert, hatte ich den Eindruck, daß nicht ich mich beim Ordinariat bewarb, sondern das Ordinariat sich bei mir. Ich interviewte den Heiligen Stuhl und schied mit einem Mietvertrag in der Tasche, um den mich so mancher beneiden würde.

* An Punkt 3 scheitern die meisten Menschen, die ich in meinen langjährigen Feldstudien kennengelernt habe.

Endlich verspürte ich wieder so etwas wie eine Lebensberechtigung.

Mein Termin im Ordinariat fand auch erst statt, nachdem ich schon die Wohnung bezogen hatte und die Tapeten geklebt waren, die mir der Pfarrer zur Begrüßung spendiert hatte. Das alles fand ich natürlich sehr sympathisch. Die Kirche mußte mich ja nun auch nehmen, schließlich hatte ich schon alles mit Flokati auslegen lassen. Jetzt erfuhr ich allerdings auch, daß ich nachmittags im Pfarrbüro zu arbeiten hätte und man sehr gerne mein Gesicht um sieben Uhr bei der Frühmesse sähe. Den abendlichen Gemeindeveranstaltungen würde ich doch sicherlich auch beiwohnen, denn das wäre sozusagen das Praktikum, das ich zu absolvieren hätte. Und sonntags würde es einen guten Eindruck auf die Gemeindemitglieder machen, wenn man mich in allen Messen sähe und ich anschließend das bunte Gemeindetreffen – ein gemütlicher Frühschoppen für circa achtzig Leute – arrangierte. Neben meiner Wohnung befand sich zu allem Überfluß auch noch der Glockenturm: Wahrscheinlich bin ich deshalb ein so pünktlicher Mensch geworden, weil ich seitdem alle fünfzehn Minuten Ding-Dong höre.

Désirée verdankt ihre Pünktlichkeit einer Art »inneren Uhr«: ihrer Blasenschwäche nämlich, die sie sich angeblich in ihrer Kirchenzeit durch langes Sitzen auf kalten Betstühlen zugezogen hat. Als ich aber kürzlich mit ihr beim Gynäkologen war, hörte ich, wie er zu ihr sagte, daß der Hang zur Inkontinenz bei einer Frau ihren Alters durchaus üblich sei.

Doch nichts konnte meine Stimmung trüben: Alles hätte man mir abverlangen können – so willig ließ ich mich formen, denn meine Lebenssäfte erfuhren Stimulation. Nachdem ich so am Ende gewesen war, erschien es mir nun schon als Erfolg, morgens die Gardine zurückzuziehen und pünktlich die Schulbank zu drücken.*

Treudumm-zuversichtlich und christlich-positiv gesinnt begrüßte ich jeden Tag mit einem Lächeln und freute mich der Aufgaben, die er für mich bereithalten würde ... Ich galt als »liebes Mädchen«, Unschuld und Sonnenschein. Als Lektüre für den Heimweg gab man mir die Informationsblätter für junge Novizinnen mit – also, sollte mir die Wohnung mal zu klein werden, könnte ich jederzeit in ein feudales Barockkloster umziehen, so dachte ich.

Auftakt meiner Ausbildung waren Schweigeexerzitien in Berlin-Kladow. Diese spirituelle Übung diente dazu, die Vergangenheit zu reflektieren und die Zukunft ins Visier zu nehmen. Aus ganz Deutschland trafen sich zukünftige Religionslehrer und -lehrerinnen, saßen in Socken im Halbkreis auf dem Boden und sagten: »Ich bin die Monika.« In der Mitte stand eine Art mundgeschnitztes Bambusschälchen, in dem Blütenblätter schwammen, die mit kleinen Teelichtern um die Wette schaukelten. Überall erschrak ich vor häßlichen Kiefer-Sideboards mit braunen Resopal-Paspeln, Kiefer-Kreuzen über den Klos, kiefer-gerahmten Puzzlespielen, die Motive der christlichen Mythologie abbildeten, staubigen Hydrokultur-Juccapalmen in schiefgeknüpften Makramee-Ampeln und Papyrossen, die, wild wuchernd, Brackwassergestank verbreiteten. Ich lernte auch gedämpft-leisen katholischen Säuselton kennen und fand heraus, daß es eine erzkatholische Art gibt, leise federnd über lange Flure zu huschen, immer mit dem Ausdruck: »Ich eile herbei, habe nichts zu verber-

---

* Jahre später, während meiner Zeit in Hollywood, hörte ich bei einem Treffen der Anonymen Sektenopfer Elke Sommer, Nicole Kidman und John Travolta über ihre Anfänge bei Scientology berichten, und die Ähnlichkeit ihrer Schilderungen mit meinen Erfahrungen in der katholischen Kirche frappierte mich.

gen, und vor allem sehe ich genau, wieviel jeder in den Klingelbeutel tut.«

Für mich war die wahre Bedeutung der Frohen Botschaft die, daß ich es geschafft hatte, mich am eigenen Schopf aus dem Sumpf zu ziehen. Gott sei Dank hatte ich keine Perücke auf... Bald würde ich Trägerin der Missio Canonica sein, was nicht etwa die »Goldene Zicke am Band« ist, sondern die Lehrbefugnis für Religionslehrer bis zur Oberstufe. Der Herrgott hatte die Wendung gebracht, und wenn aus Rom der Befehl gekommen wäre, daß von nun an der Platz, den der liebe Gott für mich vorgesehen hatte, im Schweigekloster bei den Zisterziensern sei, ich hätte die Bettelkutte mit Stolz getragen und mein Make-up nur noch vor dem Einschlafen aufgelegt. Um ein Haar – so kann ich mit gutem Gewissen behaupten – säße ich heute auf dem Heiligen Stuhl. Ich wollte mein Leben in den Dienst der Kirche stellen, aber die Schweine haben mich nicht gewollt.

Obwohl mir Lila gar nicht stand und auch das Deckenlicht in den vorderen Reihen des Kirchenschiffs sehr unschmeichelhaft war, avancierte ich in kürzester Zeit zum Star der Gemeinde. Beliebt bei alt und jung, im Kirchenkreis gerühmt für meine Barmherzigkeit und Demut, überzeugte ich nicht nur im Handarbeitskreis und der würdevollen Behindertenfürsorge, sondern auch als klerikal-charismatische Führungspersönlichkeit in der Vorbereitung zur Erstkommunion. »Laßt Kinder um mich sein!« formulierte ich gnädig – ganz im Sinne des Neuen Testaments – und siehe: Meine Beichtvorbereitungskurse machten dermaßen von sich reden, daß so mancher Papi mich vertraulich fragte, ob wir das intime Gespräch nicht nach der sonntäglichen Spätmesse fortsetzen könnten. Mit fliegenden Fahnen ging ich in die Annalen der Theologisch-Pädagogischen Akademie Berlin-Westend ein, da ich sämtliche Prüfungen in Pädagogik, Philosophie, Psychologie, Pädo-

**Die beliebte Religionslehrerin, anerkannt für ihre
Keuschheit und Barmherzigkeit.**

philie und Theologie mit summa cum laude abschloß. Der Lehrkörper nahm mich beiseite und drängte mich dazu, das Hebraikum zu machen, um das große Theologiestudium an der Universität zu absolvieren. Ich warte heute noch auf das Dankschreiben von Uta Ranke-Heinemann, die ihre Position nur mir zu verdanken hat, basieren doch ihre letzten drei Bücher auf den Thesen der neokatholischen Ethik und den Denkmodellen, die ich über Liebe als das Grundprinzip des christlichen Dogmas entwickelt hatte.*

Während ich die Abende über dem Betstuhl hängend verbrachte – ein Modell aus Kiefernholz, mein Begrüßungsgeschenk der Behindertengruppe, in wochenlanger Kleinarbeit fußbemalt –, wunderte ich mich über den regen Verkehr zu später Stunde in der Wohnung des Gemeindepfarrers. Sollte dieser auch nach 22.00 Uhr noch die Beichte abnehmen??? Offensichtlich, denn die Schlafzimmervorhänge schlossen sich bereits am frühen Nachmittag, um beichtstuhlähnliche Intimität zu suggerieren.

Aber man verstand sich prächtig. An den Wochenenden führte er mich in all die vielen Läden rund um den Wittenbergplatz, in denen Männer unter sich sind, und ich wunderte mich darüber, wieviele Ordensbrüder er dort traf. Ich nahm es als Ehre, daß ich als einzige Frau Zutritt zu diesen Kreisen hatte.

Der absolute Lichtblick im religiösen Wochenzyklus fand Freitag und Samstag um 24.00 Uhr Fugger-, Ecke Welserstraße im Showtempel Chez Romy Haag statt. Dieses Kultetablissement der frühen Achtziger sucht bis heute seinesgleichen. Ich kann Romy Haag nicht ausstehen, ich finde sie

* Zu überprüfen in meinem Rundbrief an die Mütter der Gemeinde der 12 Apostel, Berlin-Schlachtensee, und dem Gemeindebrief Nr. 2, 1981, S. 14 ff.

gestelzt, verkrampft, kalt und in sich selbst erstarrt, aber was sich in dem von ihr betriebenen Travestie-Cabaret abspielte, ist bis heute unübertroffen. Dagegen ist das Hamburger Schmidt-Theater eines Corny Littmann ein trauriger, leergefegter Rummelplatz.* Das Chez Romy Haag war ein halbes Jahr im voraus ausverkauft. Schon um neun bildeten sich vorm Eingang Menschentrauben und blockierten den Verkehr bis zum KaDeWe. Eine Polizeistreife stand Wache, weil es regelmäßig zu Prügeleien um die Karten kam, die zu Schwarzmarktpreisen an den Straßenecken im Kiez gehandelt wurden.

Die Show sprach ein facettenreiches Publikum an, von sogenannten Yuppies, Industriellen und Künstlern bis zur jungen MultiKulti-Szene und den Strichern Berlins. Im »Romy Haag« kamen sie alle, dicht um die kleinen Tische gedrängt, zusammen und ließen die Korken knallen. Man redete mit jedem, und die widersprüchlichsten Leute verbrüderten sich, denn jeder fühlte sich als Auserwählter, dem es gelungen war, an dem bevorstehenden Spektakel teilzuhaben. Bei Showbeginn hatte sich das versammelte Publikum auf den Fußboden zu setzen. Und dann war die Hölle los! Auf der eßtischgroßen Bühne definierten acht Künstler in drei dreißigminü-

---

* Sorry, Corny und Lilo, ist aber so! Macht auch nix, denn ich trete trotzdem wahnsinnig gerne bei Euch auf. Fand es auch beeindruckend, daß am Rosenmontag '96 der Laden bei meinem einzigen Auftritt, den ich jemals bei Euch hatte, krachend voll war, die Leute Wunderkerzen abgebrannt und mich quasi auf den Schultern aus dem Saal getragen haben, sich dann die Presse förmlich überschlug und ich – ist es denn die Möglichkeit – nieeeee wieder was von Euch gehört habe. Sagt mal, Kinder, seid Ihr etwa neidisch? Nützt doch nichts, ich bin nun mal die Beste und mache das, was Ihr versucht – bloß Klassen besser und zwei Stunden alleine. Nun kippt Euch einen hinter die Binde und hört auf, bei mir zu klauen! You've lost it – meinen Ruhm kann man nicht mehr bremsen ...

tigen Showblöcken in Hunderten von Kostümen das Kaleido-
skop der Travestie neu. Von klassischen Drag-acts à la Mae
West über Comedynummern, perfekte Starparodien, wunder-
schöne Spezialeffekte und rasante Kostümdéfilés steuerte alles
auf den Starauftritt Romys hin, die in einem Spinnenkostüm
aus siebzig Metern schwarzem Tüll mit einer Spiegelcorsage
einer Mülltonne entstieg und unter Jubel und Getrampel mit
ihren Playbacknummern die Wände erzittern ließ.*

Sei es Mary, Gordy, Amanda Lear, Bob Lockwood oder Zazie de
Paris – sie alle haben im Romy Haag geklaut und leben noch
heute von dem damals kreierten stilistischen Mix jener Shows.
Nur Bob Lockwood nicht. Hätte sich über die winzige Bühne ein
Wasserfall ergossen oder wäre ein Helikopter über den Köpfen
des Publikums gekreist, wäre Romy auf einem Elefanten herein-
geritten – man hätte es ohne mit der Wimper zu zucken hinge-
nommen, so bombastisch und grandios war das Spektakel, das
dort, quasi aus dem Nichts heraus, veranstaltet wurde.

Zwischen den Showblöcken groovte der ganze Laden, wenn
sich zu den Superhits dieser Tage wunderschön herausgeputz-
te Menschen im Discofieber ihren Preispokal ertanzten. Hier
durfte auch der Pfarrer Queen of the Night sein. Morgens um
sechs war die Stimmung auf dem Höhepunkt, und ich fand es
todschick, wenn wir Viertel nach sechs in eine Taxe sprangen,
quer durch Berlin rasten und es gerade noch rechtzeitig in die
Kirche schafften, wankend den Erlebnissen der Nacht nach-
trauernd, doch pflichtbewußt die sonntägliche Frühmesse
zelebrierend. Genauso aufregend fand ich es, wenn mir der
Pfarrer im Treppenhaus theatralisch gestikulierend den neue-

---

* Romy, altes Mädel: Hättste doch bloß nie den falschen Ehrgeiz entwickelt, selber zu singen zu wollen ... Damit hast Du Dir alles kaputtge-
macht – und uns auch. Denn wir haben Dich geliebt, als wir Dir noch
zujubeln durften. Können wir Dir je verzeihen? Und laß endlich mal
Deine schiefen Pfennigabsätze besohlen!

sten Beichtklatsch nachspielte und wir uns zerrissen über das, was sich hinter der Fassade bürgerlicher Untadeligkeit abspielte. Aber das war mir schon durch meine Aktentaschenspiele mit den Nonnen meiner Schulzeit vertraut.

So sehr entertainte mich mein neuer katholischer Freund, daß dieser sich aufgerufen fühlte, sein kleines Rollenspiel mehr und mehr auszuarbeiten. Bald trug er die rosa Taillenschärpe seiner Soutane als Turban, um mir vorzuspielen, wie eine gewisse Dame der Gesellschaft ihn im Beichtstuhl bat, ihr sein priesterliches Gemächte durch die gedrechselten Gitterstäbe in den Mund zu schieben. Dies wäre die härteste aller Strafen, und sie bedürfe dringend der erzieherischen Buße, da sie stets das Nachtgebet vergäße. Und das, nachdem ich diese Frau immer bewundert hatte, wie sie sprach und sang, ohne dabei die Lippen zu öffnen. Nie hätte ich gedacht, daß sich dieser Mund bis zum Anschlag öffnen läßt . . .

Faszinierend auch, welch unschuldigem Kinderglauben so mancher politisch-radikale Überzeugungstäter aufsitzt. NSDAP-Vorstände, Ex-SS-Männer bereuten zutiefst, daß sie nicht hatten widerstehen können, heimlich vom Bürokollegen einen Dominostein zu klauen, wann immer der zur Mittagspause das Büro verließ. Oder der inzestuös umtriebige Beamte, der sich verschämt zu heimlichen Auslandstelefonaten bekannte, die er vom Apparat seiner Dienststelle geführt hatte. Fühlt sich als Schwein, weil er mit seinen Bangkok-Gesprächen die Milliarden-Staatsverschuldung der BRD auf dem Gewissen hat . . .*

---

* Hier fällt mir ein, daß ich als Mädchen bei der sonntäglichen Beichte Sünden erfand, weil es absolut nichts zu beichten gegeben hätte und ich mir in diesem Zustand dem Pfarrer gegenüber unglaubwürdig und arrogant vorkam. Also fabulierte ich die Standardsünden anderer Kinder, um nur ja nicht aus dem Rahmen zu fallen. So was tue ich heute noch – nur im richtigen Leben, statt in der Kirche, und so raffiniert, daß es keiner merkt.

Die Pauschalstrafe für alle waren drei Rosenkränze und ein großzügiger Schein für die Sonntagskollekte. Estée Lauder Night Repair ist nun mal teuer …! Ich möchte zu diesem Thema nicht mehr sagen, als daß Priester Menschen sind, die immer reichlich Wechselgeld in der Tasche haben und ihre Kneipenzeche in Fünf-Mark-Stücken zahlen.*

Jedenfalls intensivierte sich meine klerikale Freundschaft zu einem solchen Vertrauensverhältnis, daß wir unzertrennlich wurden und gemeinsam nach Sylt in den Urlaub fuhren. Dort war der Herr Pfarrer im KC ein alter Bekannter. Ausgelassen und unbeobachtet von lüsternen Männern erlebte ich hier meine ersten durchtanzten Disconächte. Wir feierten und lachten, daß es krachte, bis seine Durchlaucht mit den ersten Sonnenstrahlen regelmäßig verschwand. Meine Sündhaftigkeit in diesen Tagen ging so weit, daß ich im KC meine ersten Zigaretten rauchte. Also habe ich auch in dieser Hinsicht der Kirche viel zu verdanken.

In den frühen Morgenstunden suchte ich die Strandkörbe nach meinem Pfarrer ab und war überrascht, daß er auch hier die Beichte abnahm. Naiv wie ich war, entging mir, daß uns besorgte Gemeindemitglieder nicht nur freundlich grüßten, sondern uns sogar fotografierten – ausgerechnet am FKK-Strand –, natürlich alles im Dienste des Herrn. In ihrem Übereifer entging den Herrschaften allerdings, daß wir unsere Kühltaschen am Schwulenstrand ausgepackt hatten. Eine Tatsache, die mich in ein noch schlechteres Licht rückte, weil ich ausgerechnet an einem Ort campierte, wo ich ausschließlich von Männern umgeben war. Es konnte doch nicht angehen, daß zwei Kirchenvertreter, die durch ein Arbeitsverhält-

---

* Man sieht: Ich kann tatsächlich den Vatikan stürzen, wenn ich nur will. Bis jetzt begnüge ich mich noch damit, denen nur Angst zu machen. Meine kleinen Anekdötchen sind nämlich erst das Warm-up …

nis aneinander gefesselt sind, soviel Spaß haben und sich so gut verstehen. Und daran, daß die Nick von Anfang an mehr geleistet hatte als Dienst nach Vorschrift, war doch auch etwas faul!

»Die führt was im Schilde und ist nicht so wie sie tut«, muß es hinter meinem Rücken geklungen haben. Obendrein hatte ich damals noch Balletthaar bis zur Taille und trug es sogar offen. Um einen Skandal zu provozieren, mußte nur noch mit stichhaltigen Beweisen untermauert werden, daß der Gemeindepfarrer mit seiner Referentin ein Verhältnis hatte. Ein paar saftige Fotos würden die Bombe im Ordinariat platzen lassen. Und bis dahin grinste Frau Nick freundlich in die Kamera. Und hielt die Klappe.

Die Wahrheit hätte den priesterlichen Freund zum exkommunizierten Schaf gemacht und ihn damit seiner Existenzgrundlage beraubt. Er hätte höchstens die schönen Antiquitäten verkaufen können und sich von den wertvollen Gemälden trennen müssen, die ihm im Laufe der Jahre von alleinstehenden Witwen vererbt worden waren, denen er die post-menopausischen Häupter gefärbt, geföhnt und gelegt hatte – alles mit der Hand Gottes –, ein wahrhaft beseeltes figaroistisches Naturtalent. Tja, die Wege des Herrn sind facettenreicher, als es der katholische Geschmack erlaubt.

Kaum daß wir aus dem Urlaub zurück waren, wartete auf mich schon die Vorladung zur Gewissensprüfung im bischöflichen Ordinariat. Zu diesem Zeitpunkt dachte ich noch, man wolle mich befördern, denn mein Religionsunterricht hatte bis weit über die Grenzen von Berlin hinaus von sich reden gemacht. Beim Katholikentag mußte ich sogar Vorträge halten über Chancen und Perspektiven der Religionspädagogik am Ende des zwanzigsten Jahrhunderts. Und nun, so dachte ich, würde man mich offiziell zum Dekan ernennen. Lagen doch beim Schulamt unzählige Briefe vor, in denen begeisterte Schüler um mehr Religionsunterricht baten – plötzlich war Moraltheologie zum Lieblingsfach geworden. Siebzehnjährige Abiturienten beantragten Doppelstunden und wollten mit mir auf Klassenreise in den Vatikan fahren. Schüler anderer Schulen kamen vorbei, um meinem Unterricht beizuwohnen. Ja, sie konnten allesamt nicht genug kriegen und wollten die Diskussionen über Keuschheit, unbefleckte Empfängnis, Zölibat, Verhütung, Gewissen und Gnade nachmittags bei mir daheim fortsetzen.

Man hatte auch beobachtet, daß ich den Unterricht entweder im Café erteilte – oder, welch Frevel, im Klassenzimmer eigenhändig welchen zubereitete: Cappuccino mit einem Schuß Amarettolikör, um genau zu sein. Es mußte mir Einhalt geboten werden, denn zu oft sah man mich jetzt auch mit Schülern am Spätnachmittag spazierengehen. Na, da hört sich doch alles auf ... Und dann noch der selbstgebackene Kuchen, den sie verteilt – wenn da mal kein Hasch drin ist ...

Ganz zu schweigen von dem Chaos in der Jugendstrafanstalt Plötzensee: Dort, wo Zwölfjährige eingesperrt waren, die ihre Großmutter wegen des Fernsehprogramms ermordet hatten, wurde ich nämlich als Jugendseelsorgerin eingesetzt. Zweimal in der Woche hatte ich Kinder zu betreuen, die mir erschreckend lieb erschienen und die durch Reizüberflutung in ihrem häuslichen Umfeld zu hartgesottenen Straftätern geworden waren. In ihren Briefen an mich, die leider der Zensur zum Opfer fielen, schrieben sie sich ihren Kummer von der Seele.

Man beschloß: Die Nick ist zu nett, zu beliebt, zu spektakulär, und so was gibt es nicht in der Religion! Wieder mal hatte man leichtes Spiel, mich loszuwerden. Das Beweismaterial stapelte sich in unzähligen Birkenstock-Kartons im Büro des Pfarramts.

Mit mir hat die katholische Kirche ihre werbewirksamste

Protagonistin verloren. Nicht nur bin ich in der Lage, die Menschen wieder für die Monarchie zu begeistern, sondern ich hatte es auch verstanden, den Katholizismus zeitgemäß zu interpretieren. Meine Tugend hat nun mal einen Hintern. Sogar schon damals, als ich nichts anderes trug als grauen Cashmerestrick und grüne Lodenjacken. Zugegebenermaßen machte ich den Fehler, diesen Look meinen Schülern gegenüber zu kommentieren: »Ich glaube nicht an Gott – ich glaube an Cashmere. Das elfte Gebot heißt: Du sollst niemals tragen billige Schuhe!« So was kommt gar nicht gut an im Ordinariat ... Humor gehört in die Faschingszeit.

»Kinder, ich bin keine Heilige – zumindest noch nicht«, sagte ich und stiefelte erwartungsschwanger ins Ordinariat. Dort erwartete mich eine Riege Geistlicher mit prüfenden Blicken. Satte, dickbäuchige, rotgesichtige Männer, die zur falschen Zeit die falsche Person aufforderten, mit sich ins Gericht zu gehen.

Ob ich denn das von der katholischen Kirche erwünschte Image repräsentiere, wollte man wissen. Ob es nicht vermessen sei, das von der Kirche repräsentierte Image als wünschenswert zu erachten, gab ich zu bedenken. Damit war das Duell eröffnet. Wo denn meine Beförderung bliebe, warf ich ein. Wenn die Kirche mich schon verstoßen wolle, dann bitte im Stil einer italienischen Oper. Sie hatten beschlossen, mich als Hexe zu verbrennen, und zwar auf dem Scheiterhaufen meiner ungewöhnlichen Erfolge. Nun wollte ich auch in Handschellen zum Schafott geführt werden.

Währenddessen standen meine Schüler mit Transparenten auf der Straße und skandierten Sprechchöre. Der Schauplatz meiner Exekution war ein ärmliches Katholenbüro mit dunkelblauen Teppichfliesen und heruntergezogenen Styropordeckenplatten. Dafür allein gehörten sie bestraft. In diesem Raum fand ich zum ersten Mal in meinem Leben meine

Stimme – aus dem Bauch heraus. Ich stellte mich in Pose und sagte ihnen, daß sie Wichser sind. So einfach!

Am liebsten hätte ich noch den Billig-Blumendruck von der Wand genommen und seiner Exzellenz als Kragenrosette über den Kopf gehauen. Aber Großmama erschien mir und sagte: »Wir verteidigen uns nicht mit der Faust, sondern wir verteidigen uns mit dem Verstand.« Als sie mir vorwarfen, den Chef meiner Gemeinde zölibatär gefährdet und Schüler verführt zu haben, hob ich mir meine Tränen der Wut für zu Hause auf und sagte: »Und was ist mit dem Hund vom Pfarrer?«

Sie gaben mir eins mit dem Holzhammer, und ich focht mit dem Florett. Reich-Ranicki hätte es geliebt! Mir wurde klar, daß der erste Mann, der eine Beleidigung ausgesprochen hat, anstatt seinen Angreifer mit Pfeil und Bogen zu verletzen, der Begründer der Zivilisation war. Worte wurden mir erstmals zur Waffe. Für eine ehemals mundtote Tänzerin eine enorme Befreiung.

Wenn es eine einzige Sache gibt, auf die ich in meinem Leben stolz bin, dann ist es, daß ich nicht verraten habe, welch begnadeter Friseur Hochwürden war.

Ich bin der Kirche unendlich dankbar für das, was sie mir angetan hat. Denn je älter ich werde, desto klarer ist die Definition meiner sittlichen Reife: Es ist der Zeitraum von dem Moment, wo ich feststelle, daß jemand ein Arschloch ist, bis zu dem Zeitpunkt, daß ich es ihm sage. Heute tue ich das sofort, damals trug ich derart düstere Vermutungen jahrelang als Bürde mit mir herum. Mein Auftritt im stinkigen Ordinariatsbüro brachte mir die Erfahrung, Ventile zu besitzen, hinter denen soviel Hochdruck und Energie steckt, daß sie mich Attacken jeglicher Art zumindest überleben lassen. Das war neu. Diesmal würde ich nicht sterben müssen, nie wieder könnte ich so ins Bodenlose stürzen wie nach dem Ballett – ich hatte mein körpereigenes Fangnetz entdeckt.

Seitdem vertraue ich auf meine Fähigkeit zur spontanen Metamorphose: Unter all den Häuten, die mich das Leben zwingt abzustreifen, nachdem sie unwiederbringlich zerkratzt, zerstochen und zerrissen worden sind, liegt ein Kern aus eisernem Willen, gnadenlosem Durchhaltevermögen und zähester Selbstdisziplin. In den Stunden des größten Schmerzes sorgt diese Substanz dafür, daß niemand mir etwas anmerkt. Lady Di könnte von mir ganz schön was lernen! Ich meine, was hat diese dumme Gans bloß erwartet? Ihrer Schwiegerfamilie gehört England, Irland, Island, Schottland, Wales, Australien, Canada – da schläft die Frau ein paarmal mit Prince Charles, schon gehört ihr England, Irland, Island, Schottland, Wales, Australien, Canada. Icke? Na, ick würde doch schon ein gerupftes Huhn vögeln für Cottbus.

Der Prinzessin mangelt es gleich an zwei Punkten meines Erfolgsgeheimnisses: Nicht nur, daß sie den Preis für das, was sie haben will, nicht bezahlt hat – sie hat nicht einmal die Bereitschaft dazu! Statt dessen kniet sie sich jetzt hin und verpaßt einer Vielzahl von Liebhabern unterm Bauchnabel Kratzspuren mit ihrem Diadem. Ach geht doch weg, ihr Dianas und Fergies – ihr langweilt mich!

Doch auch ich bin nicht frei von Schuld, habe ich die Bibel doch nicht richtig gelesen. Dort steht nämlich, daß man sich von der Institution Kirche fernhalten soll, wenn man den Glauben nicht verlieren will.* Schließlich sei kein Mensch frei von Sünde – der Erbsünde –, und woraus besteht die Kirche? Aus sündigen, menschlichen Vertretern. Was hat man da also zu erwarten? »Wunder gibt es immer wieder«, summe ich oft

---

* Brief des Paulus an die Römer: »Einer wie der andere sind sie vom rechten Weg abgekommen. Einer wie der andere ist zu nichts zu gebrauchen. Nicht ein einziger tat, was Recht ist.« (Röm. 3,12) – »Durch die Befolgung des Gesetzes findet niemand Gottes Anerkennung, denn durch das Gesetz wird nur die Macht der Sünde sichtbar.« (Röm. 3,20)

vor mich hin, wenn ich an diese Zeit zurückdenke, denn an mir hat die Kirche das Wunder vollbracht, die makellos-naive Gottesbotin zu läutern und dazu zu bringen, den Respekt vor der Institution zu verlieren. Und ich sage bewußt »Institution«, nicht zu verwechseln mit »Gott«.

Der Rausschmiß aus der Kirche bedeutete für mich keinen Bruch mit christlichen Prinzipien: Glaube, Liebe, Hoffnung liegen der Arbeit jedes Künstlers zugrunde, denn ohne Glaube, Liebe, Hoffnung wirst du in diesem Metier nicht alt. Und in deiner partnerschaftlichen Liebesbeziehung erst recht nicht. Doch hier spricht eine Désirée, die zehn Jahre älter ist als die frisch exkommunizierte Religionslehrerin.

Die erlitt nach dem völlig unerwarteten Ausgang dieser kleinen Ekklesialintrige mal wieder einen saftigen Zusammenbruch. Die Sache ging mir so an die Nieren, daß ich mit einer Nierenbeckenentzündung ins Martin-Luther-Krankenhaus kam, wo mich pflichteifrige Kirchenväter davon in Kenntnis setzten, man habe bereits angefangen, meine Wohnung zu entrümpeln, da, sobald die Krankschreibung vorüber, eine Nachfolgerin meine Parzelle beziehen würde. Im übrigen sei der Pfarrer mit einer Facialparese* in die Nervenheilanstalt der »Waldhaus-Klinik« eingeliefert worden. Das ist die Klapsmühle an der Potsdamer Chaussee. Ich wollte dort ein Doppelzimmer beantragen, doch abermals wurde ich von einer Irrenanstalt abgewiesen.

Statt dessen saß ich wieder perspektivenlos an Omas sächsischer Kaffeetafel und kannte nicht mehr Freude in meinem Leben als eine Tasse Kakao. »Der Herrgott wird schon wissen, warum er dich beschissen ...«, sagte sie, und wie recht sie hatte: Er hatte mir die Frau gezeigt, die ich hätte sein können, doch hatte er offenbar etwas anderes mit mir vor. Die Kirche

* halbseitige Gesichtslähmung

war nicht der Ort, den er für mich ausersehen hat – vielleicht wollte er mich nur animieren, meine eigene Religion zu gründen. Den Nickismus. Dann hätte alle Welt erfahren, daß Eva erst gelernt hat zu lachen, nachdem sie der Schlange begegnet ist. Und daß Gott bei der Erschaffung Adams nur geübt hat, denn erst als er seine Fehler korrigiert hatte, da erschuf er die Frau. Und daß ich nicht mit progressiven Theologen konform gehe, die der Meinung sind, Gott sei eine Frau. Wäre Gott eine Frau, hätte sie gemacht, daß Sperma nach was anderem schmeckt.

Das war mir alles zu unperfekt, und ich hatte keine Lust mehr, meine eigene Religion zu gründen.

Mein Leben hatte erneut die Balance verloren: Ich war dreiundzwanzig Jahre alt – zu alt für eine Umschulung, zu jung für die Frührente und zu unerfahren für eine Affäre. Sollte es denn ewig so weitergehen, daß mir alles, was mir lieb und teuer war, nach einer kurzen Zeit des Glücks sofort wieder geraubt würde? Litt ich an einem Miseren-Wiederholungszwang, um mich dafür zu bestrafen, daß ich nicht liebenswert genug gewesen war, meinen Vater davon abzuhalten, uns zu verlassen?* Warum mußte ich immer wieder scheitern, wenn doch alles immer so vielversprechend begann? Was stand zwischen mir und dem Gesicht im Spiegel?

Man wächst mit all diesen Phantasien darüber auf, was man sich vom Leben insgeheim erhofft. Das Klischee einer sorgenfreien Jugend zog an mir als Mär vorüber. Dreimal hatte mir das Leben verwehrt, was ich innigst herbeigesehnt hatte und wofür ich mein Herzblut zu geben bereit gewesen wäre: Der Traum vom Ballett zerfiel ebenso wie die Berufung zur Sozialpädagogin, und mein Ideal von der heilen Welt – zu heiraten und ein Baby zu haben – war in schier unerreichbare Ferne

* Ja, Kinder – ich habe einen Freud ...

gerückt. Nirgendwo wartete jemand auf mich. Männer waren mir nach wie vor suspekt. Affären, Romanzen, Liebschaften – für mich ein Buch mit sieben Siegeln. Damals wie heute.

Wieso sah mir niemand an, wie verletzt ich war? Würde ich mein Psychodrama jemals knacken können? Ich visualisierte mich zehn Jahre später: Werde ich einmal vierzig Jahre sein, voller Würde und Schönheit? Oder werde ich zerfallen? Ich fühlte mich wie eine menschliche Patchworkdecke, wie ein Puzzlespiel voller guter Anlagen, dem aber die wesentlichen Stücke fehlen, die erst ein verständliches Gesamtbild ergeben. Wenn ich so intelligent war, wie alle sagten, warum kam dann nichts dabei heraus? Stand mir mein wacher Intellekt beim Weiterkommen vielleicht gar im Weg?

Nicht einmal in die Kirche konnte ich jetzt gehen, denn dort war ich bekannt wie ein bunter Hund. Ich war zu müde, um lästige Fragen zu beantworten.

Was also sollte diesmal die Wendung bringen?

Gewonnen hatte ich die Erkenntnis, daß, so ungewiß die Zukunft auch sein mochte, mein Leben nur mir allein gehört und es nicht länger dazu dient, die Erwartungen anderer zu erfüllen. Ich war ein ungewöhnlicher Fall und würde es wohl auch immer bleiben. So sehr ich mich danach sehnte, konform zu gehen und als normal zu gelten, ich würde überall die Individualistin sein. Die Entwicklung zur Exzentrikerin ist bei mir bloß eine Frage des Outfits. Dafür schämte ich mich entsetzlich.

Doch so schmerzlich die Enttäuschungen auch waren: Mein konstantes Scheitern würde von mir nicht mehr als solches akzeptiert werden, sondern erschien mir als Teil eines Ganzen. Wenn ich nur durchhielte, würde ich reif an Kraft und Stärke werden und bald jeder Situation gewachsen sein! Das Bild eines Raumfahrers kam mir in den Sinn, der geschleudert und gekocht wird, um durch all diese Prüfungen fit genug zu werden für seinen Flug zu den Sternen. In Zukunft würde ich mir mein Leben anschauen wie einen Kinofilm. Mit mir in der Hauptrolle und einem improvisierten Skript. Mein Leben als ein Medley an Extemporées. Einzige Spielregel der Storyline würde sein, niemals tiefer zu fallen als in Gottes Hand. Mein Herzblut, das würde ich nur noch in mich selbst investieren. Was immer auch kommen mag – in Zukunft würde ich aus jedem Zusammenbruch einen Durchbruch machen. Von diesem Tag an fühlte ich mich als Überlebende der Titanic. Und dann ging ich Lottospielen!

6 Nix Tutu

Sie verspricht mir immer noch die Adresse von Wolfgang Joop. *Darauf warte ich schon vier Jahre ... Aber ich gebe die Hoffnung nicht auf. In einem unbeobachteten Moment werde ich die Wohnung nach ihrem Adreßbuch absuchen. Aber wann bin ich hier schon einmal unbeobachtet? Wahrscheinlich liest sie sogar in meinem Tagebuch – von mir stammen die Schokoladenflecken bestimmt nicht, ich krieg ja nie welche. Ich komme mir manchmal vor, wie in einem Bergman-Film.*

Es gibt auf dieser Welt drei wesentliche Dinge: Gott, Sex und meine Karriere. Diesen Themen widme ich meine Shows, und ich würde sogar sagen, daß meine Auflistung genau der Reihenfolge ihrer Bedeutsamkeit entspricht. Natürlich ist diese Hackordnung spontan wechselnden Stimmungsänderungen ohne jede Vorwarnung unterworfen. Im tiefsten Herzen wird jedoch immer Gott an erster Stelle stehen, wenngleich auch im Inneren meines Körpers ein Wechsel der Position absolut unwiderstehlich sein kann. Während ich hier sitze und mein Leben reflektiere, empfinde ich mich in erster Linie als spirituelles Wesen. Wie alles in meinem Leben fand ich den Weg zu Gott nicht nur auf ungewöhnliche Weise, sondern lebe in inniger und fruchtbarer Verbundenheit mit ihm, seitdem ich mich aus seiner Firma verabschiedet habe. Das Abbild göttlicher Vollendung in Verbindung mit Gesangskultur auf die Bühnen zu bringen, die Herzen der Menschen zu berühren und sie ihre Alltagssorgen vergessen zu machen, das sollte mir

Der überlebende Schwan.

Madame Karmeen
ließ mich als erste
singen und bot mir
sogar Geld dafür:
Die Diseuse war
geboren.

»Lützower Lampe«:
Warten auf Kundschaft.

Die Sex-Szenen in »Neurosia« brachten mich straight to Betty Ford...

... dort traf ich alles, was Rang und Namen hat. Hier: mit Helmut Newton.

In Hollywood zur Bag Lady zu werden, geht ganz, ganz schnell.

Mit meiner zweiten Show, »Holliwud - ick komme!«,
kam der bundesdeutsche Erfolg.

Nick on tour

Aus meiner Zeit vorm Staatstheater.

Aus jeder Tournee mache ich eine kleine Bildungs- reise.

Auf Tour mit Oscar.

Après Show.

»Was bleibt,
ist die Schande.«
(1996)

Mit der »Schande«-
Show tourte ich bis
zum Ende des
8. Monats.

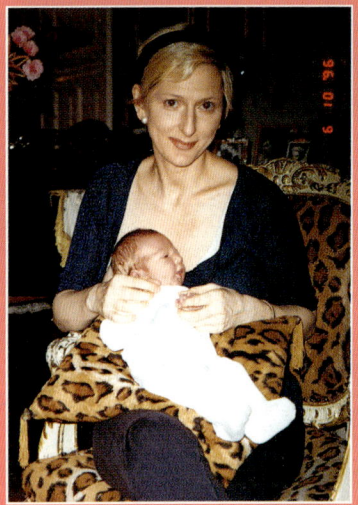

*29. September 1996, 5.45 Uhr, Gewicht: 3680 g, Größe: 54 cm. Mein Oscar! (Pünktlich zu Mamas Geburtstag.)

Dési mit Oscar, Wolfgang mit Wölfchen.

zur göttlichen Mission werden. Und wie verschlungen sind doch die Pfade des Herrn, auf denen er uns unserer Bestimmung entgegenführt. Den Platz, den Gott für uns ausersehen hat, können wir nicht fliehen, und erst durch die schier unendlichen Verstrickungen des Schicksals werden wir uns seiner Allmacht bewußt.

Schon immer fand ich es befremdlich, mit welchem Hochmut sogenannte Atheisten meinen, auf Gnade und Segen Gottes nicht angewiesen zu sein. Ihre Blindheit metaphysischen Mächten gegenüber läßt die Antennen für die Fingerzeige Gottes verkümmern. An Scheidewegen unseres Lebens angelangt, sind wir oftmals nicht in der Lage, seine Sprache zu verstehen, denn der Kontakt, die Leitung zu Gott, ist schon lange unterbrochen. Aber auch wenn wir unsere Sinne für die Zwiesprache mit Gott geschärft haben, übersehen wir oft die Signale, die er uns gibt in den Momenten, in denen wir am dringendsten Antwort suchen. So ging es auch mir. Ich suchte einen Neuanfang und fragte: »Wo ist mein Gott?«

Um die Frage zu klären, zog es mich erneut in die Irrenanstalt. Diesmal allerdings nur als Gast. Dort wollte ich meinen katholischen Seelenfreund besuchen, bekam aber leider nur die Auskunft, Hochwürden sei dort nicht mehr stationiert. Also begab ich mich auf die Spurensuche und schaute in dem für Seelsorger zugänglichen Verzeichnis über Patientenzugänge und deren Behandlungsverläufe nach. Auf seiner Karteikarte fand ich die Notiz: »Heimlich ungeheilt entwichen.« Sofort begab ich mich in den Park des Sanatoriums, um eventuelle Abdrücke seiner Stöckelschuhe aufzuspüren. Und richtig: Sie führten geradewegs zur hohen Anstaltsmauer und endeten an einem Ort, wo ich seinen abgebrochenen Fingernagel fand. Augenscheinlich war er in seiner Gummizelle mehr denn je in Kontakt mit sich selbst getreten, denn als weiteres Indiz fand sich ein blutiger Tampon an eben jener

Stelle. War dies der rote Faden unserer traurigen Saga? Nun, es konnte nur ein Versteck geben, an dem er seinen Spießrutenlauf beendete.

In seiner Stammklappe* am Wittenbergplatz fing ich ihn gegen Mitternacht desselben Tages beim Notieren der neuen Telefonnummern ab. Wortlos fielen wir uns in die Arme, und der allesverstehende, allesverzeihende Blick, den ich ihm schenkte, erübrigte jegliche Aussprache. Seine Gesichtslähmung war kaum noch zu bemerken – wahrscheinlich hatte er mittlerweile ein intensives Zungenmuskulaturtrainingsprogramm absolviert.

Bei einer Currywurst und einer Flasche Sekt erzählte er mir von seinem Plan, nach der Frühmesse nach Paris zu fahren und sich dort als Friseur und Visagist zu bewerben. Zur Not würde er die erste Durststrecke als Florist am Blumenmarkt überbrücken. Es bedeutete ihm unendlich viel, daß ich ihm als Seelenkrücke auf seiner Reise Gesellschaft leisten würde. Bei einem Ordensbruder in Sacré Cœur könnten wir vorerst Unterschlupf finden, gesetzt den Fall, ich würde mir die Haare abschneiden und eine schwarze Kutte tragen. Offen für alles, was das Leben bot, und ein neues Kostüm nie ausschlagend, ließ ich mich von ihm einkleiden, und schon saßen wir im Nachtzug nach Paris.

Die Fahrt schien unter einem guten Stern zu stehen, denn bereits im Speisewagen machten wir eine richtungweisende Bekanntschaft. An einem der grauen Mitropa-Tische im Expreß Warschau–Paris saß eine schwarzgewandete, blutjunge Dame mit blonden Engelslocken, die ihren Kopf wie eine Aureole umleuchteten. Vor ihr standen zwei Flaschen Cham-

---

* »Klappen, das sind Toilettenhäuser, in denen Männer beim Verrichten dringender Bedürfnisse seit Jahrhunderten von heterosexuellen Otto Normalverbrauchern gestört werden.« – Besser als Melitta Sundström, Got hab sie selig, kann man es nicht definieren.

pagner, ein Glas Rotwein und ein überquellender Aschenbecher – dennoch war ihr Blick ungetrübt und auf einen hübschen Jüngling geheftet, der auch die Aufmerksamkeit meines Begleiters auf sich zog. Da haben wir ja schon Gesprächsstoff, dachte ich mir, und wir setzten uns dazu. Ich legte mein Rätselheft auf den Tisch, holte das Strickzeug hervor und versteckte meine Beine unter dem langen Rocksaum der braunen Kutte.

Die Blondine war mit ihrem Wein großzügig und mit Distanz sparsam. Schnell kamen wir ins Gespräch und berichteten einander von unserer generellen, aber galoppierenden Unzufriedenheit. Flüchtlingsmädchen allesamt. Als Neckermann-Pauschalreisende war sie gerade schiffbrüchig geworden und hatte bei der Katastrophe den jüngst gewonnenen Liebhaber – einen bildhübschen Brillenträger namens Philipp – verloren. Seine Brille hatte sie jedoch retten können – sie lag auf dem Tisch, und zwischen zwei Zügen an einer der unzähligen Zigaretten, die sie im Zug nach Paris verrauchte, spielte sie gedankenverloren mit den Augengläsern des toten Geliebten.

Wie sie derartigen Schmerz verkrafte, fragte ich mit professionell-seelsorgerischem Interesse.

Sie fände Trost in der Poesie, und ihre Heimat sei die Bühne. Von einer Georgette Dee hatte ich aber noch nie gehört.

»Georgette« fragte ich, »bist du auch Tänzerin?«

Sie sagte mir, sie sei Diseuse.

»Welch ein Zufall«, meinte ich, »wir suchen auch in Paris einen Job als Friseuse für ihn«, und deutete auf meinen Pfarrer.

Die Friseusenszene in der Modehauptstadt ist ein Schlangennest, und es muß an Konkurrenzangst gelegen haben, daß Georgette nach diesem kurzen Dialog das Gespräch beendete und in ihr Abteil verschwand. Zehn Jahre sollte es dauern, bis die Stadt Berlin mit meinen Showplakaten gepflastert war und ich die junge Dame, mittlerweile zur Frau gereift, wiedererkannte, als sie geduldig am Bühnenausgang auf mich wartete und mir meinen ersten Plattenvertrag anbot.

Erschöpft am Gare du Nord angekommen, sehnte ich mich nach ofenfrischen Croissants und einem Milchkaffee, doch ehe ich mich's versah, wurde ich ins nächste Taxi geschubst, und wir jagten zum Bois de Boulogne. Während Hochwürden im Gebüsch verschwand und eine Beichte nach der anderen abnahm – wohl um die letzten Spuren seiner Facialparese zu beheben –, hockte ich hungrig auf meinem Koffer und fror. Doch welch Glücksfall – einer der jungen Männer, denen der Pfarrer die Absolution erteilte, entpuppte sich als Leidensgenosse – ein ehemaliger Theologiestudent nämlich, mittlerweile Kellner im berühmtesten Nachtclub der Welt – dem Pariser Lido.

7 Lido war nix

Daß Désirée Soloprogramme macht, hat zwei Gründe:

1. Als Schauspielerin bekommt sie keine Engagements (okay, da gibt es die Praunheim-Ausnahme, aber das kann man ja wohl nicht als Filmkunst bezeichnen und wer hat »Neurosia« schon gesehen?).

2. Sie kann es nicht ertragen, die Bühne mit jemandem zu teilen – mir tun schon ihre Pianisten leid.

   Als Chortänzerin mag sie ja noch ganz passabel gewesen sein, weil sie immer nur nachmachen mußte, was die anderen in den zehn Reihen vor ihr tun. Allein auf die Bühne gelassen, bietet sie nichts anderes als das, was ich mir sowieso jeden Tag anschauen muß – diese Frechheit: den Leuten weiszumachen, sie spiele Theater! Wenn das, was Désirée auf der Bühne macht »Schauspiel« sein soll, dann ist Veitstanz eine Form von Ballett.

   Im Grunde improvisiert sie jeden Abend. Und nicht etwa aus künstlerischen Beweggründen, sondern wegen ihrer Vergeßlichkeit.

In dieses Prachtetablissement an den Champs-Elysées wurden wir noch am selben Abend eingeladen. Ohne ein Hotelzimmer gesehen zu haben, fanden wir uns dort kurz vor Beginn der Vorstellung ein.

Mitte der achtziger Jahre war Cocktailgarderobe noch Vorschrift für die Gäste des Lido – es blieb mir also nichts übrig, als in ein Disco-Outfit meines Pfarrers zu schlüpfen, wobei es

sich um einen türkisfarbenen Neon-Stretch-Overall mit weißer Fransenlederjacke und weißen Western-Boots in Größe
40 handelte. Seinen eigenen Look an mir zu sehen inspirierte
meinen geistlichen Freund so sehr, daß er es sich nicht
nehmen ließ, mir auf der Männertoilette ein Quickie-Make-
up zu verpassen: Zwischen die Wimpern knüpfte er mir
einzelne Goldfädchen, meine Augenbrauen wurden weg-
rasiert und wichen bleistiftdünnen, schwarzen Marlene-Bö-
gen. Mit einer Tattoo-Nadel steppte er mir einen schrägen
Permanent-Make-up-Lidstrich. Die Schulterpolster seiner
Seidenhemdbluse wurden mir zum Wonderbra-Ersatz, und in
Windeseile hatte er mir zehn perfekte Acrylnägel sowie aufge-
türmte Rasta-Extensions angetackert. Als Finishing-Touch
bestäubte er mein Gesicht noch mit einem Hauch Golden
Glow.

Zum ersten Mal im Leben fühlte ich mich natürlich schön. Ich
sah aus wie das nette Mädchen von nebenan – gesetzt den
Fall, man wohnt in einem Amusement-Park. Am liebsten
hätte ich mir noch schnell neue Zahnimplantate einpflanzen
und die Nase operieren lassen.

So ausstaffiert, standen wir am Bühneneingang, um auf unseren Kellnerfreund zu warten, der uns durch den Backstage-
Bereich zur Ehrenloge geleiten wollte. Noch bevor es dazu
kam, sprach mich jemand von der Seite an: »Komm morgen
früh um zehn zur Audition, zwei Tänzerinnen sind verletzt.«
So sprach der Dance-Captain der Revue zu mir – augenscheinlich hatte ich noch Haltung und Aura einer Tänzerin,
und dank meines extraordinären Outfits hielt man mich wohl
für ein Showgirl.

Nachher stellte sich heraus, daß der Captain zu eben dieser
Zeit mit einem Girl zwecks Vortanzen verabredet war, dieses
aber nicht erschien, so daß er automatisch mich für die
Tänzerin hielt, die sich bewerben wollte.

Sollte ich es wagen, auf das Angebot einzugehen? Was war die Alternative? Von zwei Übeln entscheide ich mich im Zweifelsfall für das, welches ich noch nicht ausprobiert habe. Glamour und Perfektion der besten Revue der Welt raubten mir die Sinne. Jeder einzelne Mitwirkende sah aus, als wäre er der Superstar in einem Videoclip. Wenn ich in den Schönheitssalon gehe, geleitet man mich immer durch die Notaufnahme. Nach dem Check-up macht man mir erst mal einen Kostenvoranschlag – hier aber war eine schöner als die andere.

Jede einzelne Schleife, jede Straußenfeder war mit Bedacht eingefärbt und so zurechtdrapiert, daß es der Qualität eines Star-Foto-Shootings entsprach. Diese Sorgfalt im Detail galt für Tausende von Kostümen und Hunderttausende von Federn in diesem Spektakel für Millionen von Francs an Hunderten von Menschen. Jedes Mädchen, selbst wenn es unbedeutend im Halbdunkel einen Fisch darstellte, wurde als Göttin auf dem Silbertablett präsentiert. Wo kamen all die schönen Wesen her? Der Traum, die Welt, in der ich lebte, von heute auf morgen wie ein Hemd wechseln zu können, war in erreichbare Nähe gerückt, und bereits in der Pause wußte ich: Ab heute nacht schlafe ich wieder im Spagat! Ich will ein Baustein im Glitzerwerk dieses Spektakels sein. Niemals wieder wollte ich unglamouröser sein als in diesem Moment – das schwor ich mir –, und so war es mir nicht möglich, die Mönchskutte wieder anzulegen und im Kloster zu nächtigen. Statt dessen übernachtete ich beim Kellnerkumpel, ohne mich abzuschminken, selig meinen hochgeschraubten Busen anlächelnd. Die Natur hat Frauen nun mal mit schönen, prallen Brüsten kreiert. Ich unterstütze die Natur, wo ich kann.

Pünktlich um neun Uhr morgens fand ich mich auf der Bühne ein und begann mein Warm-up in Gesellschaft des Putzpersonals. Ich halte nicht viel von Exercise. Meine Philosophie ist: bloß keine Schmerzen, bloß keine Schmerzen. Noch in der Garderobe bekam ich High-Heel-Tanzschuhe, bei deren Anblick mir das Herz aufging: handschuhweiches Leder, mit Straß übersäter Satin und ein Acrylabsatz von raffiniertester Proportion – kurz: eine Delikatesse von Schuh! Ich weiß auch, daß es auf dieser Welt Not, Krieg, Krankheit, Armut und hungernde Kinder gibt – aber bei sensiblem Schuhwerk werd ich immer schwach. Ich fühlte mich wie Cinderella, als mein Fuß hineinglitt. Als ich ihn vorm Spiegel streckte und ein, zwei Posen einnahm, sagte der Ballettmeister: »Mädel, fang wieder an zu trainieren, und du hast den Vertrag.« Längst hätten wir auf der Bühne stehen sollen, doch statt dessen schlüpfte ich zum beiderseitigen Entzücken in diverse Kostüme, band mir einen Cul de Sac um, tripppelte durch die Garderobe, probierte Kopfputze auf und trug zum ersten Mal in meinem Leben eine Netzstrumpfhose! Gott sei Dank bin ich als Frau geboren – das hat mir den Weg zur Travestie erspart. Ich wußte, daß ich das Engagement in der Tasche hatte. Ich übte Kicks, Schrittchoreographien, und das stilistische Posing ging mir binnen fünf Sekunden in Fleisch und Blut über.

Jedes Mädchen kann glamourös aussehen: Man muß nur stillstehen und mit starrem Blick ins Leere glotzen. Lady Di hat mir das gesagt.

Man erklärte mir, daß ich kein Blue Bell Girl sein würde – das sind die »Oben-Ohne«, die die riesigen, kiloschweren Federaufbauten und Prachtkostüme tragen, in denen es sich unmöglich tanzen läßt, und die daher nur in Formationen schreiten, so daß auch der Busen nicht wackeln kann. Gewisse Körperteile haben ja den Nachteil, nicht unbedingt auf den Schlag der Musik stillzustehen.

Mich setzte man als Tänzerin ein, was bedeutete, ich würde

»covered« arbeiten, also niemals barbusig, sondern stets mit gutgestütztem Dekolleté. Und zehn Pfund weniger wären auch von Vorteil. Wäre es nicht toll, wenn man sich tatsächlich den Arsch abarbeiten könnte?

Da ich einspringen mußte, begannen die Proben für mich sofort und heftig, gnadenlos und grausam – ich fühlte mich zu Hause. In meiner spärlich bemessenen Freizeit hetzte ich mit dem Taxi zur Sauna, zur Massage und hielt brav still, als man mir die Haare blondierte. Seitdem vereine ich in mir das Beste zweier Welten: Ich bin blond auf dem Kopf – aber nicht im Kopf. Ich unterschrieb, daß ich meine Haarfarbe nicht würde ändern dürfen und es mir untersagt sei, mit Gästen der Revue persönliche Kontakte zu knüpfen. Mit einer solchen Vorsichtsmaßnahme war man bei mir allerdings sowieso an der falschen Adresse: Äußerlich innerhalb einer Woche zum Showgirl mutiert, war ich doch innerlich noch immer ganz keusche Religionslehrerin. Keuschheit: der treffende Begriff für meine psychosoziale Struktur; in Kombination mit dem Appeal und Glamour der Revue bestand ich nun aus einem derartigen Mischmasch an Einflüssen, daß ich wirklich nicht mehr den Anspruch erheben konnte, von irgend jemandem verstanden oder auch nur halbwegs richtig eingeschätzt zu werden.

Als ich bei den Proben die anderen Tänzerinnen sah, war ich erst einmal geplättet. Es war beeindruckend: Die Göttinnen hatten Augenringe, keine bessere Haut als ich und sahen müde und ausgemergelt aus. Manche waren sogar schon geliftet. Ich habe nichts dagegen, aber ich finde, man sollte damit aufhören, wenn man permanent erschrocken aussieht. Ich habe in der Garderobe übrigens Cher gesehen – jedesmal, wenn die sich bückt, schnappt der Mund auf.

Hauptkorrektur bei den Proben war immer mein Ballettstil: »No Swan Lake!« mußte ich mir tausendmal anhören. Da habe ich nun mein halbes Leben gegeben, damit mir die große Kunst, das Gewicht des Ballerinenkopfes auf einem langen Schwanenhals mit Grazie zu tragen, zur zweiten Natur wird, und war doch nur wieder fehl am Platz. Kein Zynismus ist groß genug, das wahre Elend dieser Welt zu beschreiben ... Alles, was Ballett sein soll, möge ich von nun an vergessen, forderte man mich auf. Mit schiefen Hüften, eingedrehten Knien und ungestreckten Füßen kam ich im Lido besser weg als mit sorgfältig zelebrierten klassischen Kicks.

Die wahre Show im Lido findet backstage statt, wenn Haken und Ösen der Kostüme schon auf der Treppe eigenhändig an Körperteilen geöffnet wurden, von denen ich nicht einmal wußte, daß sie existierten. Beim Trippel-Trappel auf dem Rückweg kamen einhundertfünfzig zirkuspferdartige Pferdepuschelkopfaufsätze einander ins Gehege, während man keine einzige Stufe mehr sah, weil man die Schwanzfedern des Cul de Sac der Vorderfrau im Gesicht hatte. Doch nicht genug damit, die Konzentration auf die unter Lebensgefahr zu bewältigende Treppe wurde dadurch erschwert, daß der noch unbeleckte Blick der Nick auf rechts und links in sämtlichen Ecken kopulierenden Corps-Kollegen haftenblieb. Langjährige Ensemblemitglieder schafften es beneidenswerterweise, die Kostümwechsel in einer Position zu absolvieren, die es ihnen erlaubte, sich vollständig umzuziehen, ohne daß ihnen des Hintermannes Lustinstrument entglitt.

Gemeingefährlich wurde es, wenn Perlenschnüre involviert waren – pikant, wenn diese auf Treppe oder Bühne rissen und man strahlend lächelnd über mörderisch hopsende Killerperlen hinwegtanzen mußte. Besonders, wenn man dichtgedrängt und im Halbdunkel an vier Meter tiefen Abgründen entlangsteppt, weil auf der Unterbühne die Eisfläche für die nächste Showeinlage präpariert wird!* Wenn man erlebt hat, daß eine Show in einem solchen Hexenkessel siebenhundertmal pro Jahr klappt, ohne daß etwas passiert ... Gott, da wird man dann doch wieder religiös!

Es wird niemals wirklich imposanten Revuezauber made in Germany geben, weil jede wahre Magic von der Gewerkschaft boykottiert wird. Ein Busby Berkley wäre in Deutschland im Kittchen gelandet ...

Manchmal ging man auch früh um sechs noch in eine der Discotheken, und es war hier, daß mir zum ersten Mal im Leben klar wurde: Hey – es gibt Menschen, die haben Spaß! Und das ohne jegliches Schuldgefühl. Ich, die ich ein ganzes Leben lang nichts kennengelernt hatte, als das Lösen meiner existentiellen Probleme, stand als Zuschauerin am Rande des Geschehens. Voller Betroffenheit.

Hier kamen gestylte Models, extravagante fashion-victims, smarte Jet-Setter, Prinz Albert von Monaco, die beinahe schon widernatürlich gutaussehende Gay-Scene und halbnackte Muskelmänner zusammen, die in Stiefeln auf dem Tresen tanzten. Sie taten mir leid, mit ihren kleinen Suspensorien, dieser Handvoll Goldlamé und der scheuernden, bindfadendünnen Paketschnur, die den Po und sein Umfeld in zwei Hälften teilt. Ich verbringe mein halbes Leben damit, meine Unterwäsche in unbeobachteten Momenten aus den naturgegebenen Ritzen herauszupopeln, während die Gogo-Boys darauf achten mußten, daß ihre Schnüre in der Spur blieben.

---

* Ein wiederkehrendes Alptraummotiv, das ich aus jenen Tagen beibehalten habe, ist mein Sturz von der Treppe, der Dominoeffekt stürzender Glamour Dolls, das Plopp-Geräusch herausflutschender Schwänze (tut mir leid – ich kann das nicht anders formulieren), das Plingplong falscher Perlen, platzender Nähte und der Tod durch harte Stilettos in lubrifizierten Weichteilen.

In Paris habe ich das Geheimnis guten Geschmacks begriffen: Stil bedeutet Kontrast. Harte künstliche Brüste unter einem alten schlabbrigen Cashmerepulli, das hat Stil. In Deutschland trägt man alte schlabbrige Brüste unter harten künstlichen Pullovern.

Mein persönlicher Geschmack läßt sich ganz einfach definieren: Ich kleide mich immer so, daß es nicht kratzt.

Mitten in all dem Trubel fand mein priesterlicher Freund endlich auch seine Peer-Group: einen Haufen exorbitant gestylter Ex-Ministranten, aufgepeitscht von Albert Grimaldis frühmorgendlichen Disco-Queen-Live-Shows, die den Glamour der Kirche mit dem Glamour der Design-Metropole eingetauscht haben und genauso gewissenhaft-besessen feierten, wie sie einst die religiösen Rituale absolviert hatten.

Und alles verschwand im Fünf-Minuten-Takt auf dem Klo, kehrte erquickt wieder zurück und stürzte sich voller Elan auf ein neues ins Geschehen. Ich habe Leute gesehen, deren goldener Rolls-Royce auch im Sommer Schneeketten hatte und dessen Kühler ein Löffel zierte.

Während meines einjährigen Parisaufenthalts wurde mir zur Schau gestellter Luxus als Selbstzweck bekannt, auch wenn ich selbst nur Zaungast blieb. Ich hatte gesehen, wie ältliche, wohlsituierte Männer mit Haarimplantaten die Tür ihres Lamborghinis senkrecht nach oben klappten und als Pretiose eine luxuriös ausstaffierte jugendliche Geliebte vorführten – mir war klar, daß das für mich nicht die Lösung wäre.

Doch auch wenn ich Verschwendungssucht nicht als Selbstverständlichkeit hinnehmen konnte – ich erschrak fortan nicht länger davor. Eine bedeutende Entwicklung für jemanden, der zu Hause angehalten wurde, aus Sparsamkeit das Klopapier beidseitig zu benutzen ...

Als ich erfuhr, daß ich »Fans« hatte, die zur Entourage Karl Lagerfelds zählten und mich in ihren social circle includen wollten, ooooh, da wurde es mir doch zu gefährlich, und verschreckt zog ich mich in mein Schneckenhaus zurück.

Ich belegte den Volkshochschulkursus »Wege zum Ich durch Klöppeln«. Beim meditativ-hölzern-monotonen Klang der fliegenden Keulen klöppelte ich einen Toilettendeckelschoner nach dem anderen, mir die Seele frei und Selbstfindungsgedanken herbei: ich als dressiertes Manegentier, zweimal am Abend rausgelassen und abgerichtet, meine Kunststücke vorzuführen; Glied in einer Kette nur, gedrillt, mit der homogenen Masse zu verschmelzen, bis die Persönlichkeit völlig verblaßt – das konnte es für mich auf Dauer nicht sein.

Am Lido soll man präzise funktionieren, ohne gesehen zu werden. Die persönliche Kontur wird ausgemerzt. Individualität ist nicht gefragt. Hier gibt es keine Konkurrenz, hier sind alle gleich: Jeder ist eine Null. Die beste Revue der Welt, internationaler Showbiz-Maßstab. Doch der Gleichmachung, der Schablonierung, die unabdingbar ist, um aus achtzig Individuen ein Corps zu machen, fehlt der menschliche Spielraum. Expressivität ist nicht gefragt, denn es geht nicht um Kunst, sondern um Künstlichkeit.

Entwickeln kann man sich am Lido nicht, und Karriere macht man nur als Drilling. Ich war zu wenig Showgirl, das von einer Revue zur nächsten ziehen will – ich wollte nicht zum Gypsy werden, sondern wachsen.

Das Geheimnis, die Zauberformel des Glamours zu knacken und an der Illusion künstlicher Perfektion teilzuhaben, war verführerisch gewesen, doch in der perfekten Kickline konnte nicht die Antwort auf die Komplexität meiner Person liegen. Schneller als die anderen erkannte ich die Sackgasse, in der die Träume der Lido-Tänzer enden: Schaute ich mich um, fand ich mich wie in einer Zeitmaschine in deren Schicksalen wieder. Hier waren Tänzerinnen, fünf, sieben, zwölf Jahre im Engagement, traurige Gesichter hinter den Masken des Showtempels, wie Marionetten, die tagsüber als leblose Hüllen geduldig auf ihren Einsatz warten.

Das große Glück findet man am Lido nicht. Wenn ich schon eine Bühnenkünstlerin sein würde, dann aber exponiert, bitteschön! Ich wollte endlich gesehen und gehört werden. Mit dieser Gewißheit schmiß ich viele Monate lang das Bein. Dann begann ich, meine subversiven Gedanken in Champagner zu ertränken. Doch eines Tages hatten sie schwimmen gelernt! Bevor ich in eine allzu vertraute Melancholie verfiel, packte ich meine Koffer.

Ach ja, richtig – es gab an diesem Punkt in meinem Leben jenen winzig kleinen Auslöser, der mich von der Passivität in die Aktivität trieb. Fasten your seatbelts, please, denn in Erscheinung trat: der erste Mann! Jawohl, der erste war's gewesen, damals als ich einundzwanzig ... Und schön war's gewesen, als ich herausfand, daß er dieselben Geburtstags- und Weihnachtsgeschenke voller Gerechtigkeit auch einer anderen machte. »Stop! In the name of love«, sagte ich und verabschiedete mich von ihm.

Nach drei Jahren fiel es meiner ersten Liebe ein, mich mal am Lido zu kontakten; verständlich – denn ich als Vermittlerin zwischen ihm und einem Reservoir schöner Mädels, da würde sich die Reise lohnen, könnten doch so die ganz normalen Gelüste eines ganz normalen Mannes auf Jahre im voraus mit einem ganz normalen Quantum an Nachschub versorgt werden. Nach seinem Anruf beschloß ich, das Arschloch, das mich so verletzt hatte, daß ich mich jahrelang nicht anderweitig orientieren konnte, bei mir übernachten zu lassen.

Es versuche einer der wenigen Männer, die mein Herz zum Klingen bringen können, nur ein ganz klein wenig nett zu mir zu sein – und ich schmelze wie Wachs. Es war ganz einfach wieder »soo schön«, alle guten eisernen Vorsätze gingen über Bord und Désirée war erneut »in love«.

Monsieur war mittlerweile Tänzer im Münchner Staatsballett und von nun an motiviert, all das nachzuholen, was ich einst so dramatisch abgewürgt hatte. Um mir den Absprung zu erleichtern, suchte er mir einen Job in dieser Stadt. Ich war auf Knien dankbar: Der erste Mann, der mir hilft – und dann auch noch ein Hetero!

Frau Nick, 25, verliebt. Und zwar mit der Aussicht auf Erfüllung! Gegenseitiges Verlangen, erwiderte Sehnsucht und ein zur Tat schreitender Mann. Schlug ich morgens die Augen auf, so dankte ich Gott. Für seine wunderbare Fügung und die Barmherzigkeit, mit der er mich endlich bedachte. Errötend und voller Stolz durfte ich jetzt in den Spiegel schauen und sagen: »Ich habe einen Freund.« Die unerfüllte Sehnsucht der letzten zehn Jahre hatte ein Ende. Jetzt gab es an meiner Seite einen Mann, der mich in den Arm nahm, an dessen Brust ich mein Haupt zur Ruhe legen konnte und dem ich mich nahe fühlte. Und ein Ferkel war er auch! André, ich werde dir ewig dankbar sein!

8   Nicks Treue

Désirée hat von einem ihrer vier Fans die Videokassette von »Sunset Boulevard« mit Gloria Swanson geschenkt bekommen. Ich habe mir den Film gleich angeschaut und, was soll ich sagen – kalte Schauer sind mir den Rücken runtergelaufen. Das alles kam mir so bekannt vor ... Schöner, talentierter Mann zieht bei zickiger Diva ein, die ihre besten Tage hinter sich hat. Sie zerstört fast seine Kreativität, doch er rebelliert heroisch und ist gewillt, sich aus dem Gefängnis ihrer Zuneigung zu befreien. Da erschießt sie ihn.

Da ich weiß, welche Wirkung Hollywood-Fiktionen auf Désirée haben, muß ich um alles in der Welt verhindern, daß sie diesen Film zu Gesicht bekommt – wenn mir mein Leben lieb ist ...

In Wahrheit wollte ich vom Leben nicht mehr, als bis ans Ende meiner Tage an einen Herd gefesselt zu sein. In Strapsen. Und hohen Hacken. Bratkartoffeln machen für einen hübschen Bauarbeiter. Sollte sich diese Chance jemals bieten, wäre ich sofort bereit, mich hinzuknien und seine Schuhe mit meinem feuchten Schlüpfer zu polieren. Dabei habe ich's ja wirklich versucht, Sie! Monatelang am offenen Fenster Aerobic gemacht, einen Sommer lang meinen Schlüssel von außen in der Tür stecken lassen, mich von einem vollbesetzten Bus anfahren lassen, in der Hoffnung, daß ihm ein Ritter in strahlender Rüstung entsteigt, der mich – noch ohnmächtig – zum Altar trägt.

Nicht ein einziges Mal im Leben ein Brautkleid tragen zu dürfen, das ist für ein Mädchen meiner Strickart ein harter Schlag. Wo ich doch seit meinem achtzehnten Lebensjahr jede Saison eine neue Brautrobe anfertigen lasse, um für alle Fälle gewappnet zu sein. Komplettiert natürlich mit den passenden Brautjungfernkleidern aus reinstem Acetat, wahlweise in den Schattierungen Crème de pistache, Hysteric Magnolia oder Pubescent Blush.* Na ja, der Biolek ist ja noch frei. Aber der geht ja nicht. Sie wissen schon, warum.**

Stabilität im Privatleben, eine heile Familie, einen Ort, wo ich die Tür zumachen kann und sagen: »Hier ist die Welt noch intakt, hier werden noch Werte gepflegt«, das ist der große Traum, den ich seit jeher habe. Und ich bin nicht bereit, die Hoffnung darauf aufgeben, bevor mich nicht der Rasen deckt.

Die Dummheit, sich, allen Lehren zum Trotz, noch immer einer solchen Illusion hinzugeben, gehört natürlich bestraft. Heute bin ich zwar immer noch Idealist, aber ich habe mein Ferienhaus in der Realität.

Mit dem naiv-altmodischen Modell der glücklichen Familie im Herzen habe ich Paris wegen eines Mannes verlassen, den jeder Casting-Director als Vorstadtcasanova besetzen würde. Groß. Blond. Blauäugig. Dazu von überwältigend-vielversprechenden Proportionen und bildschönen Gesichtszügen, kam er aus einer Berliner Familie mit Mutterwitz und den dazu passenden Verhältnissen.

Seine Schwester war eine Ballettfreundin von mir, und als ich sie zum Kindergeburtstag besuchte, lernte ich nicht nur den Charme kleiner Leute kennen, sondern auch den Bruder. Ich kam in eine Familie, die auf der Plastiktischdecke des Kü-

* Grün, Orange, Rosa
** Dem seine Zähne gefallen mir nicht.

chentischs die Vogelkäfige übereinandergestapelt zu stehen hatte und deren größter Stolz es war, einen Papagei zu besitzen, der bellen konnte. Es gab auch zwei Lassie-Hunde, obwohl es genaugenommen keine waren, aber in diesem Haus hieß jeder Hund Lassie. Des weiteren bewunderte ich die elektronische Dart-Wurfscheibe an der kaputten Küchentür, die gute Stube mit der Hochglanzschrankwand, in deren Bücherregal Autoersatzteile und Bestellkataloge lagerten, das vielversprechende Angebot an Videokassetten: drei zwecks Kinderbetäubung und eine mit dem Aufkleber »Papas Geburtstag«; die Jerry-Cotton-Hefte auf dem elterlichen Nachttisch sowie italienische Kaufhaus-Lolitas auf wildgemusterter orangefarbener, abwaschbarer Relieftapete. Ich wandelte durch diese Häuslichkeit wie durch ein Museum, als hätte ich Zutritt zu einem sonst nicht zugänglichen Ausstellungstrakt. Sonntags saß man im Schrebergarten und hielt die Hühneraugen in die Zinkwanne. Auch im Winter fuhr man raus und fror sich neben dem Metro-Camping-Ofen einen ab, um aufzupassen, daß die anderen Laubenpieper nicht den Hydranten abmontieren und die Gartenzwerge klauen.

Die Eltern trugen ihre Vornamen Rosi und Lothar zur Sicherheit als Schriftzug an einem Goldkettchen um den Hals, Mutti verdiente sich ein Zubrot mit Heimdauerwellen und war süchtig nach Solarium und Selbstbräunern, während Papa, wenn er nach Hause kam, erst mal sein Toupé in die Hutablage legte. In die Ferien fuhr man mit dem Reisebus, denn Papa hatte wegen 1,54 Promille den Führerschein verloren – weil ihn ein Kollege angeschwärzt hatte. Er war Kühl- und Lagerhausarbeiter.

Kulturhistorisch bedeutend war die kackbraune Cordsamtsitzecke mit den Fotoporträts der Kinder auf glänzenden Kissenbezügen. Auf der Fensterbank standen Paral-Mottentod und ein Sortiment von Duftspendern. Unter »Essenge-

hen« verstand man einen Ausflug zu McDonald's und »kochen« bedeutete, viel heißes Wasser unter Dosen und Tüten-
suppen zu verrühren. Man pflegte eine zeitsparende Instant-
küche und arbeitete mit auffallend viel Ketchup. Ich ging
herum und machte Notizen.

*Désirée hat sich einen Kochtopf gekauft!!! Ich habe fast ge-
weint vor Freude, weil ich natürlich dachte, von nun an gibt es
richtiges warmes Essen. Zu früh gefreut – sie benutzt den Topf
nur zum Auskochen der Kondome und ihrer Klebewimpern.*

Besonders die Plattheit der Witze, die zu vorgerückter Stunde
vor dem Heimbierfäßchen gerissen wurden, hat mich künstlerisch geprägt. Auf meine Frage, ob die Familie in Ägypten auf
dem Kamel geritten sei, prustete der Papi: »Nee, ick hab ja zu
Hause eens!« und schielte auf Mami.
Papa war eifersüchtig auf den Gerichtsvollzieher, denn der
kam immer tagsüber zu Mama, die sich mit Hausfrauenkredi-
ten und durch Bestellorgien bei Versandhäusern in Teufels
Küche gebracht hatte.
Der Weihnachtsbaum dieser Familie war bestialisch. Was wie
ein Regenschirm zusammengeklappt ein Jahr lang auf dem
Schlafzimmerschrank der Eltern vor sich hinstaubte, wurde
kurz unter die Dusche gehalten, aufgespannt und mit dem lila
Lametta vom Vorjahr beworfen. Statt weihnachtlicher Kerzen
genügte eine Plastik-Nikolaus-Lichterkette, deren Männlein
aber auch gerne mal durch Erdbeeren, Micky-Mäuse oder rosa
Schweinchen ersetzt wurden. Gnadenlos blinkten die Multi-
Color-Glühbirnen, nonstop sechs Wochen lang, das Ende der
Weihnachtssaison herbei. Dann wurden sie ausgeschaltet und
gegen Plastikhäschen und Überraschungseier ausgetauscht.
Ich habe das ketzerische Szenario bis heute nicht vergessen.
Dann und wann erscheint mir der Weihnachtsbaum vor

meinem inneren Auge – doch meist schrecke ich schweißgebadet noch rechtzeitig auf und erkenne, daß es wieder nur ein Alptraum war.

Ein wahres Inferno an Farben, Formen und Materialien quoll auch aus dem Kleiderschrank der Mutter. Doch diesen Menschen habe ich nichtsdestotrotz viel zu verdanken: Sie öffneten mir die Augen für Dinge, die ich zuvor übersehen hatte. Hier lernte ich selbstgestickte Wandbilder von Michael Jackson und Pferdekopf-Puzzles in Eichenholzrahmen schätzen.

Als ich André Wrudniczki kennenlernte, trug er einen grauen Kaninchenfellblouson und braune Cordsamtpantoletten mit einem Gummiabsatz aus Korkimitat. Helge Schneider hätte bei ihm noch was lernen können ... Aber – und das war das Entscheidende – die Natur hatte ihn als überbegabtes Kuckucksei in das Spandauer Wohnsilo gelegt, und in seinem Gesicht stand geschrieben, daß er willens war, zu lernen.

Immer regelmäßiger besuchte ich an freien Sonntagen »meine beste Freundin« und genoß es, einen Jungen aus der Nähe zu beobachten. Bei diesem hatte ich das Gefühl, daß er handzahm war und nicht bissig. Er war vierzehn und sah aus wie siebzehn, ich war siebzehn und sah aus wie vierzehn. Seine Schwester war sechzehn und sah aus wie dreißig.* Zu dritt spielten wir Mensch-ärgere-dich-nicht, aber um keinen Preis wäre ich mit ihm allein im Zimmer geblieben. Nachdem ich ihm Deutsch beigebracht hatte, ging ich schließlich zum Angriff über: Ich fragte ihn, ob er nicht mal im Ballett zuschauen wollte – bei seiner Schwester, versteht sich ... Soviel also zu meiner Raffinesse, eine Beziehung in Gang zu bringen.**

---

* Und Mutti war vierzig und kleidete sich wie sechzehn.

** Überhaupt betrachte ich die Tatsache, daß ich es jemals geschafft habe, entjungfert zu werden, als das größte Wunder, das mir zuteil wurde, die Spitzenleistung meines Lebens.

Damit, daß André dann tatsächlich seinen Fuß in die Ballett-schule setzte, besiegelte er sein Schicksal. Der Ballettdirektor fing ihn nämlich im Entrée ab, erteilte den Befehl, der Knabe möge ab sofort Stunden nehmen, Statur und Typus sprächen für Begabung, und für ihn sei der Unterricht ausnahmsweise kostenlos. Ich registrierte den neuen Schüler mit Zufrieden-heit und gespielter Gleichgültigkeit. Innerlich schlug mein Herz aufs heftigste, doch hütete ich das Geheimnis meiner Zuneigung wie meinen Augapfel.

Als der Sechzehnjährige die Neunzehnjährige einmal fragte, ob sie mit ihm ein Eis essen gehen wollte, wurde ich puterrot, fühlte mich ertappt und sagte natürlich: »Nein!« Er hat dann auch nie wieder gefragt.

Mit Wohlwollen beobachtete ich seinen Muskelwuchs und entdeckte, daß zartblonde Härchen seinen Handrücken zier-ten. Da dachte ich zum erstenmal, daß der Körper eines Mannes schön ist – besonders, wenn er in der Lage ist, Kraft und Zärtlichkeit zugleich auszudrücken.

> »Die harten, blauen Venen längs der Lenden, in denen
> schläfrig die Lust tickt, und keksfarbene Härchen auf einer
> gespannten Bauchdecke, in einer Linie, die sich zum Nabel
> hinab präzise verjüngt und direkt ins Paradies führt . . .
> Dein Leib ist mein Gartenreich, darin ich selig weide.
> In seiner Mitte glüht ein Teich, feucht und glitzernd wie
>   der Mond.
> Über diesen Spiegel beuge ich mich hin, schau mein
>   eigen Bild darin.
> Senk meine Lippen bis an den Saum, bis aufspritzt
>   Schaum.
> Heißer Schaum, weißer als Seide . . .«

So schrieb ich in mein Tagebuch.

André Wrudniczki, mein Schmuddelkind aus Spandau.

Ich war längst überfällig, und mein Verfallsdatum war am Ablaufen.

Mittlerweile wurden dem jungen Mann die Augen geöffnet für das, was sich als Spielregel seines beruflichen Fortkommens in Hunderten von Varianten wiederholen würde: Eine dreiunddreißigjährige Tunte, die in der Laienklasse vor sich hinkrepelte und Ballerina werden wollte, nahm sich seiner an und förderte ihn – selbstverständlich aus rein platonischen Motiven – menschlich und pädagogisch dergestalt, daß sie ihn mit dem Auto von der Schule abholte, ihn zum Training chauffierte, dort zusah, ihm beim Duschen das Handtuch reichte, anschließend zur Pizza einlud und eines Tages – zum Aktzeichnen. Das Territorium war feste abgesteckt, und ich hielt mich fern.

Mein guter Stern wollte es nun aber, daß wir beide als Stipendiaten zu einem Sommerkurs in ein Trainingscamp nach Kopenhagen geschickt wurden. Um dies abzusprechen, gingen wir nun doch noch ein Eis essen. Das war mein erstes Date. Ich war zwanzig. Von da an betrachtete ich ihn als meinen Verlobten und holte mir aus der Apotheke einen Schwangerschaftstest, weil ich einmal von seinem Löffelchen gegessen hatte.

In Kopenhagen schlief ich drei Wochen lang mit ihm in einem Bett (weil es preiswerter war) – eingemummelt in eine Art Jogginganzug. Am allerletzten Tag ging er dann endlich aufs Ganze und legte mich flach. Da es bei ihm auch das erste Mal war, hatten wir in etwa den gleichen Erfahrungsstand. Anstatt mich zu freuen, klagte ich das Schicksal an, warum dies ausgerechnet am letzten Tag der Reise geschehen mußte und nicht am ersten. Andere hatten im Urlaub vier Wochen Spaß am Stück, und für mich fiel wieder mal nur ein Almosen ab. Es ärgerte mich wahnsinnig, und insgeheim machte ich ihm Vorwürfe, daß er so lange gewartet hatte. Selber den ersten

Schritt zu tun, das allerdings hätte mich total abgeturnt – nein, ich wollte erobert sein. Einen Mann anzumachen, das verbietet mir mein Anstand und meine Damenhaftigkeit.

Zurück in Berlin erkundigte ich mich nach meiner Mitgift und durchforstete die Wäscheschränke nach meiner Aussteuer, denn nun würde er wohl bald um meine Hand anhalten, dessen war ich gewiß.

Mutti erklärte mir, ohne mit der Wimper zu zucken, daß ich ein armes Schwein sei: völlig mittellos und aus gestörten Verhältnissen. Bis dato hatte ich gedacht, man würde geliebt und geheiratet um der inneren Reinheit willen, um dem Mann den Rücken freizuhalten und mit ihm am selben Strang zu ziehen. Pustekuchen! Heute weiß ich, daß nur Äußerlichkeiten zählen: Wenn Männer innere Schönheit wollten, dann würden sie Röntgenbilder als Wichsvorlagen nehmen! Claudia Schiffer hat mir das gesagt.

Da sich mein Freund nun aber mit mir, der Mittellosen aus gestörten Verhältnissen, weiterhin traf, und zwar so circa alle sechs Wochen, nahm ich das als absoluten Liebesbeweis. Er hatte die Feuerprobe bestanden, und ich kaufte die Schwangerschaftstests im Sixpack.

Schade nur, daß er seinen Sommerurlaub mit einer anderen plante. Ich übte mich in Duldsamkeit, litt heimlich, still und leise vor mich hin und betete zu Gott, daß es eine Bildungsreise sein möge. Eindringlich hatte er mir versichert, daß es mit der anderen nur Kumpelei sei, so schlug ich beschämt die Augen nieder und bat ergeben um Verzeihung für meine wagemutige Unterstellung, daß er mit der Frau was habe. Und er war wirklich lieb, denn er verzieh mir! Großherzig fand ich das.

Während die beiden verreist waren, hatte ich einen Migräneanfall nach dem anderen. Im September traf ich das bildhübsche Mädchen (sie sah aus wie ein Teenie-Model) in der Oper und fragte sie in aller Naivität, ob sie den Urlaub mit meinem Freund genossen habe. Uta Hoffbauer, Tochter des Berliner Gynäkologieprofessors, fing an zu stottern, und ich brach in Tränen aus. Fünf Minuten später standen wir in der Damentoilette, schlossen hinter uns ab und heulten solidarisch, während der dritte Akt von Schwanensee lief. Wir schworen einander, mit dem Schwein sofort Schluß zu machen, und zwar gleich im Anschluß an die Vorstellung. Im vierten Akt saßen wir dann wieder im Zuschauerraum, und während Odette und der Prinz aus Liebe ins Wasser gingen, probten wir in Gedanken schon, wie wir den Übeltäter stellen würden.

Noch während des Schlußapplauses stürmten wir die Telefonzelle vor der Oper, und ehe er sich versah, hatte er zwei kreischende, jammernde, verschwörerische Hyänen am Apparat, die mit spitzen Stimmen, einander abwechselnd den Hörer aus der Hand reißend, auf ihn einschrien, um sich mit ihren Vorwürfen gegenseitig zu übertrumpfen.

Nicht genug damit, daß er uns zu Weihnachten und den Geburtstagen die gleichen Geschenke gemacht hatte, und das ein ganzes Jahr lang – nein, er hatte die Unverfrorenheit besessen, die andere häufiger zu treffen als mich! Wir machten einen Termin unter sechs Augen aus, damit er keine Gelegenheit haben würde, sich mit Lügereien und Ausflüchten aus der Affäre zu ziehen. Bei dieser Gelegenheit würden wir ihm dann auch den Mist, mit dem er uns beschenkt hatte, vor die Füße kippen. Das schworen wir einander. Dann gingen wir zum Italiener und tranken darauf, bis uns schlecht war.

Unterdessen erfuhr ich, daß meine neue beste Freundin Uta Stewardeß werden wollte, und da Tante Barbara, mittlerweile mit einem Piloten verheiratet, die besten Kontakte zur Lufthansa hatte, fädelte ich noch flugs Bewerbungsgespräche ein und rückte mit Geheimnummern raus. Meine neue Freundin kam dann auch tatsächlich als Stewardeß unter.

Wie verabredet, erschien ich eine Woche nach dem Telefonstreit mit einer großen Plastiktüte unterm Arm in der Berliner Tanzakademie, um meinem Freund André seine Bastelarbeiten zurückzugeben. Uta hatte zur selben Zeit das gleiche tun wollen. Doch weder sie noch unser Traumprinz erschien. Na, die beiden konnten ja auch nicht kommen – denn sie hatten sich gleich nach unserem Eklat wieder versöhnt und hatten besseres zu tun als zu streiten.

So stand ich im Regen als die doppelt-betrogene Pechmarie, das corpus delicti der fatalen Präsente unterm Arm ... Ach ... wenn ich nur nicht schon so oft gestorben wäre ... Ein Häuflein Elend kam heim und kroch weinend zu Großmama ins Bett.

Den Schmerz vom Ende der ersten großen Liebe kennt jeder aus eigener Erfahrung, also will ich schweigen. Fakt ist, daß die nächsten drei Jahre der Ofen bei mir aus blieb. Restlos bedient, hielt ich mich von allem fern, was meine Gefühle erneut so in Aufruhr hätte bringen können. Avancen jeglicher Art ignorierte ich mit Eiseskälte – nicht daß es im Kirchen- oder Lido-Umfeld mit den Angeboten so verlockend ausgesehen hätte.

Ganz im stillen hoffte ich auf den einen, der mich die Wunde vergessen machen würde, und war tödlich beleidigt, daß niemand auch nur die Wunde sah. Heute tut es mir leid, daß ich, bis der Richtige kam, nicht so lange Spaß mit all den Falschen hatte – wobei zu bemerken wäre, daß der Richtige in meinem Fall wiederum der Falsche war. Denn, wie gesagt, André Wrudniczki kam nach drei Jahren zurück. Da er bislang für mich der einzige gewesen war, selber aber mittlerweile schon mit allen Wassern gewaschen, war ich neugierig zu überprüfen, was er in der Zwischenzeit so dazugelernt hatte.

Ehrlichkeit mußte zu seinen neuen Wesenszügen zählen, denn er sagte mir, wie strahlend schön er mich fände, und ich war ihm dankbar. Warum bloß vergehen in einer Partnerschaft diese Momente der Offenheit so schnell? Läuft man nicht ewig den ersten fünf Minuten hinterher, während die Uhr der Alltagsrealität bereits eine ganz andere Stunde schlägt?

Gott, wie freute ich mich auf ein gemeinsames Heim: Ich wollte ihm den Haushalt führen, als Verkäuferin arbeiten und endlich normal werden. Unser Domizil würde das Schlößchen meiner romantischen Phantasie sein, und so nahm ich von zu Hause Damasttischdecken und Brüsseler Spitzen mit.

Ich kam in eine Neunundzwanzig-Quadratmeter-Bude, die mit Unmengen von Pappkartons, Flaschenbatterien und Bergen fauliger Wäsche zugekippt war. Wollte man auf dem billigen Campingtisch eine Cola-Flasche abstellen, fielen am anderen Ende drei Fischbüchsen auf den praktischen braunen Teppich, auf dem man keine Flecken sah (wenn man beide Augen fest zukniff ...). This was Punk! Und ich mittendrin im Chanel-Kostüm.

Aber egal – Liebende brauchen keine Klamotten, und ausgezogen sah mein Freund einfach grandios aus.

Ich besorgte mir die häßlichste Kittelschürze, die ich finden konnte, band mir die Haare zurück und trat dem Chaos wacker entgegen. Erst wischte ich auf dem kaputten Fernseher, dann wischte ich unter dem kaputten Fernseher. Im Bad kehrte ich Silberfische und alte Schamhaare zusammen, polierte jede Kachel einzeln und betrog ihn mit Meister Proper. Als Herr Wrudniczki – wahrscheinlich zum ersten Mal in seinem Leben – den nett gedeckten Tisch mit der Blumenvase und einer brennenden Kerze sah (bei uns daheim ein Must, selbst in größter Not), rastete er aus.

»Glaubst du etwa, ich schlafe mit dir, weil du das Linoleum gebohnert hast? Deine Sterilität geht mir auf den Sack. Hier sieht's ja aus wie im Hotel!«

Nun wußte ich also, woran ich war. Anscheinend hatten sich die Zeiten geändert, und wenn ich diesen Mann behalten wollte, und ich wollte, dann würde ich eine Schlampe werden müssen.

»Ok. Mach ich halt nichts mehr – wenn die Liebe davon abhängt ...«, sagte ich und stöckelte in der lila Reizwäsche umher, die er mir zum Geburtstag geschenkt hatte. Ich wollte endlich meinen fairen Anteil an Romance und ließ im Namen der Liebe alle Fünfe gerade sein.

Dieser Mann fühlte sich nur im Dreck zu Hause – und ich meine DRECK. Ich spreche von einem Mann, der morgens eine dreiviertel Stunde lang mit der Zeitung auf dem Klo saß und sie dann hineinschmiß, ohne richtig nachzuspülen. Und er sah dabei aus wie ein junger Gott, das war ja das Gemeine. Im Opernhaus, wo die Elite der Ästheten beschäftigt ist, waren alle hinter ihm her. Und er ließ sich nicht zweimal bitten: Tänzerinnen, Maskenbildnerinnen, Ballettschülerinnen – you name it, he got it. Im Ernstfall wurde ich auch schon mal gebeten, bei Ballettdirektor Edmund Gleede zu schlafen (der natürlich in ihn verknallt war), damit André sturmfreie Bude hatte.

Am Bühnenausgang nach der Vorstellung erwartete ihn dann eine weitere Entourage ihm gnadenlos Verfallener mit der Bitte um Autogramme und der Hoffnung auf eine Strähne seiner Haare: Antiquitäten- und Pelzhändler, Visagisten, Friseure und Fotografen, Discothekenbesitzer und, ja, sogar Homos, die ein Restaurant besaßen und ihm freie Kost bis ans Ende seiner Tage offerierten – alle waren gekommen, um ihn zu sehen und vor ihm niederzuknien. Er blieb immer unverbindlich, hielt sie alle hin und verscherzte es sich mit niemandem. Schließlich war er ja auch bedürftig und hatte gelernt, nehmen zu müssen. Das kann auf Dauer demütigend sein, und diesem nagenden Gefühl entfloh er durch Größenwahn. Er liebte sich selbst mehr als alle seine Fans ihn zusammen. Langsam trug er auch die richtige Jeans, dazu ein knackiges T-Shirt – als Mann kann man ja im Zweifelsfall nicht viel falsch machen ... Ging er über die Maximilianstraße, so raunte man sich zu: »Dort geht André Wrudniczki!«

Gott habe den Tag selig, an dem ich ihn aufforderte, meinem Balletttraining beizuwohnen ... Oder ihm beibrachte, wann es »mir« und wann »mich« wann »wie« und wann »als« hieß. Kam ich nach Hause, zog ich die alten Kondome unter der Matratze hervor, kochte sie sorgfältig aus, trocknete sie mit dem Handfön, brachte sie mit meinem Lockenstab wieder in die richtige Form, rollte sie manierlich wieder auf und legte sie zum baldigen Gebrauch in die Pappschachtel, in der er Poppers, Jacutin und KY aufbewahrte. Ja, ich gebe hiermit in aller Öffentlichkeit bekannt, daß ich so bescheuert war. Ich konnte ihn einfach nicht loslassen.

Es hatte doch gerade erst angefangen, und ich sollte doch nun endlich all das erfahren, was mir schon seit langem zugestanden hätte – was alle anderen auf der Welt haben dürfen. Ich wollte einfach am Samstagabend mit meinem Freund ins Kino und hinterher schön Essen gehen ... natürlich all das im Hinblick auf das krönende Ereignis in der Nacht. Bei Kerzenlicht sitzen und eine Flasche Wein mit ihm teilen, natürlich bei guten Gesprächen. Händchen halten und der sinkenden Sonne entgegentreten, im Gras liegen und die Wolken zählen, ein Eis essen und die bewundernden Blicke der Passanten auf uns spüren.

Es hat nicht sollen sein. Statt dessen bekam ich eine Eifersuchtsneurose. Und was das Schlimmste ist: mit Recht. Meine Unterstellungen wurden immer bestätigt. Wenn von vier Kondomen eins fehlte, wußte ich Bescheid. Ständig klingelte das Telefon, und wenn ich abnahm, wurde aufgelegt. Wenn Briefe für ihn kamen, ahnte ich schon am Stil der Handschrift, was der Inhalt war. (Natürlich überprüfte ich den Inhalt der Briefe trotzdem, daher weiß ich, daß meine Trefferquote 100 Prozent war.) Mal ging es für einige Wochen, ja Monate, ganz gut, doch der nächste Rock, der sich ihm anbiederte, kam bestimmt.

Ich habe für dieses Buch natürlich viel recherchieren lassen und kann daher behaupten, daß sich an seinem Modus operandi, auch wenn er mittlerweile verheiratet ist, nichts geändert hat. Der Mann ist einfach nicht so geartet, daß man ihn für sich alleine haben kann.

Geprägt durch diese Erfahrung, würde ich nie mehr erwarten, im Leben eines Mannes die letzte zu sein. Ich weiß, daß es immer eine nach mir geben wird; nicht, daß dieses Wissen den Horror mindert, wohlgemerkt. Zu gerne würde ich mir mit einem Partner ewige Treue schwören, aber Ideale sind nun mal Maßstäbe, die so hoch angesetzt sind, daß sie kaum erreichbar sind.

So hat mir gleich meine erste Liebe gründlich die Augen geöffnet, und ich habe versucht, mich mit den besonderen Bedürfnissen der Männer abzufinden. Ich weinte heimlich in meine Kissen und machte gute Miene, um meinen Freund bei Stimmung zu halten. Schließlich war ich extra für ihn nach München gezogen.

Hier arbeitete ich bei schwulen Verehrern von ihm im Antiquitätengeschäft, einem großen schicken Laden im Antikhaus, wo heute das Hotel Raffael eingezogen ist. Meine Chefs waren zwei sehr kultivierte Antiquitätentunten in den Fünfzigern, der eine sogar Besitzer des Londoner Interior-Design-Imperiums Colefax & Fowler. Nachdem die beiden erkannt hatten, daß bei André in ihrer Richtung nichts zu holen war, dachten sie wohl, im Hinblick auf eine weiterführende Freundschaft könne dann seine Freundin genausogut nach München kommen. Sie wußten, daß ich vom Lido Abschied nehmen wollte und dringend eine neue Betätigung suchte, also engagierten sie mich blind.

Mit so was wie mir hatten sie allerdings nicht gerechnet; sofort schlossen sie mich in ihre Herzen, und bald mochten sie mich lieber als meinen Lover. Ich fühlte mich ihnen in unendlicher Dankbarkeit verpflichtet, denn sie boten mir ein Ambiente, in dem ich endlich wieder in dunkelblauen Faltenröcken und Cashmere-Twin-Sets leben durfte, ohne damit fehl am Platz zu wirken.

Die frischgebackene Antiquitätenverkäuferin fühlte sich vom ersten Tag an in ihrem Element. Zwischen englischen und französischen Antiquitäten des 17. und 18. Jahrhunderts wandelte ich mit dem Staubtuch in der Hand umher und fand zwischen Barockschränken, vollgestopft mit angeschwärztem Silber, meinen neuen Lebensinhalt: Putzen und Polieren, bis die Puntzen blitzten.

Bis tief in die Nacht wälzte ich Lexika und Fachliteratur, um über jede Glasscherbe, Intarsie und Rocaille Bescheid zu wissen. So sehr identifizierte ich mich mit dem Laden, daß mein Freund mich im Bett kunstgeschichtliche Jahreszahlen abfragen mußte. Kurz: Ich kannte alle Fauteuils in- und auswendig, hegte und pflegte sie wie mein eigenes Kind und unterhielt mit so mancher Boulle-Kommode ein heimliches Liebesverhältnis.

Freundlich, aber zurückhaltend plauderte ich mit der Kundschaft, pflegte gediegenen Umgang mit den anderen Händlern und saß schon bald auf Münchner Auktionen in der ersten Reihe. So wollte ich alt werden. Dies alles entging natürlich nicht meinen Chefs, besonders da sie registrierten, daß meine Umsätze die besten aller Zeiten waren. Mit mir hatten sie das große Los gezogen: Ich war die perfekte Mischung aus Dienstbolzen (siehe Hulda und Alma) und Lady of the Manor, setzte achtzigtausend Mark pro Monat um, verdiente 1500 Mark

Mein Crash-Course in Style

und war noch dankbar. Also förderte man mich. Callgirlgleich durfte ich Kunden in ihrer Häuslichkeit in beratender Funktion aufsuchen und reiste zu Antiquitätenmessen. Bereits nach wenigen Monaten führte ich ein Doppelleben: Mit Chintzmusterbüchern unterm Arm suchte ich Stammkundschaft in Grünwald auf, überzeugte sie von der absoluten Notwendigkeit bescheidener Posamenten für 2000 Mark, wurde nach gelungenem Geschäftsabschluß vornehmst zum Essen eingeladen und schlurfte ansonsten im Polyesterbabydoll durch die Ein-Zimmer-Bude, während Herr Wrudniczki sich eine Fünf-Minuten-Terrine aufbrühte, Pornos sah und rülpste. Nicht, daß ich Pornos und Rülpsen grundsätzlich verabscheue, aber wie ein gutes Bild müssen derartige Dinge in einen schönen Rahmen eingebettet sein. Bei Herrn Wrudniczki war es ein Programm ohne Kontrast, ein Stahlstich ohne Passepartout, ein Dolce ohne Gabbana.

Es war in der Adventszeit, daß ich unter meinen Lebensumständen zu leiden begann. Da wohnte ich gerade mal drei Monate mit ihm zusammen. Bei uns zu Hause wurden in dieser Zeit des Jahres traditionelle Bräuche gepflegt, und selbst in Paris hatte ich einen bescheidenen Kranz mit zweitausend Lichterchen und weihnachtlichem Schmuck dekoriert. Ich bemerkte, wie ich angesichts der Drecksbude die Lust verlor, diesbezüglich etwas zu unternehmen. Sollte ich vielleicht die Mausefallen wegräumen und die wenigen freien Quadratmeter mit nadelnden Tannenzweigen blockieren? Es hätte in dieser Ansammlung von Schrott nur lächerlich gewirkt.

Dann aber geschah das Entscheidende: Mutti Wrudniczki kam aus Berlin per Mitfahrzentrale angereist, um das Weihnachtsfenster stimmungsvoll zu dekorieren – elektronische Lichterketten, blinkende Christsterne, riesige Leuchterkerzen, künstlicher Schnee aus der Spraydose, ein fluoreszierendes Krippenspiel, das im japanischen Digitalsound »Sayonara« dudelte, und Paral-Mottentod auf dem Fensterbrett, direkt neben dem von innen beleuchteten Plastik-Weihnachtsmann, der einen Lachsack auf dem Rücken trug und sprach: »Knack die Hete, knack die Hete!«

Als ich in die Wohnung kam, wollte ich flüchten. Ich fragte mich: Wie komme ich hierher? In diese Weihnachtsdisco! Bin ich im Kaufhaus? Oder auf einer Autobahnraststätte? Wegen dieses Fensters zog ich aus. Nicht wegen seiner Affäre mit der ersten Solistin Yolinda Menendez (wie die beiden elternmordenden Amerikaner), die ihn zu Gastspielreisen als ihren Pas-de-deux-Partner mit in die Staaten nahm. Sie war zehn Jahre älter als er und würdigte mich keines Blickes. Versuchte ich, ihn telefonisch bei ihr zu erreichen, pflegte sie die eine Antwort immer wieder zu variieren: »Girl – he's asleep« – »Girl, he's taking a shower« – »Girl, he's doing his workout« – »He's jerking off, girl.«

Ich sagte zu ihm: »Tu, was du nicht lassen kannst, aber bitte komm zu mir zurück!«

Während die Mutter bei uns ihr Campingzelt aufschlug, mit der Propangasflasche hantierte und Glühwein in Flachmänner abfüllte, zog ich mit einer Thermoskanne für ein paar Tage zu Ballettdirektor Gleede, der mir ja nicht zum ersten Mal Asyl bot. Allerdings mit dem kleinen Unterschied, daß mein Freund, als er davon erfuhr, sofort Schluß machte. Mutti zog los und setzte ein neues Schloß ein.

Glücklicherweise hatte ich durch die Antiquitätenkontakte die Gelegenheit, eine eigene Wohnung zu beziehen – zufälligerweise ein Penthouse mit Pool, welches allerdings die unangenehme Nebenerscheinung hatte, pro Monat fünfzig Mark teurer zu werden. Dabei wollte ich unbedingt mit André zusammenbleiben, nur ohne weiterhin den Alltag mit ihm zu teilen. Doch eh ich's mich versah, hatte er meine Siebensachen zusammengepackt und sie in meinem Notquartier abgeliefert.

Mich hat das alles sehr mitgenommen, damals. Inzwischen hatte ich glücklicherweise nur Migräneanfälle und keine kompletten Zusammenbrüche mehr. Da für den Laden außer mir niemand zuständig war, mußte ich mich auch dann noch hinquälen, wenn es mir verdammt schlecht ging. Manche Tage habe ich mit einem Kotzeimer unterm Schreibtisch im Geschäft gesessen und zwischen zwei Brechattacken ein englisches Bureau-Book-Case für 38 900 Mark und einen signierten Louis-Seize-Damen-Sekretär an den Mann gebracht.

Es wurde meine Obsession, mein Leid nicht in den Geschäftsalltag zu tragen. Wie schon Scarlett O'Hara sagte: »Verschieben wir es doch auf morgen – das Leid.«

So bezog ich meine neue Wohnung und investierte Zeit und Liebe mit finanziell beschränkten Mitteln, aber viel Talent darauf, die schmucklosen Neubauwände in ein elegantes Boudoir zu verwandeln. Freunde, die ich einlud, erkundigten sich nach der Telefonnummer des Interior Designers, der dieses Apartment gestylt hatte.

Einmal saß auf meiner Couch der englische Banker Adam De Courcy Ling, der bald nach London zurückkehren wollte, und bat mich, sein Haus in Belgravia einzurichten.

Wenig später kam eine hochgewachsene, schlanke, geheimnisvolle Dame in den Laden, um ihr altes Porzellan in Kommission zu geben – die Frau eines Botschafters. Botschafter, die alle paar Jahre die Metropolen wechseln, werden meist erst dann mit dem Auspacken fertig, wenn es bereits wieder heißt: umziehen. Bis heute frage ich mich, was diese Frau an mir gefunden haben mag. Sie ließ nicht mehr von mir ab, rief tagtäglich an, nahm mich auf Partys mit und plante große Einladungen mit mir.

Ich fand an der Dame Gefallen, weil sie für mich eine ganz

spezielle Gesellschaft widerspiegelte, die mir bis dato verschlossen geblieben war. Mit ihrer Fähigkeit, unverbindlich small zu talken und wie ein schöner Schmetterling zwischen Menschen hin und her zu flattern, in ihren eleganten Chiffongewändern und den bodenlangen Pelzmänteln – ich mußte sie einfach bewundern. Und sie wollte bewundert werden. Außerdem konnte sie mir ihr Herz ausschütten, ohne Gefahr zu laufen, daß es gesellschaftlich die Runde machte. Ich kannte ja keinen. Und wenn – dann hätte ich die Klappe gehalten. Und das tue ich immer noch.

Sie wollte nicht verstehen, daß eine Mittzwanzigerin im wadenlangen Faltenrock mit antiquarischen Preziosen um die Wette verstauben wollte, und animierte mich oft, mich in London umzusehen. Es bedurfte jedoch einer weiteren Serie von Zufällen, bis ich motiviert genug war, das Geld für den Billigflug zusammenzukratzen.

O mein Gott, o mein Gott – sie hat die »Sunset Boulevard«-Kassette bei mir gefunden und sich den Film angeschaut. Seitdem trägt sie Turbane, hat das Rauchen angefangen, stellt in der ganzen Wohnung ihre überbelichteten Urlaubsschnappschüsse in Silberrahmen auf und wandelt in einem Klaus-Kinski-Sing-Sang monologisierend durch den Wohnungsflur. Gestern hat sie versucht, mich mit einer lustigen Edith-Hancke-Parodie zu erheitern, doch abgesehen davon, daß es nicht lustig war, blieb mir das falsche Lachen im Halse stecken, als ich merkte, daß sie eine Szene aus dem Film nachstellte – mit ihren beschränkten schauspielerischen Mitteln versteht sich.

Ich bin in akuter Gefahr, erschossen zu werden – ich muß hier raus! Doch wohin, wohin – zurück in die Bar jeder Vernunft? Das hieße vor Norma Desmond ins »Tal der Puppen« flüchten.

Im August 1985 wurde ich von meinen Chefs in ihr Sommerhaus auf der griechischen Insel Hydra eingeladen. Die anderen Hausgäste waren Prinz Eduard »Eddie« von Anhalt und seine damals recht junge Frau Corinna (ein geborenes Fräulein Krönlein aus Bad Tölz). Man kann sich vorstellen, mit welcher Verachtung Eddie über jene von Anhalts sprach, die sich hatten adoptieren lassen, um dann als Prinzen in der Boulevardpresse herumzugeistern, abgewrackte Filmstarlets zu ehelichen und Proleten zu adoptieren. Es gibt ja jetzt sogar eine »Prinzessin von Berlin« die erst Miss Wet-Girl auf Ibiza war, dann die Freundin von Rolf Eden und heute die Adoptivtochter der Prinzessin Zsa Zsa Gabor-von Anhalt ist.

Ich muß sagen, der Mann hat meine volle Sympathie. Ich finde, Prinz oder Prinzessin kann man nur durch Geburt sein oder gar nicht. Man kann doch einen Titel nicht überstreifen wie einen Mantel und auf die damit verbundenen Privilegien hoffen, wenn man bürgerlichen Blutes ist. Es entwertet den Adel, wenn man mit Titeln umgeht wie mit einer inflationären Währung. Selbst wenn durch Heirat mir persönlich ein großer Name zufallen würde – niemals würde ich mich Prinzessin Désirée nennen. Wenn man nicht hochadlig in der Wiege liegt, also den genetischen Stempel des Stammbaums in den Adern hat, kann man auch nicht vorgeben, dazuzugehören. Wenn Fergie sagt: »I'm still a duchess« (*Stern-TV*, 11. 12. 1996), kann ich nur erwidern: »But darling, the tragedy is: you are not even a has-been, you *never were* a Duchess! By the way, don't cross your legs!«

Im übrigen läuft heutzutage jeder Adlige Gefahr, von den Medien als Lachnummer ausgebeutet zu werden, da sich die Tendenz entwickelt hat, die Nachfahren der Monarchien als Kuriositäten zu verkaufen. Wie im Zoo werden sie der Öffentlichkeit als zickig-diffizile, verwöhnt-weltfremde Spezies vorgeführt: Adlige als Hofnarren des Proletariats ... mich ärgert das sehr.

Schon heute plane ich als Altersprojekt die Stiftung »Pro Aristo«, eine Organisation to save the honour of the aristocracy, und einen World Fund für die verarmten Nachfahren ins Leben zu rufen, die das Pech haben, als erste Generation in Etagenwohnungen leben zu müssen. Eingepfercht in artfremde Behausungen fristen sie ihr Dasein unter lebensunwürdigen Bedingungen. Gleich dem Gefieder eines Volieren-Pfaus verlieren ihre Haare an Glanz, während die Haut die Tendenz zur Schuppenbildung entwickelt. Mit stumpfsinnigen Betätigungen betäuben sie den Schmerz über den Verlust ihrer tausendjährigen Herrscherprivilegien. Man stelle sich ein aristokratisches Rückgrat vor, das in der Straßenbahn durchgerüttelt wird, obwohl es konzipiert ist, in der Sänfte getragen zu werden.

Oftmals sind selbst die Mitglieder des Hochadels nicht mal mehr in der Lage, ihre eigenen Bastarde standesgemäß zu versorgen, geschweige denn, eine Mätresse abzufinden. Hier soll der von mir ins Leben gerufene Fonds Abhilfe schaffen.

Doch halt – ich bin abgeschwiffen ...

Des weiteren urlaubten auf der Insel die Cornflakes-Tante Miss Kellogg, die einen jungen griechischen Hafenarbeiter geheiratet und in den Bergen einen Palast mit hauchdünnen durchsichtigen Marmortüren hatte, sowie Jerry Hall, Mick Jagger, Sting mit seiner Frau Trudie Styler und der Popstar Prince, von dem ich bis dahin noch nichts gehört hatte. Schon damals habe ich ihm gesagt: »Du – hör mal: Das geht aber so nicht – die Aristokratie verhöhnen, damit Millionen abkassieren wollen und dann mit ihnen lunchen ... Junge, das rächt sich! Bescheidenheit ist Trumpf.«

Und siehe, zehn Jahre hat er darüber nachgedacht, jetzt hat er meinen Rat befolgt. »The artist formerly known as Prince« muß man Symbol heute titulieren.

Allabendlich gingen wir zu den Dinner-Partys in anderen großen Häusern, und was mich daran am meisten faszinierte, war, daß ich in meinem weißen Männerhemd und dem einen Paar Fendi-Ballerinas Hahn im Korb war. Wahrscheinlich wurde ich als kurioses Novum, als eine Art Entdeckung gehandelt, nach dem Motto: »look at her – she's poor!« – Zur Abwechslung etwas Exotisches.

Der Umstand, mal wieder nicht dazuzugehören, war mir altvertraut, und ich verschwendete keinen weiteren Gedanken daran. In diesem exklusiven Kreis ertappte ich mich das erste Mal dabei, Leute zu entertainen. Wenn ich eine Geschichte erzählte, lauschte mir die ganze Tafel, um am nächsten Tag mit meinen Bonmots bei der Konversation im Liegestuhl zu brillieren.

Erstaunt war ich auch über meine Beobachtung, wie terribly hungry diese Leute waren. Hungry, entertaint zu werden, hungry, stories zu hören, hungry, bewundert zu werden, hungry, verstanden zu werden, hungry, beneidet zu werden ...

Gerngesehe Partygäste waren Stavros Niarchos, der im Hubschrauber anzureisen pflegte, Adnan Kashoggi, dessen Yacht vor Hydra ankerte, und Dynasty-Celebrity Christina Oxenberg, die als allgemeines Objekt der Begierde galt. Über die Frauen dachte ich, was für enorme Möglichkeiten sie mit ihren Milliarden hätten und daß sie sich doch für nichts anderes entscheiden, als das Leben von Dronen zu führen. Konsumieren, konsumieren, konsumieren, ohne jemals satt zu werden. Ich hatte erwartet, daß solche Menschen Konversationalisten im Oscar Wildeschen Sinne sind, die allabendlich eine kleine Salonkomödie inszenieren. Doch nix frivole Galanterie – Themen waren: Modenschauen, Aktien, Immobilien, Hotels, Gourmet-Tempel, Speedboote, Luxusautos, Scheidungsanwälte. Genannt wurden immer nur dieselben Modenschauen, Aktien, Immobilien, Hotels, Gourmet-Tempel, Speedboote, Luxusautos, Scheidungsanwälte. Das war weder innovativ, noch setzte es Impulse. Wahrscheinlich mochten sie mich, weil ich der Impuls war. Hätte ich damals Eintrittskarten verkauft, müßte ich jetzt dieses Buch nicht schreiben.

An meinem letzten Abend in Griechenland gingen wir in einen Palast zu einem Sit-Down-Dinner mit hundert ausgewählten Gästen in opulenter Swimming-Pool-Mode. Die Szenerie unter griechischem Sternenhimmel, illuminiert von Tausenden schwimmender, hängender und fliegender Kerzen war atemberaubend. Breathtaking. Unique.

Pat und Dale Keller, die als Interior Designer das Monopol zur Einrichtung aller Hyatt-Hotels weltweit haben und in Tokio residierten, hatten einen italienischen Palazzo des sechzehnten Jahrhunderts in der Toskana abgetragen und an imposanter location auf der Insel Hydra komfortabel wieder-errichtet. Es war das schönste Haus, das ich je betreten hatte. Ein jeder der zwanzig Eßtische war größer als das ganze Apartment in der Klenzestraße in München. Eine livrierte Swing-Band untermalte die Szenerie wie in einem Film. Jerry Hall spielte sich als Ginger Rogers auf, verblaßte aber zu einer nichtigen Motte, die die Lichtgestalt des Abends, unsere Gastgeberin, umflatterte. Pat Keller, geliftet, daß sich die Ohren am Hinterkopf trafen, war schlichtweg einzigartig. Sie trug ein schwanenweiß-fließendes schulterfreies Balmain-Abendkleid, und ihre nackten Füße schmückten Saphire als Zehenringe. Der kunstvoll drapierten Krempe eines wagen-radgroßen Musselin-Hutes, der ihren Kopf wie eine Blüte krönte und ihren Hals zum Blumenstengel werden ließ, ent-sprang eine bodenlange Scherpe aus Voile, die anmutig hin-ter ihr her flatterte. Funkelnde Kristallohrringe ruhten auf ihrer knöchernen Schulterpartie, und ein Solitär von giganti-schem Ausmaß warf sein Licht auf ihre fleischfarben lackier-ten glänzenden Krallen. Diese Frau war eine stilisierte weiße Lilie.

Zum zwanglosen Dessert reichte ihr Gatte Dale, ein Tom-Sel-leck-Lookalike in schön, ihr einen wohlgeformten und ver-führerisch nach Zimt duftenden Joint, erstklassiger schwarzer Afghane versteht sich, direkt aus Tanger importiert und in mühseliger Arbeit von der blinden andalusischen Haushälte-rin Fatima handaromatisiert.

Pat und Dales einziger Streitpunkt war ihr gemeinsamer Männergeschmack. Doch selbst wenn sie sich um einen Kna-ben prügelten, taten sie das mit soviel Esprit und Charme, daß nur der Begriff »classy people« diesen beiden Menschen gerecht wird. Sie zu beobachten trieb mir Tränen der Rührung in die Augen. Hier war ein Paar, welches sich und ein gemeinsames Glück gefunden hatte und dessen Aura mich zutiefst berührte.

Schlag Zwölf in dieser lauen Nacht wurde ein Feuerwerk entfacht, das noch heute unübertroffen ist. Als dramatischen Höhepunkt hatte sich Dale folgendes einfallen lassen: Über seinen Freund und Klienten, den Sultan von Brunai, hatte er dreitausend weiße Orchideenschmetterlinge nach Athen einfliegen lassen, die im Laufe des Abends durch den Butler zum Dienstboteneingang befördert wurden und in einer gewittergleichen Explosion freigelassen werden sollten, um in schillernd-weißen Wolkenfeldern die Illusion des Garten Eden aufleben zu lassen.

Während die Band zum allgemeinen Klimax aufspielte und eine Garde goldlackierter Muskelmänner die gläsernen Amphoren hereintrug, aus denen die Schmetterlinge entlassen werden sollten, blieb mein Blick voller Wohlgefallen auf dem erotisch-bezaubernden Antlitz des attraktivsten Dieners hängen. In weißen Shorts und mit einer Muschelkette um den Hals, stand dieser blondgelockte Junge hinter einer griechisch gestylten steinernen Bar und schenkte Bellinis* und Pimm's No. 1 aus. Ich dachte: »Da gehe ich mir doch mal einen Bellini holen.«

Während mich sein hypnotischer Blick gefangenhielt und ich ihm wie eine Seiltänzerin entgegenschwebte, riß mich ein jähes Gekreische von Aahs, Oohs, Uuhs und Iihs aus meiner

---

* How to create a delicious Bellini: Man püriere einen weißen Pfirsich mit einem Spritzer Zitronensaft und einer Idee Peach-Brandy und gebe die Masse in einen Champagnerkelch. Nun fülle man den Kelch mit einem trockenen Champagner auf – notfalls tut es auch ein Prosecco. Ich persönlich gebe dem Drink gerne eine elegante Note, indem ich eine Pfirsichblüte um den Fuß des Kelches drapiere.

erotischen Trance. Höllengleicher Qualm, bestialischer Gestank und fliegende Rußfetzen ließen mich an seine Brust sinken und ihm zuraunen: »Shall this be our Pompeii?!«

Dann entglitt ich seinen Armen und schlug jäh mit dem Hinterkopf auf das Mäandermuster der Mosaikkante des Swimming-Pools, weil er auf Dale und Pat zurannte und schrie »Oh my God, Daddy – what have you done??!!«

Theatralisch nahm Pat ihre riesige Sonnenbrille ab und sagte in eiskaltem Stakkato zu ihrem Mann. »You. Fucking. Asshole. Why didn'you think about shades for the candles? Are you going to serve burnt butterflies for dessert??«

Zwei samtweiche Hände legten sich von hinten über meine Augen und eine zärtlich-sonore Männerstimme flüsterte mir ins Ohr: »Your eyes are not meant to see this!«

Ich machte den Fehler, diese leere gesellschaftliche Worthülse für bare Münze zu nehmen, wandte mich um und verfiel dem blauen Augenpaar in absoluter Hörigkeit. Als Angestellte mit Wassereimern und Gartenschläuchen herbeieilten, um den langsam verglimmenden Schmetterlingen das Ende zu verkürzen, nahm Mark Keller mich bei der Hand und führte mich in seinen Olivenhain. Wir küßten uns nicht. Wir redeten. Auf Englisch.

»Siehst du Taurus, diesen Stern im rechten Winkel zu Cassiopeia? Nur einmal im Jahr begibt er sich in jene Position, in der er sich auf der unteren Spitze der Mondsichel niederläßt und so exactly das Abbild der türkischen Flagge wiedergibt.«

»Big deal« dachte ich und fragte: »Where do you live and how old are you?«

Er lebte in London und war vierundzwanzig.

He said: »How long are you staying?«

Ich schaute auf die Uhr:»We have eight more hours.«

Mit der aufgehenden Sonne geleitete er mich zurück in die andere Millionärsvilla. Am frühen Morgen in denselben Sachen, die man abends zur Cocktailparty trug, sein Apartment zu betreten, erschien mir als ein »walk of shame«

Diesen Gang nach Canossa noch unzählige Male zu absolvieren, das hätte ich mir seinerzeit nicht träumen lassen. Das Leben verfügt eben über die subtilsten Methoden, die Menschen auf schleichende Weise zu verändern.

Ein halbes Jahr später war ich bei Mr. Mark Keller eingezogen. Der lehrte mich, daß es der »walk of shame« ist, frühmorgens zur Arbeit zu gehen. Kommt Ihnen das Muster bekannt vor?

Sollten Sie, liebe(r) LeserIn sich an dieser Stelle der Phantasie hingeben, mein Umzug nach London sei die Folge einer Reihe berauschender Liebesnächte gewesen, und sollte in Ihnen Neid auf meine romantischen Reminiszenzen hochsteigen – Einhalt! Sie irren. Die Nacht im Olivenhain endete, ohne daß ich die körperliche Erfüllung gefunden hätte, die wohl manch einer für einen folgenschweren Entschluß – wie einen Umzug ins Ausland – voraussetzen würde. Sicher, die Gelegenheit schrie geradezu nach dem Vollzug des Äußersten und jede Club-Med-Twen-Tours-Touristentusse wäre um die halbe Welt gereist, um eine Chance wie diese zu bekommen. Nein – bei mir erklangen sämtliche Alarmglocken … Viel zu groß sind meine Verlustängste, als daß es mir mein Selbstschutz erlauben würde, den Akt der Liebe zu einem unverbindlichen Gelegenheitsabenteuer verkommen zu lassen. Bevor ich mir nicht sicher war, den Traummann je wiederzusehen – am besten so oft ich wollte und für den Rest meines Lebens –, würde ich die Schranken nicht fallenlassen und meinen Debütantinnentraum unter der Lawine eines One-Night-Stands begraben!

So schied ich sittsam aus dieser im wahrsten Sinn des Wortes richtungweisenden Begegnung, mit einer Einladung nach London in der Tasche, die den Vermerk »urgent«trug.

Mit übervollem Herzen lehnte ich an der Reling des Luftkissenboots und ritt über die Wellen der Ägäis von einem Eiland, welches mir den Glauben an das Paradies auf Erden zurückgeschenkt hatte, in eine verheißungsvoll-liebreizende Zukunft. Objektiv betrachtet muß ich feststellen, daß nichts, absolut gar nichts zwischen Mark und mir passiert war, subjektiv hatte in mir ein Erdbeben getobt.

Nachdem Mutti inzwischen in der Schweiz, wo sie nach wie vor mit meinem Stiefvater lebte, »ein bißchen eigenes Geld gemacht hatte«, würde es mir ein leichtes sein, sie zu überzeugen, mir mit einer passablen Apanage den Sprung über den Ärmelkanal zu ermöglichen.

Und kaum, daß ich wieder in München angekommen war, tat das Schicksal ein übriges, mich praktisch in die englische Metropole zu zwingen: Zum einen fand ich eine Einladung zum Silvesterball in der Deutschen Botschaft vor und kam mit sechsundzwanzig in den Besitz meines ersten Abendkleides. Zum anderen gaben meine Chefs den Laden auf, um ein Schloß an der Loire zu beziehen, so daß sich die Frage der Neuorientierung stellte. Zwar wäre es mir ein leichtes, mich im Frankreich des 18. Jahrhunderts zu visualisieren und gleichzeitig die Errungenschaften der Neuzeit in Anspruch zu nehmen, sanitäre Einrichtungen und kosmetische Chirurgie, doch schien es mir wenig attraktiv, in Frankreich das Dasein einer Mrs. Danvers* oder, schlimmer noch – einer Charlotte von Mahlsdorf zu führen.

Beim Botschaftsball wurde ich von wildfremden Menschen wie eine alte Bekannte begrüßt und nickte freundlich zurück. Fast war mir, als gäbe ich die Party. Meine artige Konversation zu den Themen Lifestyle und Interior Design stieß auf ein

---

* Lieber Andrew Lloyd Webber, bitte schreib mir doch endlich das Rebecca-Musical. Aber bitte in schwarz/weiß. Und ich will für immer in den Flammen Manderleys aufgehen ...

derartiges Interesse, daß ich wußte – hier hatte ich eine Zukunft. Und eine Klientel.

Zurück in München erreichten mich tagtäglich Telefonate aus London, so daß ich mit gutem Gewissen behaupten konnte: Die Metropole erwartet mich! Ein Wort von mir genügte, und schon arrangierte man in Nr. 22, Belgrave Square meine Lieblingsblumen.

Mutti sah schwarz und keinen Grund, mir noch einen Neuanfang zu finanzieren. »Wenn Gott dir ein Talent gegeben hat, dann gibt er dir auch die Mittel, mit diesem Talent zu überleben!«

Also verkaufte ich Hab und Gut in München, ließ mich um die Abstandszahlung für 150 qm weißen Teppichflor, verspiegelte Türen und eine Kleiderschrankwand prellen, staubte dafür im Laden ein paar Silberlöffel ab und kleidete mich neu ein, um für die große Liebe auch grandios gewandet zu sein.

Ob Herr Keller überhaupt etwas von mir will, das habe ich im Vorfeld nicht weiter geklärt, denn daß er meiner Alabasterhaut schon am ersten Abend zu nahe kam, war mir Liebesbeweis genug. Amors Pfeil war mitten in meinem Herzen gelandet: Der Mann meiner Wahl renovierte für uns ein Haus und wollte dort mit mir leben – wenn das nicht die große Liebe ist, dann weiß ich auch nicht ... Meine Zeit war da. Prime Time for Miss Nick.

Im beigefarbenen Armani-Hosenanzug, Schlangenlederschuhen, einen Hermès-Scarf à la Grace Kelly lässig unterm Kinn verschlungen, salopp den Luis-Vuitton-Rucksack über die Schulter geworfen, die Ray-Ban sympathisch auf der langen Nasenspitze balancierend, fühlte ich mich schon als Pat Kellers legitime Schwiegertochter, als ich in Heathrow Airport einen Gepäckträger herbeiwinkte und feststellte, daß ich von heute auf morgen eine andere geworden war. Sowohl Klosterschülerin als auch Ballettänzerin und Religionslehrerin waren völlig vom neuen Designer-Outfit absorbiert worden.

Während ich im vollbeladenen Black Cab durchs nächtliche London schaukelte – es war ein Freitagabend und es regnete –, plante ich mein Brautkleid und entwarf vorm geistigen Auge Kollektionen karibisch-kreolischer Flitterwochenoutfits: Die neue Liebe setzte Kräfte frei, die mich knappe Complets in knatschgrünem Acetat absondern ließen – dazu ein Touch Moschino-Humor in Gestalt von orangefarbener Rüschenpaspelierung.

Als wir am Buckingham Palace vorbeiholperten, wo Princess Di sich wohl gerade den Finger in den Hals steckte und Fergie Porno-Videos einschob, stellte ich enttäuscht fest, daß der Big Ben nur eine Uhr war. Doch Trost war nahe: Mark Keller hatte alle seine Freunde zusammengerufen, damit sie seiner Herzensdame salutierten und London mich freundlich in Empfang nahm. Ich platzte schier vor Freude, als ich die doorbell von Flat B drückte, und rechnete mit Heerscharen gebildeter Junggesellen, die sich darum reißen würden, mir meine Hutschachteln in die hell erleuchtete Bel Etage hochzuschleppen.

Statt dessen rutschte Mark das Treppengeländer herab, einen Joint und ein Whiskyglas balancierend, und vollbrachte das Kunststück, mich stockbesoffen über die Schwelle unseres Liebesnestes zu tragen. Die Intensität und Nervosität seiner Wiedersehensvorfreude mußten wohl so stark gewesen sein, daß er sie nüchtern nicht hatte ertragen können. Such a sensitive boy ...

Im Apartment selber erschlug mich Stevie Wonders Talking-Book-Reggae, als ich – surprise, surprise – eine artsy-fartsy-scenery betrat, wie ich sie mir bis dato nicht hätte träumen lassen. In einer mittelalterlich-gotisch anmutenden, dunkelbraun gestrichenen Junggesellenbude dösten ausgelaugte

Mein Sunnyboy in London: Mark Keller.

Rock-Star-Lookalikes, trendige Models und propere Yuppies gutaussehend vor sich hin, und über allem waberte der Duft einer arabischen Opiumhöhle.

»Have this«, sagte eine ausgemergelte Lederjackenmumie zu mir und versuchte mir ein kleines Plastikbeutelchen in die Hand zu drücken, verfehlte mich jedoch um einen Millimeter und stolperte über einen vertrocknenden Bonsai. Im Zeitlupentempo schlich ein Rasta-Typ mit einer Wasserpfeife an mich heran: »My name is Sunshine – want some shit, Eva Braun?«

Dies waren definitiv neue Töne! Bevor ich zu Bewußtsein kam, blieb mein wohlwollender Blick an den vier Andy-Warhol-Porträts von Pat Keller hängen, die den Raum dominierten. Über dem fireplace ein Mickey-Mouse-Original von Roy Lichtenstein und in der offenen, vom Schimmelpilz befallenen kitchenette – wahrscheinlich eine Installation von Joseph Beuys – nichts anderes als vier Kühlschränke randvoll mit hartem Gesöff. Und, siehe da, in einer pilzfreien Ecke ein Swimming-Pool von David Hockney. Im Schlafzimmer hing die Dreckwäsche an einer pornografischen Plastik von Jeff Koons, und auf der video-wall aus sechs Fernsehern, in denen jeweils ein anderes Programm lief, stand eine große graue Mülltonne randvoll mit »booze«, irgendeinem knock-out-cocktail aus Wodka, Whisky, Peroxid und Coca-Cola.

»Hier ist man modern«, sagte ich mir und war stolz, endlich einmal »in«zu sein. Die Nick als hippe Kuh – das war doch mal was Neues! Kaum die Runde gemacht, saßen wir im roten Alfa Romeo und jagten mit einem Affenzahn durch den Hyde-Park, um richtig toll Essen zu gehen. »Wenn wir jetzt gegen einen Baum rasen, dann ist das der schönste Tod meines Lebens«, weiter konnte ich nichts denken, denn ich war in love with being in love.

Mein Herzensbrecher introducete mich schon am ersten Abend im Annabelle's »the most civilized club in the entire world« wie Joan Collins urteilte, und anschließend im Tramp's wo die kosmopolitische jeunesse dorée jeden Tag Silvester feierte. Mark kannte hier alle und jeden, ich schüttelte tausend Hände und bekam Hunderte von Küßchen. Die Befriedigung meines jahrzehntelangen Wunsches, endlich dazuzugehören, fand darin Ausdruck, daß ich frevelhaft Zigaretten rauchte, wann immer man sie mir anbot.

Mein Freund verschwand auffallend oft im men's room. Sollte ein so knackiger Bursche etwa eine schwache Blase haben?

Als wir endlich, das heißt nachdem ich mich bis morgens um elf geziert und etliche Male »Nein« gesagt, obwohl ich »Ja« gemeint hatte, unser Beisammensein besiegelten, empfand ich sogar die versyffte Bettwäsche als romantic.

Ich wollte keine Spielverderberin sein und ließ mich auf alles ein, was mir geboten wurde. Die konventionellen Positionen machten mich klaustrophobisch, von den anderen bekam ich Maulsperre oder einen steifen Hals.

Daß Mark Keller bis mittags die Fensterläden geschlossen hielt, erklärte ich mir die ersten drei Tage lang als Folge unserer brandneuen Romanze. Vor fünfzehn Uhr war an Aufstehen nicht zu denken, und ich hätte die Hand dafür ins Feuer gelegt, daß ich mit meiner Erotik dafür verantwortlich war. Ich hatte den heart-throb Londons schachmatt gesetzt.

Da ich den Tag gerne mit knackfrischen Servietten und einem opulenten Frühstück begrüße, begann ich nach einer Woche unter dem laisser faire zu leiden und schlich mich eines Morgens mit schlankem Fuß in die klebrige Küchenzeile, um mir mit Elektrokessel, Instantpulver und Kaffeeweißer eine Art Melange zu brühen … deren verheerenden Geschmack ich zuzudecken bemüht war, indem ich ausnahmsweise Zucker einrührte, bis der Löffel in der Tasse stand. Prustend spie ich die gallebittere Chemikalie in das pelzig grün bewachsene Spülbecken.

Kann Zucker faulig werden, wunderte ich mich, steckte die Nase tief in die Zuckerdose und holte tüchtig Luft: Ja, Zucker kann in England faulig werden (insulares Reizklima!), wie mir das ätzend-brennende Stechen in meiner Nasenschleimhaut bewies. Flugs zog ich die Schublade auf, in der ich Papierservietten vermutete, um mir gründlich die Nase zu schneuzen, doch ich landete im falschen department und stach mich an einer Einwegspritze.

Mit Herzrasen und von einem vehementen Mitteilungsdrang befallen rüttelte ich den Mann wach, neben dem ich alt werden wollte. Ich schilderte ihm, daß ich in seinem Haushalt nicht klar kam, daß Zucker in meiner Nase gelandet sei und ich diesen nicht herausbekäme, und daß ich mich abgrundtief schämte, ihm nicht einmal zufriedenstellend den Haushalt führen zu können. Sicher sei er jetzt enttäuscht von mir.

Doch in einem Anfall überwältigender Güte interessierte sich mein lover jetzt erstmals richtig für mich. Glühende Blicke auf mich werfend ließ er ein heißes Bad ein, dem wir fünf Minuten später entstiegen. Die dumme Uhr zeigte allerdings an, daß acht Stunden vergangen waren ... Tja, in England gehen die Uhren einfach anders.

With the blink of an eye war die Wohnung wieder voll mit Gästen, deren Stimmung proportional zu den Schuppen stieg, die mir von den Augen fielen.

Nach einer Woche nahm Miss Nick die rosa Sonnenbrille ab und konstatierte, in einer Drogenumschlagzentrale gelandet zu sein, in der Koks als Appetizer gereicht wurde! Hier caterte man Crystal Mask, Special K, Mushrooms, Quaaludes und Crack. Absolventen der Eliteinternate holten sich hier ihr Diplom für »Das sachgerechte Sniefen von Heroin in korrekter Abendgarderobe«. Etonians und Harrowians, kids, die in ihrem Leben niemals existentieller Gefahr ausgesetzt waren, entschieden, wer chic und cool enough war, an ihrem illustren

Zirkel zu partizipieren: Allesamt hatten sie »Nein!«zu Drogen gesagt, doch die Drogen wollten nicht hören …

Eingebettet in das Sicherheitsnetz von Eltern, die filthy rich waren, zelebrierten sie ihre Drogenkultur als unverzichtbaren Teil smarten Sozialverhaltens. Hier habe ich gelernt, daß es beneidenswert disziplinierte Menschen gibt, welche ein strenges Health-Food-Regime einhalten, weil nach Langustenschwänzen und Kaviar reines Kokain im Blut schneller aufgeschlüsselt wird als in Kombination mit Junk-Food. Und diese Leute hatten keine Zeit – sie waren viel zu sehr damit beschäftigt, ihr Austernmesser zu schärfen.

Nun war es wieder Freitagabend, es regnete und ich saß da, all dressed up – nowhere to go. Auf meine Frage, welche Perspektiven Mr. Keller für unsere Affäre sehe, erhielt ich, garniert mit einem unwiderstehlich-charmanten Lächeln die Antwort: »You call this little thing an affair?«

Sprach's, drehte sich um und hatte Brooke Shields im Arm. Als ich hochrot anlief, mich mit schrägem Arm an der Wand abstützte und mit der freien Hand nach meiner Perlenkette, Großmutters Erbstück, griff wie nach einem Rettungsring, sagte mein Traummann: »Either you pass out on the floor or you're invited for a threesome.«*

Wofür ich mich entschieden habe, steht im Teil II meiner Autobiographie

I was trapped. Kein Geld, keine Freunde, keine Möglichkeit, umzuziehen. Tagsüber flüchtete ich mal wieder ins Museum, um nachzudenken. Innerhalb der nächsten vierzehn Tage wurde ich zur Sightseeingexpertin und bald vom Aufsichtspersonal der Tate-Gallery mit einem höflichen Nicken begrüßt. Pro Tag hatte ich ungefähr 50 pence spending money, was mir die Wahl ließ, entweder U-Bahn zu fahren oder mir

---

* Entweder du pennst auf 'm Sofa oder wir machen einen Dreier.

einen Mars-Riegel zu leisten. Ein Höhepunkt war dann erreicht, wenn ich verwegen im Museumscafé Platz nahm und mir einen applestrudel with cream oder einen cheesecake spendierte. Dafür mußte ich dann die nächsten drei Tage die Absätze meiner Schuhe herunterlaufen, und damit Anschlußkosten bei Mr. Minit Shoeservice riskieren – und das wäre nun wirklich finanziell nicht drin gewesen. »Zu Hause« gab es nur Nahrung, die man durch die Nase oder intravenös einnahm, und ich wollte mich doch lieber auf Stimulation durch körpereigene Sekrete verlassen.

Leider vertrage ich so wenig Alkohol, daß ich selbst heute noch sagen muß: »Ein Schluck zuviel, und ich liege unter dem Gastgeber!«

Bis ich Mark Keller traf, war ich immer noch Schneewittchen gewesen – in London bin ich geschmolzen.

Mir blieb nichts, als zu Colefax & Fowler zu gehen und Tom Parr zu ersuchen, mich fabric-samples in kleine Quadrate schnippeln zu lassen. Doch der wollte mich nicht mehr, wegen der Silberlöffel und weil ich noch Geld aus München zu kriegen hatte.

Meine schönsten Kleider hatten noch nicht einmal den Weg aus dem Koffer auf den Kleiderbügel geschafft, und schon wollte ich heim zu Mama. Gebrochenen Herzens und miesepetrig wohnte ich in einer Ecke der Couch – das andere Ende war an Marks besten Freund vermietet – und mußte jedesmal an seiner stadtbekannten Spielwiese vorbei, wenn ich mir die Hände waschen wollte. Das tat ich dann auch zwanghaft oft, und, wie ich akustischen Signalen entnahm, zu den unangemessensten Momenten. Glücklicherweise zwangen mich meine Verdauungsprobleme, so nachhaltig stören zu müssen, daß Mark Keller sich schließlich genötigt sah, auszuziehen, um jemals wieder kommen zu können. Ein Anruf genügte, Papa Keller schickte eine Ladung fleißiger

Handwerker aus Tokio vorbei und siehe: Blitzschnell war das neue Haus bezugsfertig.

Galant überließ mir der Gentleman den Mietvertrag für die abgefuckte Bude, so daß ich erst einmal ein Dach überm Kopf hatte. Wie die Wohnung zu bezahlen sei – das überließ ich dem lieben Gott. Der brachte mich auf die Idee, doch mal Blut zu spenden. Das rettet Leben und ist 40 Pfund wert. Also investierte ich die letzten 30 Pence für ein U-Bahn-Ticket und stellte mich an. Da waren circa hundert Leute vor mir, die sich auch als Lebensretter aufspielten. Als ich nach drei Stunden drankam, piekste man mich kurz in den Finger und testete meinen Blutdruck. Er war zu niedrig. Ich erwies mich als untauglich und wurde ausgemustert.

Da stand ich nun in Holborn und konnte nicht zurück. Ich sprach jeden an, der aus dem Hospital kam, bis ich einen fand, der mich in seinem Auto bis zum Leicester Square mitnahm. Von da hatte ich nur noch zwei Stunden zu laufen – Gott war also doch gnädig, ich hätte schließlich auch in dem Vorort verenden können. Vor die U-Bahn schmeißen ging ja nun nicht mehr – ohne Ticket wäre ich nicht einmal durch die Kontrollzone auf dem Bahnhof gekommen. Hätte ich mich erhängt, wäre bestimmt der Strumpf gerissen. Also ließ ich all das sein und klaute mir ein *Time-Out*-Magazine. In London mußte es doch irgendeinen Job geben, damit ich wenigstens Kentucky Fried Chicken kaufen konnte.

»Dining Companion« – so war eine ganze Rubrik übertitelt ... das wird schon was für mich sein, da kriege ich das Chicken umsonst und »Dinieren als Compagnon« das kann ja nun wirklich jeder!

Seitdem weiß ich, daß Jesus lebt, denn auf dem Boden der Telefonzelle lagen fünfzig Pfund – ich hob sie auf und kaufte mir davon eine große Flasche Opium (Yves Saint Laurent), so wahr mir Gott helfe! Dann ging ich frisch bestäubt in die

Telefonzelle zurück und verlangte den Operator, log kultiviert, der Apparat nehme keine Münzen, und verlangte, die Verbindung auf der Stelle herzustellen.

Als man mich fragte, ob ich schon einmal als »dining companion« tätig gewesen sei, verneinte ich. Man wollte mich trotzdem, und wir verabredeten eine Audition.

Aufgebrezelt kam ich an. Ich solle mit den Herren essen und den champagne in die Blumen kippen, also animieren. Alles andere ginge die Betreiber des Etablissements nichts an. Dies war der entscheidende Satz. Ich hatte keine Wahl und kam um 6 pm wieder.

Leider gab es nichts zu essen – die Herren wollten gleich trinken. Als mich ein Kunde fragte, ob ich es ohne Kondom mache, ging ich zum Chef des Ladens und beschwerte mich über die freche Klientel. Ich verlangte, dem Kerl sofort Hausverbot zu erteilen. Daraufhin schmiß der Boß mich raus. Das Leben hatte mir eine weitere Lektion erteilt.

Diesmal lief ich nach Hause. Um fünf Uhr früh kam ich an und brach weinend auf dem braunen Chenille-Sofa zusammen. Ich schluchzte, schrie und rief um halb sieben zu Hause in Berlin an. Nach hysterischen Wortgefechten mit meiner Mutter, die Sie in Teil III meiner Autobiographie nachlesen können werden, gewährte sie mir eine finanzielle Starthilfe, denn ich war ja zu dumm, um als waitress zu arbeiten: mit dem ganzen Kleingeld ... Und mir die vielen Bestellungen merken – das hätte ich nie gekonnt.

Ich schilderte meiner Mutter, die einzige Alternative für mich sei die Tätigkeit als »dining companion«, und »dining companion« übersetzt man als »auf den Strich gehen« Mutti lachte schrill und sagte: »Auf dem Strich verdienst du doch nicht eine müde Mark. So eine wie dich will doch keiner!«

Ich zwang sie, Oster-, Geburtstags- und Weihnachtszuwendung zusammenzufassen und per Expreß zu überweisen. Da-

von würde ich meine Schulden begleichen und das Rückflugticket bezahlen. Mit dem Wort »Rückflugticket« machte ich
sie gefügig, und ruck, zuck war das Geld angewiesen.

Ich bin dann aber doch nicht zurückgeflogen, sondern habe
mir erst mal weiße Lilien gekauft. Dann rief ich in der
Deutschen Botschaft bei meiner Münchner Freundin an, um
mich dort ausgiebig satt zu essen. Dabei traf ich jenen Banker
wieder, der mir einst in München angeboten hatte, sein
Apartment für ihn zu dekorieren. Nachdem wir uns auf
Staatskosten kulinarisch verlustiert hatten, schloß sich die
Hausbesichtigung gleich an, und bevor ich mein Haupt zur
Ruhe legte, hatte ich den 1. Londoner Interior Design Job in
der Tasche.

10 Nicks Interior

Désirée hat sich von Tiffany in New York eine silberne Babyras-
sel schicken lassen – damit läuft sie jetzt schon seit Tagen
pendelnd durch die Wohnung, verweilt auffallend oft bei mir im
Mädchenzimmer und schaut mich seltsam an. Heute morgen
dann wies sie mich an, den Keller zu entrümpeln. Um Mittag
kam sie mit einem Tablett Schnittchen herunter – was mich
sofort mißtrauisch machte – und sagte in ihrer heuchlerischsten
Stimme: »Ist doch ein schöner Raum hier. Da läßt sich doch was
draus machen . . .«
Mir schwant Schlimmes . . .

Mr. De Courcy Ling of 28, Belgrave Mews, SW 1, rettete
meine Existenz, ohne es zu ahnen. Mein erster Interior-De-
sign-Auftrag brachte mich in Kontakt mit internationalen
Londoner Firmen, die mich als prompt und Cash zahlende,
young, urban und professionell handelnde Geschäftspartnerin
kennenlernten. Ich wiederum fand endlich wieder zu mir,
verkehrte fast täglich in der Botschaft, hütete seitdem viele
politische Geheimnisse und besorgte der deutschen Kolonie
Gardinenstoffe zum Einkaufspreis.
Im überschaubaren Herzen South Kensingtons lief mir einige
Male Mark Keller über den Weg, dem ich meine Verabschie-
dung so easy gemacht hatte, daß er mich großherzig einlud,
das neue Haus ansehen zu kommen, da es hier und da noch
der Verschönerung bedürfe. Und tatsächlich, ich arrangierte
eine Duftkerze und einen flower-pot in der Hoffnung, da-

durch neue Klienten zu finden. Die fand ich zwar nicht, dafür aber einen Freund: Simon Astaire, dessen Faszination darüber, daß einer Deutschen jüdischer Humor angeboren sein kann, die ganzen drei Jahre anhielt, die ich in London bleiben sollte.

Simon wurde später der Agent von Sting, damals arbeitete er jedoch für die William Morris Agency als Movie Agent. Er lud mich zur Premiere des ersten Timothy-Dalton-James-Bond-Films »License to kill« ein.

Der blonde, alemannisch wirkende Schauspieler, der nichts weniger als die zweite Hauptrolle spielte, den Killer nämlich, war niemand anderes als André Wrudniczki! Auf der Premierenparty beobachtete er mich mit Argusaugen, wechselte aber kein Wort mit mir. Logisch, denn ich hätte ihm ja auch beruflich nicht weiterhelfen können ... Hatten mir doch Kollegen erzählt, daß er mittlerweile der Lebenspartner einer Hollywood-Agentin sei, die er in New York aufgegabelt hatte, wohin ihn Yolanda Menendez gebracht hatte, damit er sie dort partnere und vögele.

Anyway, André verstand kaum noch ein Wort Deutsch, hatte sich ein Haus in den Hollywood Hills gekauft und – kannte Mark Keller.* Dieser erzählte mir später, niemals habe er einen Menschen getroffen, der mehr Drogen mit sich führte als André. Die Sammelleidenschaft seiner Eltern (Setzkastenfiguren, Fußballabzeichen, Gartenzwerge) hatte bei ihm böse Früchte getragen.

Das kleine Einmaleins internationaler Verbindungen hatte mein Schmuddelkind aus Spandau also mittlerweile gelernt. Und ich stand daneben als Pechmarie. In Schockstarre sozusagen, denn obwohl es weh tat, empfand ich – nichts. Halleluja. Die Narben zentimeterdick verhornt. Vorbei.

---

* Ich hasse so was – wie fühlen Sie sich dabei?

Wenn Liebe die Antwort ist, könnte bitte jemand die Frage wiederholen?

Ich war professionell geworden und kämpfte mich lächelnd durch das Londoner Partykarussell, auf welches mich Simon Astaire gehoben hatte.

Sechs Wochen, nachdem ich in London angekommen war, feierte ich meinen sechsundzwanzigsten Geburtstag im eigenen Apartment, lud unverbindlich jeden ein, der mir seine Privatnummer gegeben hatte, und es kamen sechzig Leute. In meiner Heimatstadt hatte ich das in einem viertel Jahrhundert nicht geschafft. Von diesem Tag an konnte ich mich vor Einladungen kaum retten.

Während ich die sich amüsierende, skurril gemixte Gesellschaft beobachtete und den Party-Service mit selbstverdientem Geld entlöhnte, gestand ich mir in aller Bescheidenheit: London war erobert worden! Ich hatte genügend Ansatzpunkte, um weiterhin zu überleben.

Nachdem ich das Apartment meines Bankers fertiggestellt hatte, folgte ein ähnliches Projekt im Wilton Crescent, denn in der Szene junger Entrepreneurs, die in der City als Banker arbeiteten, keine Zeit, aber viel Cash hatten und eine nette Wohnung brauchten, um zu socialisen, galt ich nun als Geheimtip. Endlich konnte ich mir das gute Leben in London ansatzweise leisten. Ich shoppte alles, was man in dieser Stadt gut shoppen kann, und London ist nun mal zivilisiert, was Geschmacksfragen betrifft. Als die Kleiderschränke aus den Nähten platzten, machte ich mich über die Bookstores her, sättigte meinen Nachholbedarf an junger Musik und wagte mich nach Jahren der Enthaltsamkeit endlich wieder in die Ballettabende des Royal Ballet.

Dann kam der Trip mit den Haaren: Ich lernte, jene Frauen zu verstehen, die täglich zum Friseur gehen MÜSSEN, einen

Georg Meir mit Bussi-Bussi begrüßen und ihm all das anvertrauen, was sie dem Ehepartner verschweigen. Ich glaube, nur Promi-Friseure und ich wissen und verstehen, wie unglücklich all die reich verheirateten Ladys sind, die in den Gazetten als beneidenswerte Geschöpfe präsentiert werden.

Allerdings weiß ich auch, daß es hier und da Paare gibt, die tatsächlich glücklich sind und die das leben, wonach sich jeder sehnt. Ich bin mir sicher, auch in diesem Moment findet irgendwo irgend jemand auf dieser Welt wahre Liebe. Die anderen x-Milliarden Menschen müssen eben noch ein paar Jahrzehnte Schlange stehen. Hauptsache, man fällt nicht tot um, bevor man drankommt.

In meinem selbstfinanzierten Kursus »How to live well« lernte ich in London des weiteren, das abendliche »going-out« zu schätzen, ich meine Essengehen vom Feinsten – nicht Essengehen, um satt zu werden. Die Konversation stand im Mittelpunkt, man traf täglich neue Leute, und vor Schreck über mein selbstgefundenes Glück nahm ich auch noch ab!!!

Désirées Eßgewohnheiten ändern sich in zwei Fällen rapide: wenn Fremde am Tisch dabei sind, und wenn sie das Essen selbst bezahlen muß. Wenn sie Essen geht, ziert sie sich und knabbert stundenlang an einem Salatblatt, um die Illusion zu erzeugen, »hier ißt eine Balletteuse!« Den ganzen Tag aber stopft sie sich mit Süßzeug voll und hat nicht einmal den Anstand, anschließend auf dem Klo zu verschwinden, wie Marlene oder Ute es wahrscheinlich tun. Und wenn Besuch da ist, nibbelt sie nur an Amuse Gueules herum und läßt Reste auf dem Teller, weil das in Joan Collins' Buch als Tip für perfekte Tischmanieren steht. Daß sie noch nicht zuckerkrank ist, wundert mich, und irgendwann wird sie an einer Überdosis Cholesterin zugrunde gehen. Gottlob, daß ihre Mutter dann und wann ein Herz mit uns hat und eine Pellkartoffel vorbeibringt. Daß Désirée noch nicht fett ist, hat sie allein ihrem Geiz zu verdanken.

Selbstsicher geworden, schlank und im Trend gekleidet, hatte ich mit zehnjähriger Verspätung endlich Spaß in Discotheken. Und das wurde die neue Sucht! Nachdem ich mich nun gänzlich umgekrempelt hatte, empfand ich mich erstmals als normal. »She's fitting in, she's one of us, she's pleasing«, sagte man über mich – und keiner ahnte, welchen Weg ich bisher gegangen war. Im Grunde stand ich da, wo alle anderen anfangen, wenn sie achtzehn sind. I was happy. Das erste Mal in meinem Leben bedeutete mir der Alltag weder Qual noch Last – mein Leben war smooth geworden. Ich hielt hof in der vergammelten Junggesellenbude, und hatte 24-hours-open-house für alle, die Gesellschaft suchten. Ich durfte den Silvesterball für junge Leute in der Deutschen Botschaft organisieren, und damit war ich nun endgültig angesagt. Sooner or later hieß es: »You have to meet Désirée when you're coming to London!«, und so saßen bei mir auf der Filzcouch manchmal Leute, die ich selber weder kannte noch eingeladen hatte.

11   Nicks Romantik

Auf dem coffeetable im Salon liegen Tapetenmusterbücher von Colefax & Fowler. Mit auffallend infantilen Designs. Entweder sie ist jetzt an Rollenspielen interessiert oder sie ist schwanger. Der Keller und ihr Arbeitszimmer sind seit kurzem durch eine edwardianische Klingelanlage verbunden, und ich komme mir vor wie im Haus am Eaton Place. Es ist eine Frage der Zeit, bis sie mich in die Katakomben abschiebt, und ich bete zu Gott, daß aus mir eine Rose und keine Ruby wird.

Eines Tages fiel mir eine männliche Nervensäge mit leicht penetranter, aber gleichzeitig auch weicher Quakestimme auf, der sehr viel lachte. Von diesem Jungen – damals vierundzwanzig – strahlte soviel Humor und Skurrilität ab – er war anders. Anders als alle anderen. Und noch einmal: He. Was. Different. I felt it right from the start, although I didn't know what it was. Aside of this: He was a smart dresser. (Man sieht's mir vielleicht nicht an, und ich würde es auch niemals zugeben, in Wahrheit aber für mich das A und O! Also, wer sich als Mann nicht mal richtig zu kleiden versteht, der braucht es bei mir gar nicht erst zu versuchen.)

»Frauen müssen Grazie haben, Männer Intelligenz und Stil«, das war das Credo meiner Großmutter gewesen. Daß mit diesem Paket auch noch Anstand kommt, habe ich mir allerdings hinzugeträumt. Projiziert. Aber macht ja nix, die anderen Männer sind noch furchtbarer als dieser, der plötzlich aus dem Nichts heraus bei mir auf dem Sofa saß. Seine unerwartete Anwesenheit habe ich als »nichts Besonderes« verbucht, mir war, als sei er immer dagewesen. Eigentlich hätte ich zu ihm sagen müssen: »Na, da bist du ja!«

Elf Jahre nach seiner plötzlichen Materialisierung auf meiner Chaiselongue habe ich von diesem Mann meinen Sohn Oscar gekriegt. In dem Moment, als Gott unseren Sohn erschuf, war meine Welt perfekt. Diese Liebe in meinem Herzen war, ist und bleibt rein. Und kein Mann hat mir Momente größeren Glücks geschenkt: Von Tag zwei unseres Kennenlernens an gab er mir – zwar nicht alles – aber doch eine Menge von dem, wonach ich mich sehne. Er rief täglich an, oftmals auch gleich, um Guten Morgen zu sagen und den Tag gemeinsam zu planen. Das fand ich unendlich süß. Er unternahm Dinge mit mir und ließ mich meine Einsamkeit vergessen. Er führte mich aus wie eine Lady. Er lud mich ein. Noch nie hatte mich ein Mann, den ich mochte, in ein russisches Restaurant ausgeführt, in dem nur Verliebte saßen, Blinis, Kaviar und Champagner bestellt, bis mir schlecht wurde, und mir seine liebsten Witze erzählt. Der Junge war einfach gut erzogen. Selbst dann noch, wenn er sich schlecht benahm. Außerdem liebe ich seine Nase – die ist auch zu lang.

Er ist ein Original. Nicht der nette Junge von nebenan. Und er nahm sich Zeit für mich. Er interessierte sich für meine Geschichten, die er allerdings nicht alle verstand, aber dafür mochte er meine Lieblingswitze. Er war der erste Junge, der bis früh um fünf mit mir in Clubs und zum Tanzen ging, für den ich ein schönes Kleid anzog und auf den ich mich den ganzen Tag freute. Und bei dem ich mir sicher sein konnte: Morgen tut er es wieder.

Er wurde meiner niemals überdrüssig, schickte mich nicht weg. Im Morgengrauen verabschiedeten wir uns nicht vor der Tür, sondern tranken Tee vorm Kamin und redeten weiter. Dabei gingen wir soweit, die Schuhe auszuziehen.

Mehr ist nicht passiert. Oftmals schliefen wir am Boden vor dem Feuer ein. Einmal trafen wir uns abends um sechs und trennten uns morgens um elf. Unser beider Mundwerk stand in siebzehn Stunden nicht einmal still. Raum und Zeit schienen aufgehoben, wann immer wir zusammen waren. Die frivolsten Momente bestanden aus gegenseitigen Nackenmassagen.

Nach vier Wochen ertappte ich mich dabei, wie ich auf Anrufe wartete, den ganzen Tag an ihn dachte und mich ganz nach ihm richtete. Es ist eine Tragödie! Als er nach einigen Monaten nach Frankfurt zog, war ich noch immer unberührt – aber seine Freundin.

Als er London verließ, brach für mich eine Welt zusammen: Der erste und einzige Mann, der mich glücklich gemacht und mir das Gefühl gegeben hatte, ein Ganzes zu sein, bei dem ich mir »at home« fühlte, war verschwunden, so plötzlich wie er aufgetaucht war. Als hätte es zwölf geschlagen und Cinderellas Wunschtraum war zerplatzt.

Äußerlich betrachtet, lief mein Leben weiter wie bisher, aber innerlich war das Licht erloschen. And that's all I 'm going to say.

Es geschah zu dieser Zeit, daß meine Mutter mich besuchte und höchst überrascht war, wie gut sich alles für das Kind entwickelt hatte. Langsam wurde ich ja zu einer Tochter, die man auch mal vorzeigen konnte. Und nun, als ich nicht mehr darauf angewiesen war, wurde sie spendabel.

Jetzt, wo ich selbst saniert war, unterstützte sie mich zur Belohnung großzügig und sicherte damit, daß ich es mir in London gutgehen lassen konnte. Ich bezog ein Mews-Haus in South Kensington und teilte es mit einer Kunstgeschichtsstudentin. Gemeinsam organisierten wir Partys, Leute und kleine Diners, bis unsere Adresse zu einem wirklich beliebten Treffpunkt wurde. Freundschaften, die ich heute noch pflege, stammen aus dieser Zeit.

Da ich jetzt zehn Jahre zurückblicken kann, ist es für mich von anhaltender Faszination, nach welchen Gesetzmäßigkeiten sich das Leben jedes einzelnen entwickelt hat. Es läßt sich ein deutliches Schema ausmachen, wie sich jeder sein Schicksal selber strickt und wie schwer es ist, aus der eigenen Haut und ihren Zwängen herauszukommen. Da lobe ich mir jene, die eine harte Jugend hatten und früh gelernt haben, sich zu befreien, denn bei meinen verwöhnten Freunden, denen erst mit Mitte Zwanzig bewußt wurde, daß das Leben kein unendlicher Joy-Ride ist und Dinge sich nur mit allergrößter Kraftanstrengung ändern lassen, war es leider schon viel zu spät: Noch heute knabbern sie an denselben Problemen wie vor zehn Jahren und stehen sich vehement selbst im Wege. Der Zug ist nicht etwa für sie abgefahren, nein – sie haben es nie bis zum Bahnhof geschafft.

Ich kam damals langsam auf die Überholspur – allerdings erst nur für kurze Zeit, denn um sich im Interior-Design-Busineß zu etablieren, muß man einfach ein repräsentatives Büro oder Geschäft eröffnen. Ich rätsle bis heute, wie es mir gelungen ist, ohne einen Pfennig Grundkapital diesen Job zu erledigen... Meine Projekte finanzierte ich aus den Honorarvorschüssen und aus Abschlagszahlungen auf meine Angebote. Trotzdem ging es drunter und drüber, denn ich hatte keinen, der mir half, und meine Organisation war nicht eben die einer BWL-Absolventin.

Ohne eigenen Führerschein war einer meiner größten Posten Taxigeld: ca. 3000 Mark im Monat... Richtig prekär wurde es, wenn eine gelangweilte Lady es »sich anders überlegte«. Auf das Argument »I changed my mind« reagiere ich bis heute allergisch, denn es bedeutete, daß ich bereits eingekaufte Objekte entweder selbst behalten oder anderen Kunden andrehen mußte. Nicht immer nahmen die Firmen die Lampe oder den Aubusson-Teppich zurück – in jedem Fall waren derartige »changes of mood« mit Komplikationen verbunden. Unzuverlässige Handwerker, Firmen, die nicht termingerecht lieferten, Fabrikationsfehler, die sich erst bei der Installation oder im täglichen Gebrauch zeigten – das ist die Pein eines jeden Inneneinrichters. Für »paperwork« blieb einfach keine Zeit, und so stapelten sich in diversen Pappkartons unter meinem Bett die Relikte unerfreulicher Geschäftsbeziehungen.

Ich begab mich auf die Suche nach einem Partner, der die bürokratische Seite regeln würde, blieb aber erfolglos. Ohne die Rahmenbedingungen einer corporation, geschweige denn eines ansprechenden corporate-designs war es mir nicht möglich, große Projekte zu landen, und so führte ich meinen Laden eher wie ein anstrengendes Hobby. Ich rannte mir tagtäglich die Hacken ab auf der Suche nach Stoffen, Glühbirnen und Reißzwecken, legte mich mit Kunden an, wenn sie mir ihren schlechten Geschmack aufdrängen wollten und sich immer für das Falsche entschieden. Dieser Plackerei wurde ich müde.

Es kamen mal wieder verschiedene Dinge zusammen: In unserem Haus brach die Decke durch, und die Kanalisationsrohre ergossen sich in den living-room. Das geschah während einer Party, und alle juchzten, als die Kackwürste im Chandelier hängenblieben.

Meine Mitbewohnerin ging zu Christie's nach München, und alleine konnte ich das Haus nicht halten. Andere mir lieb gewordene Freunde, sozusagen meine »Familie«, gingen in die Staaten, und beruflich zeichnete sich keine weiterführende Perspektive ab.

Kurz: London hatte für mich an Glanz verloren.

Selbst die deutschen Botschafter wurden ausgewechselt, und

obwohl ich hätte bleiben können, zog es mich zurück nach Berlin. Ich ging auf die Dreißig zu und wollte nicht zu Beginn einer neuen Dekade so in London hocken, wie ich mit sechsundzwanzig angekommen war. Und angesichts der aufregenden innenpolitischen Ereignisse in meiner Heimat folgte ich einer meiner Maximen, einer spirituellen Lebensweisheit, die da heißt »Go with the flow!« Die Mauer war gefallen – Signal zum Aufbruch!

Ich ging jedoch nicht ohne ein grandioses Abschlußfest, wie es sich geziemte. Es fand im Palast der Lady Guinness statt, der ich für ihr Schloß am Cheyne Walk einige Kleinigkeiten besorgt hatte. Viele Freunde aus London schwärmen noch heute von meinen Partys, und für meinen Abschied hatte ich mir vorgenommen, mich selbst zu übertreffen: Vom Blumenmarkt schleppte ich Taxiladungen weißer Lilien herbei, und ich schlug 300 Eier für Mousse au chocolat für hundertfünfzig Gäste steif.

Es kamen allerdings dreihundert Leute, und das Fest dauerte zwei Tage. Es hörte und hörte nicht auf. Menschen schliefen nicht nur in irgendwelchen Betten, sie verlustierten sich in Badewannen und auf Sofas, einige plünderten die Kleiderschränke und tauchten unerwartet in drag auf, mehrere hatten ihr Coming-out; von anderen Partys und aus angrenzenden Residenzen (immerhin eine respektable Nachbarschaft) kamen die Leute herüber und schleppten kistenweise Notladungen von Champagner an. Sogar Boy George und George Michael waren da. Mark Keller kam mit einer Freundin im schwarzen Latex-Rubber-Dress, die er an einer Leine führte, auf der stand »I belong to Keller«.

Ich hatte eine Band organisiert, und im ballroom wurde zwei Tage und Nächte durchgetanzt. Der harte Partykern hatte zweimal gefrühstückt, bevor das Fest zu Ende ging. In den folgenden Tagen erreichten mich Unmengen von Blumen und Anrufe von Leuten, von denen ich nicht einmal wußte, daß ich sie kannte. Alle wollten sich bedanken. Reizende Menschen schickten Präsente oder kamen zum Small-talk auf einen Drink vorbei. Im Grunde hätte ich London gar nicht verlassen dürfen – aber meine Stunde hatte ganz einfach geschlagen. Das bestätigte mir auch die Handleserin, die ich zum Entertainment der Gäste engagiert hatte.

Kurze Zeit später waren meine vierzehn Koffer gepackt, und ich kann bis zum heutigen Tag nicht nachvollziehen, wie ich es geschafft habe, damit zu reisen. Zum Flughafen brauchte ich alleine drei Taxen, um das Gepäck zu managen.

Die ganze Rückreise vollzog sich in solch einer Trance, daß mir komplette Zeitabschnitte völlig fehlen. An eines erinnere ich mich jedoch noch: Am Abfertigungsschalter gab es Krach wegen des horrenden Übergepäcks, wofür ich in bar zahlen sollte. In meiner Verzweiflung sprach ich fremde Menschen an, bis ich nach viel Gezeter einen Herren erweichen konnte, mir das Geld zu leihen – weiß der Himmel, wie ich ihn überzeugt habe. Gerade als er die Kohle rüberschob, kam seine mit Koffern bepackte, kleine jüdische Mame angetrabt und schrie: »Now I gotcha! Finally! No more excuses! This time you're finished«, knallte ihm die Koffer vor die Füße und verabschiedete sich mit: »See you in court!«

Ihr Gatte war offenbar ein notorischer Fremdgänger, den sie endlich dabei erwischt zu haben glaubte, wie er heimlich seine Geliebte mit an Bord und in den Urlaub schmuggeln wollte.

Wenn ich Ihnen jetzt berichten würde, daß im Flugzeug mir schräg gegenüber niemand anderes als André Wrudniczki saß, angestrengt den *Spiegel* lesend, bemüht, mich zu übersehen, und dennoch immer heimliche Blicke in meine Richtung werfend, würden Sie es mir sowieso nicht glauben. Derartig miese Scripts schreibt nur das Leben.

London hatte es gut mit mir gemeint. Am Ende meiner drei Jahre stand eine rauschende Ballnacht. Den Hangover wollte ich in der Heimat feiern. Der Kontinent rief!

12 Nicks Grenzöffnung

Mein Keller in Désirées Haus, nur fünf Minuten vom Ku'damm und drei vom Savignyplatz entfernt, ist gar nicht so schlimm: Die Wände sind in einem russischen Bordeauxrot gestrichen, der Liegestuhl ist ganz bequem, und eine Stehlampe mit Original-Seidenschirm verbreitet ein heimeliges Licht. An der Wand hängt ein zerrissener Druck von Degas. Leider ist der Keller feucht, und der Druck schimmelt schon ein wenig. Und mit dem Fußboden muß ich mir noch etwas einfallen lassen, Teppich hält sich hier wegen der Nässe nicht. Wenn die Dienstbotenklingel nicht wäre – es wäre das Paradies! Vor allem, weil Désirée nie hier herunterkommt, sie sagt, es sei ihr zu deprimierend.

Zu Hause mußte ich wieder in mein Kinderzimmer ziehen. Ich war dreißig. An der Wand hingen Reste fünfzehn Jahre alter Ballettplakate, und auf dem Regal standen Stofftiere und Pippi Langstrumpf. Oma sagte: »Bring mal gleich den Müll runter!« und rief hinterher: »Aber setz dir eine Mütze auf!«
Mutti sagte: »Deine Koffer brauchst du hier gar nicht erst auspacken. Mit dreißig wieder zu Mama ziehen, wo gibt's denn so was? In London gelebt wie Krösus, nichts war gut genug, und sich jetzt bei Muttern durchfressen... Morgen suchst du dir einen Job. Ich frage mich, was du überhaupt die ganzen Jahre gemacht hast... Mit deiner Figur, und den Beinen – andere sind in deinem Alter schon zweimal verheiratet, und du bist noch nicht mal geschieden.«

Dann rief sie bei meiner Tante Barbara in Madrid an und sagte: »Unser schwarzes Schaf ist wieder da.«

Danach kaufte sie ein Schloß und sperrte das Telefon ab. In Berlin war sowieso niemand mehr, den ich hätte anrufen können. Ich nahm den *Tagesspiegel* zur Hand und forstete die Rubrik »Altenpflege« durch.

Telefonate hatte ich von der Telefonzelle aus zu tätigen, aber diese Klippe quittierte ich inzwischen als Lappalie.

Zweimal die Woche arbeitete ich als Gesellschafterin bei einer alten Dame, der ich Zeitungen vorlas und die Windeln wechselte. Ein halbes Jahr lang. Vakuum. Ab und an ging ich mal ins Kino. Jetzt, wo ich Unterstützung nötig gehabt hätte, verweigerte Mutti zur Strafe Zuwendungen materieller Art. Die gibt's nur dann, wenn man sie nicht mehr braucht – sozusagen als Belohnung dafür, daß man es auch selbst geschafft hat. Wiedermal verharrte ich in Schockstarre.

So würde ich auch heute noch dasitzen, wenn nicht eines Tages – kurz nachdem ich alleine mit Omi ein sehr trauriges Silvester 1990 gefeiert hatte (Mutti tanzte in St. Moritz) – ein Zettel an der Tür geklebt hätte. »Liebe Désirée, ruf mich dringend an – deine Uta.« Damit hat Fräulein Hoffbauer, die Nebenbuhlerin in der Geschichte mit André, die sich einen verdammt schlechten Abgang verschafft hatte und durch meine Vermittlung auch noch Stewardeß geworden war, die Weichen für den Rest meines Lebens gestellt. Eigentlich also doch eine gute Fee. Ich habe seitdem auch nie wieder was von ihr gehört.

Zunächst dachte ich, späte Reue habe sie heimgesucht oder das verschlagene Luder wollte mich in eine Falle locken. Todesmutig rief ich sie an.

Ihr Bruder sei Schauspieler geworden, spiele in einer Inszenierung von Schnitzlers »Reigen«, und die Rolle der »Schauspielerin« sei von heute auf morgen zu besetzen, da eine Darstellerin abgesprungen war. Premiere sei in wenigen Tagen, und gesucht wäre genau mein Typ. Der Regisseur Ferenc erwarte meinen Anruf.

Frau Nick, die massenhaft Zeit hatte – und keine Alternative –, rief an, erschien, um die Rolle aus einem Reclam-Heft vorzulesen, und registrierte, daß der Regisseur sie vom ersten Satz an erleichtert anstrahlte. Er hielt sich eine Hand vor die Mundpartie, und ich wußte, daß er es tat, um sein Amüsement zu verbergen. Also gab ich dem Affen Zucker. Wer glaubt, ich hätte einen S-Fehler, der weiß nicht, wie ich vor sieben Jahren gelispelt habe! Natürlich war dies nicht das Deutsche Theater, sondern eine Inszenierung für die Show-Tech am Funkturm: eine Messe für Bühnentechnik. Man installierte für die Aufführung ein State-of-the-Art-Theater, in dem wir rund um die Uhr mit dem Stück auftraten, unter dem Aspekt, daß möglichst viele technische Raffinessen zur Demonstration gelangten: Explosionen, Wasserfälle, Feuersbrünste, Hebe-, Dreh- und Schiebebühnen, Spezialeffekte jeglicher Art... Klar, daß ich mich als ein »natural« entpuppte: ein Naturtalent. Im Schauspiel bin ich das!

Als Perfektionistin wollte ich mein Handwerk jedoch richtig lernen und erkundigte mich nach Anlauf des unerwarteten Bühnenerlebnisses gleich nach Schauspielschulen. Schon am Telefon lachten mich alle, die ich kontaktierte, hämisch aus: zu alt, der S-Fehler, die Stimme – Schauspieler gäbe es eh zu viele.

Nicht viel anders waren die Auskünfte, die mir Privatlehrer erteilten. Grund genug für mich, dieses Hindernis zu nehmen, mich draufzusetzen und darauf herumzureiten. Ich lernte »Die Irre von Chaillot« auswendig und rief die Lehrerin an, deren Ruf am verpöntesten war, sicher würde die sich über Neuzugänge freuen. Und richtig, Frau Erika Dannhoff war begeistert, als ich vorsprach.

Ich ging einmal die Woche hin, wir tranken gemeinsam Kaffee, sie erzählte Theateranekdoten, und ich zahlte ihr dafür dreißig Mark. Am Ende sagte sie: »So mein Kind, heute haben wir Charakterstudien betrieben«, denn sie tat nichts anderes, als alle eingefleischten Boulevard-Promis schlecht zu machen, und verstand es, in brillanter Theatermanier zu lästern, so daß mir nicht entging, was eine große Schauspielerin ausmacht. Von alten Hasen kann man immer lernen! Der Unterricht gefiel mir.

Voll des Vertrauens in ihre Elevin schickte sie mich gleich zur Zwischenprüfung der Bühnengenossenschaft. Ich sagte Lady Macbeth und das »Vater Unser« auf. Danach fragte mich der Vorsitzende des Ausschusses, Klaus Sonnenschein (der Gatte von Edith Hancke), ob ich noch was anderes zu bieten hätte. Ich sagte: »Ja, Fratzenschneiden.«

Betretenes Schweigen. Der dicke Herr erhob sich und seine Stimme: Ich hätte mich unverfroren gleich zur Zwischenprüfung gemeldet, dabei spräche mir das Kuratorium sogar das Bestehen der Eignungsprüfung ab. Einhellig. Mich könnte man bestenfalls als Knallcharge ertragen.

Ich sagte: »Alle großen Stars waren Knallchargen.«

Peinliche Stille. Es hatte komisch sein sollen. Niemand lachte. Sabine Fromm vom Theater am Südwestkorso bedeckte mit der Hand die Augen, so als schäme sie sich für mich.

Ich werde allen Mitgliedern dieses Prüfungsausschusses ein kostenfreies Exemplar meiner Autobiographie zukommen lassen. Sein Theater hat Herr Sonnenschein mittlerweile aufgegeben. Das Schiller-Theater ist auch geschlossen. Und haben Sie jemals was über das »Theater am Südwestkorso« in der *FAZ*, der *Süddeutschen*, dem *Spiegel* oder dem *Stern* gelesen???

Als ich heimkam, weinte Omi, weil die Schweine ihr Déschen nicht wollten.

Frau Dannhoff schenkte Kaffee nach und gab mir die Adresse eines Tourneeunternehmens, welches Berufsschulen abklappert, um dort Verkaufsschulung zu betreiben. Die Betreiberin des Unternehmens, Us Conradi, selber eine Kabarettfigur wie aus dem Bilderbuch, mochte mich gleich, und ich mußte nicht mal vorsprechen – sie engagierte mich blind.

In Form von Sketchen nach dem Motto »Falsch und Richtig« tourte dieses Kabarett durch Österreich und die Schweiz. Vorstellung war früh um neun in den Aulen der Berufsschulen. Lichttechnisch gab es zwei Einstellungen: an und aus. Premiere war in Wien. Ich hatte eine fiebrige Angst, platzte schier vor Nervosität, denn da dies mein erstes bezahltes Engagement war, fühlte ich mich als Schauspielerin voll verantwortlich. Die Sache auf dem Messegelände hatte ich immer noch als Laientheater oder Hobbyspaß abtun können, hier nun aber meldete sich mein Berufsethos.

Lieferte ich einen Satz, und lachten die Leute, bekam ich rote Ohren. Daß es funktionierte, die Knöpfe beim Publikum zu drücken, das bestaunte ich mit soviel Verwunderung wie ein kleines Kind, das die ersten Schritte macht.

Auf dieser Tour war ich sehr, sehr glücklich! Wir hatten im Ensemble auch privat viel Spaß, und wenn wir im Bus über Land fuhren, dann dankte ich Gott in so manchem Stoßgebet.

Kaum wieder in Berlin, nahm ich mir das rote Bühnenjahrbuch vor und schrieb handschriftlich die vierhundert aufgelisteten Theater an. Ein Viertel der Briefe kam als Absage zurück, der Rest blieb unbeantwortet.

An einem Samstag um 23.00 Uhr kam dann ein Anruf aus Remscheid, ob ich Montag vorsprechen könne und ab sofort abkömmlich sei. Ich machte einen Luftsprung und reiste für

35 Mark per Mitfahrzentrale in die Metropole des Bergischen Landes, den Schmelztiegel gutbürgerlicher Häßlichkeit: Remscheid, die Stadt, in der die gestärkten Spitzenkragen weißer Blusen sonntags um die Wette Spalier stehen.

13 Nix ohne Adam Benzwi

War mit Désirée vorgestern auf einem Konzert von Georgette Dee. Désirée ist noch vor der Pause rausgegangen: heulend! Zu Hause schrie und wütete sie, und erst nachdem ich ihr, wie üblich, ihr Aspirin, das sie für Valium hält, eingegeben hatte, beruhigte sie sich etwas und erklärte mir ihre Reaktion: Sie haßte es, weil das Konzert so perfekt war. Seitdem sie Georgette gesehen hat, leidet sie unter Verstopfung.
Gestern ist sie dann wieder hingegangen – diesmal mit ihrem Notizbuch –, und hat alles mitstenographiert. Nachts im Bett hat sie dann rezitiert und getan, als seien es ihre eigenen Worte – als ich sie dabei erwischte, meinte sie: »Ich will endlich wieder scheißen können!« Und heute hat sie mit Adam Benzwi und zwei Flaschen Lutter & Wegner geprobt. Mit dem Resultat, daß sie nicht nur schlecht singt, sondern jetzt auch noch dabei lallt.

Wären die beiden Direktoren des Westdeutschen Tournee-theaters einander nicht in lebenslänglicher Liebe verbunden, würde bestimmt das Gerücht grassieren, ich hätte mein erstes »richtiges« Engagement dem Umstand zu verdanken, daß der Intendant durch eine unvorhergesehene Erektion in seiner Entscheidungskraft geschwächt war. Doch nix da! Die Leute, die wirklich behaupten können, mich entdeckt zu haben, sind allesamt hart arbeitende, bescheidene Theatermenschen, deren Leistungen im verborgenen blühen. Sie haben mich besser verstanden als kommerzialisierte, prätentiöse Halbprominente, die jeden Schritt meiner Karriere mißtrauisch beäugten.

Der besagte goldene Samstag nämlich, an dem der Jackpot-Telefonanruf meines Lebens kam, ließ ab Poststempeldatum meiner Bewerbungsaktion sechs Monate auf sich warten. Nachzutragen wäre ebenfalls, daß ich in gnadenloser Naivität alles andere als die branchenüblichen Bewerbungsfotos versandt habe: Statt dessen hatte ich – quasi aus Armut – die fotografischen Dokumente Londoner Partyzeiten durchforstet. Da fiel immer mal ein Bild ab, auf dem ich mich hübsch und die Nase günstig beleuchtet fand, wonach ich dann auch meine Auswahl traf. Mein absoluter Glamour-Shot zeigte ein armes, mit Make-up zugekleistertes, auf Abwege geratenes Mädchen Ende Zwanzig, dem niemand abgeraten hatte, blondierte Haare lang wachsen zu lassen. (Ich erinnere mich genau, daß ich damals dachte, ich sähe auf dem Foto aus wie Meryl Streep. Deshalb schien mir dieses Bild als Bewerbungsfoto für eine angehende Schauspielerin geeignet.)

Nun ja, meine Unterlagen mögen in diversen Papierkörben der Intendanzbüros gelandet sein, aber die beiden Herren in Remscheid haben das Foto per Laserkopie vergrößert und es über die Korkplatte an ihrem Arbeitsplatz gepinnt. Später gestanden sie mir, in so mancher Theaterkrise habe es ihnen Kraft gegeben, wenn ihre Blicke sich während cholerischer Telefongespräche meditativ auf mein Abbild heften konnte, sei es doch ein Symbol dafür, daß es noch Verrückte gab.

Kurz: Ich war Kult von dem Moment an, als ich aus dem Briefumschlag herauspurzelte. Wahre Künstler, diese beiden!

In der Zeit, in der ich mich mit einem Platz am Nagelbrett begnügen mußte, vollzog sich in Berlin, sozusagen heimlich, still und leise, das Unfaßbare: die Lösung des Nickschen Knotens der Erfolglosigkeit! Mein Ex-Ballettdirektor Edmund Gleede rief aus Depression an: Er klagte mir seins, ich klagte ihm meins. Am Ende des Gesprächs meinte er, es sei so wahnsinnig schade um mich, und ich sollte doch einfach mal diesen bezaubernden Amerikaner anrufen, den er im Sommer kennengelernt hatte und der in Berlin als musikalischer Leiter verschiedener Theater von sich reden mache. Ich sollte ihm vorsingen – vielleicht hätte der Junge ja Lust, mit mir zu arbeiten.

»Ich – Sängerin??« schrie ich entrüstet auf – doch Herr Gleede überzeugte mich, indem er beteuerte, für eine angehende Schauspielerin wäre Sprechgesang ein gutes Mittel, das Instrument »Stimme« zu entfalten, und ich besäße doch so etwas diseusenhaftes. Dann erklärte er mir, daß Marlene Dietrich eine Diseuse war – keine Sängerin, sondern eine Künstlerin, die mittels ihrer Persönlichkeit in drei Strophen das schauspielerisch interpretiert, wozu ein Theaterstück drei Akte braucht – per Sprechgesang, versteht sich. Eine Mischung aus Pflichtbewußtsein, Neugier und Vakuum ließ mich den Anruf tätigen.

Viele Wochen niemand zu Hause. Rückruf Gleede, ob ich mich bei Adam Benzwi gemeldet hätte. Neuerliche Versuche – dann plötzlich: ein Anrufbeantworter. Verunsicherte Message meinerseits, kein Rückruf. Dann Schmerzgrenze: Nick nimmt Meryl-Streep-Glamour-Shot, verfaßt auf Rückseite erbosten Text, ob der Herr sich seinen Bekannten und Kollegen gegenüber auch als so unzuverlässiger Rückrufer erweise, wie er sich Fremden gegenüber präsentiere?

Rückblickend stellte sich heraus, daß die Magie meines Starfotos abermals seine Wirkung nicht verfehlt hatte, denn noch das Foto in der einen Hand, wählte Mr. Benzwi mit der anderen meine Nummer, um zu überprüfen, welche verzweifelte Wahnsinnige sich dahinter verberge. Cooles amerikanisches Telefonat um den Termin. Nick tanzt in Kreuzberger Dachwohnung mit angeklebten Wimpern an. Tür geht auf, Nick traut ihren Augen nicht: Colefax & Fowler-Tapete,

Meryl Streep.

Tweed-Jackett, blaues Hemd, Krawatte, 501s, Schuhe zum Küssen, kurzes Haar mit Seitenscheitel: Der erste zivilisierte Mensch in der Wildnis Berlins.

Erste Frage: »Möchtest du einen Kaffee oder lieber Cappuccino mit Amaretto?«

Nick sinkt in Chintzsessel.

Zweite Frage: Was ich denn vorsingen würde.

Nicks Antwort: sie wisse es nicht, sie habe noch nie gesungen. Ob sie mit Hollaender anfangen wolle.

Nick entschuldigt, sie spräche nicht holländisch.

Benzwi kramt Kleptomanin hervor und zeigt Noten. Bittet mich, den Text wie eine Schauspielerin vorzulesen. Ich schraube mich in kopfige Quäkestimme und erlebe Kleptomanie, Benzwi schleicht zum Klavier und beginnt zu begleiten. Am Ende des Liedes perlt Schweiß über meinen Rücken, und ich sehe Sterne. Benzwi schaut mich drei Sekunden lang prüfend aus Augenschlitzen an. Sein Kommentar: »Laß dir bloß die Haare abschneiden!«

Am nächsten Tag kommt die Nick mit Kurzhaarfrisur. Benzwi lacht sich tot und probt drei Stunden lang mit mir.

Von da an sahen wir uns täglich. Aßen, probten, kochten, lästerten zusammen. Nach vierzehn Tagen Telefonat, ob ich ihn in ein Travestielokal begleiten wolle, in dem er einst als Barpianist gearbeitet habe – dort würde ein siebzigjähriger Transvestit zwischen zwei Hockern Spagat machen, und ich könnte viel davon lernen.

Nach drei Stunden gnadenlosem Nummernprogramm in der Lützower Lampe, deren jüngstes Ensemblemitglied fünfundsechzig Jahre alt ist, entsprechend oft nachgepuderte Nase, da schweißgebadet vom Tränenlachen. Große Dankbarkeit Adam gegenüber, mich hierher gebracht zu haben.

In Champagnerseligkeit setzen sich die Künstler zu uns an den Tisch, was zur Sprache bringt, daß ich Schülerin Adams bin.

He plays hard for the money: Adam, mein Entdecker.

Daraufhin werde ich genötigt, mich ans Mikro zu stellen und eine Kostprobe zu geben, das heißt, das einzige Chanson meines Repertoires zum Vortrag zu bringen. Vor Leuten. Circa sechs Zuschauer sind noch da. Adam zwingt mich.

Ich schminke in der Travestiegarderobe, was das Zeug hält und repetiere zwanzigmal die Zeilen. Panische Angst, nicht mehr zu wissen, wie ich heiße. Wie schreibt man Lampenfieber?

Nick wankt zum Mikro. Loch. Keine Erinnerung. Ich sehe nur Lichter, höre Klaviergehämmer und von irgendwoher eine hohe, schrille, gequälte Stimme. Nach zehn Sekunden, scheint mir, schon gnädiger Applaus.

Am Tresen eine Transe, die kreischend in die Knie geht. In der Garderobe Karmeen, die Gründerin der legendären Lützower Lampe, die zehnmal mit heiserer Stimme schreit: »Wie Blandine Ebinger, wie Blandine Ebinger!«

Ich denke: »Sollte es mich wirklich schon einmal gegeben haben?«

Dann fragte man mich, ob ich jeden Freitag und Samstag dieses Chanson vortragen wolle, ich bekäme siebzig Mark dafür. Aber ich solle mir mehr Repertoire aneignen, denn eigentlich müsse man für die Abendgage neun Lieder vortragen. Ich verspreche, jede Woche ein Lied mehr zu singen.

Die Nick schwebt auf Wolken heim und verharrt in innigster Umarmung mit ihrem Entdecker Stirn an Stirn vor der Haustür. Abschließend haucht dieser einen Kuß auf ihre Wange. Da wird ihr heiß, und ihre Knie werden weich. Nach sehr langer Zeit ein Silberstreifen am Horizont. Gott sei Dank hat Benzwi einen Freund, sonst wäre die Nick unter der Last ihrer Fortune zusammengebrochen, da lange schon aus dem Training für derartige Attacken aus dem Füllhorn des Glücks.

Und das war der Anfang der Story mit Adam.

14 Von Praunheim nix

Selten habe ich einen reizenderen Mann kennengelernt als Rosa von Praunheim. Da ich sowieso die ganze Zeit am Set von »Neurosia« war, um Désirée ihren Text beizubringen – ein 24-Stunden-Job, den das Arbeitsamt sich mittlerweile weigert zu vermitteln –, bot er mir gleich eine Rolle an. Einige Tage nach dem Dreh kam er zu mir, bedankte sich noch einmal für die Zusammenarbeit und äußerte seine Begeisterung darüber, wie schön die Szene geraten sei. Ich sagte ihm, ich sei deshalb so brillant gewesen, weil ich so viele Bücher über Jayne Mansfield gelesen habe und sehr vertraut bin mit Schauspieltechnik. In der Szene mußte ich zu Désirée sagen: »Ach, laß mich doch in Ruhe!«, und ich tat das mit einer inneren Spannung und Vulkanqualität, die Bette Davis alle Ehre gemacht hätte. Außerdem sah ich aus wie Romy Schneider in den frühen Siebzigern.

Désirée hat seitdem nicht mehr mit mir geredet und hat mich gestern erst weit nach Mittag aus dem Keller gelassen, und das auch nur, weil sie ohne mein Text-Coaching aufgeschmissen ist. Endlich erkennt sie meinen Wert.

Weiter, immer weiter auf dem Weg zum Ruhm, Fehltritt für Fehltritt, sagte ich mir und schrieb Rosa von Praunheim eine Karte, denn in der Lützower Lampe war er kein Unbekannter, weil er, wie viele andere auch, sich jahrelang von Madame Karmeens geriatrischen Tanzphantasien hat inspirieren lassen.

Nachdem ich so manches Wochenende, an dem nur drei

Gäste kamen (verteilt auf Samstag und Sonntag, versteht sich), mit meinen Kolleginnen am Tresen verquatscht hatte, bedrängten mich diese, es doch mal bei Praunheim zu versuchen. Er rief auch prompt zurück und traf sich mit mir in der Beau-Bar, dem Café im Hause Lotti Hubers.

Als er mich sah, wäre er am liebsten gleich wieder umgekehrt, doch flugs stellte ich mich ihm vor, und so mußte er sich wohl oder übel mit mir abgeben. Während er herumfloskelte, wanderten seine Augen überall umher, ohne mich auch nur einmal zu fixieren. Meistens blickte er auf die Straße, während er redete, und knetete in seinen Händen dabei die Perlen eines arabischen Rosenkranzes. Was das nun wieder sollte?! Er riet mir, in einen anderen Beruf zu gehen – die Branche sei eh nichts für mich, ich wäre ja ganz nett, aber langweilig. Heutzutage müsse man schon was ganz besonders Spektakuläres sein, um sich durchzusetzen, und bestimmt würde ich glücklicher werden, wenn ich es in meinem alten Beruf als Religionslehrerin noch mal probierte.

Das »Date« des Stars mit seinem »Entdecker« währte zehn Minuten. Dann war Gott sei Dank seine Cola ausgetrunken und meine Kaffeetasse leer. Abschließend mokierte er sich noch, daß ich Pelz trug – mein schwarzer Mantel hatte einen Silberfuchskragen – und er faselte etwas von toten Tieren.

Ich sagte: »Lieber nackt als im Pelz? Wo haste denn das her?? Ich sag, lieber im Pelz als Eissterne im Schritt!« Praunheim lachte nicht. Ich gab dem Affen Zucker: »Also, ich kann mir nicht helfen, Herr von Praunheim, aber mir steht alles, was totgeschlagen sein will.«

Er streifte sich seine Lederjacke über und meinte, von Menschen seines Umfelds verlange er in erster Linie political correctness.

Fast fühlte ich mich auf der Bühne, so sehr provozierte er mich zu extemporieren. »Hör mal zu, du kleines Genie – das sind

Ratten, böse, kleine, unverschämte Nagetiere. Haste mal den stechenden Blick von denen gesehen? Da will man doch glatt zuschlagen! Die wolln das doch so – geben keine Ruhe, bis man sie nicht an die Wand geklatscht hat!«

Praunheim stand verzweifelnd am Straßenrand, lief rückwärts und harrte eines herbeizuwinkenden Taxis.

Ich rief ihm hinterher: »Is doch 'n schöner Lebensabend – in Monte Carlo als Pelzmantel spazierengetragen zu werden, von allen bewundert und beneidet – auf Du und Du mit dem Gucci-Täschchen. Wo die überall rumkommen: Gstaad, St. Moritz, Aspen – da warst du noch nicht, weil du warst ja nur, wo Cruising-Parks sind – es gibt aber auf der Welt noch was anderes. Schwul zu sein ist schon lange nicht mehr abendfüllend, Herr von Praunheim – da gehört heutzutage mehr dazu! Ich trage auch schwer an meiner Perlenkette, meinste etwa, das macht mir Spaß? Man kann eben nicht alles haben. Als Pelzmantel wirste wenigstens den ganzen Sommer lang in Ruhe gelassen – wer macht denn schon 'n dreiviertel Jahr lang Urlaub in seinem closet?«

Das Verhallen meiner Worte begleitete ihn, als er in die Taxe sprang. Tiefenttäuscht ging ich nach Hause und mit mir ins Gericht, ob der große Künstler und Wegbereiter eines ganzen Genres nicht etwa doch die Wahrheit gesprochen hatte – bestimmt würde sich ein so erfolgreicher Mann nicht irren, wenn es um junge Talente ging.

Trotzdem klapperte ich ein paar Gesangslehrer ab und nahm Sprechunterricht – jetzt, wo ich mit meinen 560 Mark im Monat plötzlich reich war, konnte ich das ja. Die Schauspiellehrerin Ada Hecht animierte mich, es doch mal bei Wölffers zu versuchen, den Theatermagnaten Berlins, die den Karren der deutschen Boulevardmafia ziehen. Wer sich da unbeliebt macht, hat es sich gleich mit acht Theatern verscherzt... Also mir kann es mittlerweile egal sein, weil – ich kann ja was und mache an einem Abend dreimal soviel Kohle wie Harald Juhnke dort als Spitzengage bekommt. Damals jedoch waren die Wölffers für mich die Herrscher aller Reußen. Ich dachte, ich bräuchte die Gunst dieser Menschen, um etwas zu werden. Ich bekam sie nicht, die Gunst dieser erfahrenen Theaterprinzipalen, die niemals irren. Nachdem ich circa zehnmal geschrieben und sechsmal angemahnt hatte, merkten sie wohl, daß sie es mit einer Hartnäckigen zu tun hatten, also gewährten sie mir die Ehre eines Vorsprechens. Wolfgang Spiehr saß auch dabei. Als ich fertig war, lautete das Urteil: Ja, viel Schönes dabei, aber was sollen wir mit Ihnen anfangen? Mein Vorschlag lautete, mich in einer Rolle zu besetzen – nun, es fehlte den Herren an Phantasie, sich das vorzustellen, und ich, schon geübt in der inneren Haltung, nichts mehr verlieren zu können, erwähnte, daß ich in der Lützower Lampe als Diseuse schon ganze fünf Fans habe. Für mich Beweis genug, eine große Karriere vor mir zu haben – na, und als ich dann gar zwölf Fans hatte, gab es ja kein Halten mehr.

Meine Gesangslehrerin, Wolfgang Spiehrs Schwester, fand Gefallen an meinem beseelten Gequieke und animierte ihren Bruder, mich doch einmal anzusehen. Also sagten sich die beiden Herren tatsächlich an, und seine damalige Verlobte und heutige Gattin Christine Schild brachte Jürgen Wölffer auch noch mit.

Wenn in der Lützower Lampe mal zehn Gäste waren, dann brummte der Laden. Dann gab es auch volles Programm – obwohl die Regeln dieses Etablissements täglich neu erfunden wurden, je nachdem wie die traurige Handvoll Gäste konsumierte, wie sie sich neppen ließ und vor allem – wie die Laune der Tresenschlampe Peter war. Eine Adlernasentrine von zwei Metern mit Bo-Derek-Zöpfchenperücke, immermatter Chicogo-Maquillage, stechendem Nagetierblick, goldenen Pumphosen und Western-Boots. Er war übrigens auch derjenige, der mich eines Tages rausschmiß, weil er seinen Lippenstift nicht finden konnte und ich mich prinzipiell weigerte, meine Tasche aufzumachen, da man sich als Unschuldsengel nicht rechtfertigen muß.

»Nur in Anwesenheit der Polizei«, erboste ich mich und hatte auch schon über den Tresen gegriffen und 110 gewählt.

Peter floß nach einem Tobsuchtsanfall weißer Ausfluß aus der Nase, als gutgebaute Polizisten knüppelschwenkend die Lampe stürmten und meine Unschuld feststellten. Vor Wut pinkelte er sich in die selbstgenähte Pumphose.

Von einer Anzeige wegen Beleidigung, Verleumdung und Verletzung meiner Persönlichkeitsrechte sah ich gnädig ab.*

Frau Nick wollte sich also im besten Licht präsentieren und trommelte gemeinsam mit Adam Benzwi alles zusammen, was an treuen Gesangsschülern und jungen Theatereleven Beine hat. Dazu noch ein paar schwule Nachbarn, und die Lützower Lampe erlebte publikumsmäßig den Zenit ihrer Laufbahn. Ich, die ich alles arrangiert hatte, reservierte den besten Tisch für die Theaterprominenz. Die kam auch tatsächlich, und ich saß frierend und mit klappernden Zähnen in der Garderobe.

---

* Etwas Ähnliches passierte mir im Eldorado des literarisch interessierten Kulturfreaks, Marga Schoellers Bücherstube in Berlin. Auch dort forderte man mich eines Tages auf, meine Tasche zu öffnen, auch dort veranlaßte ich das Einschalten der Kriminalpolizei. Auch dort erwies sich selbstverständlich meine Unschuld, und ich durfte mir als Entschuldigung ein Buch aussuchen. Ich wählte einen 200-Mark-Bildband über John Singer Sargent, und noch heute knirschen die Herrschaften mit den Zähnen, wenn ich den Laden in der Kesebeckstraße betrete. Nach soviel wohlwollender Werbung, liebe Marga Schoeller-Crew, werden Sie es mir verzeihen, wenn ich hier den Wunsch äußere, daß eines Tages eine verarmte Tunte, wahrscheinlich Jerôme Castell, in Ihren Laden kommt, die Hand nach meinem Buch ausstreckt, es sich in die Persianerhandtasche gleiten läßt und dabei nicht erwischt wird... Ich verzichte in diesem Fall gerne auf meine Tantiemen!

Vorm Auftritt mußte ich sogar schnell noch mal brechen. Als ich dann endlich dran kam – man quälte die Herrschaften natürlich mit zwei Stunden Nummernprogramm, damit sie tüchtig nachbestellen mußten, und stellte eine Magnum nach der anderen auf den Tisch –, stolperte ich unerwarteterweise schon beim Auftritt über sie: Man hatte sie am Katzentisch hinterm Flügel plaziert. Am Ehrentisch thronten die Betreiber dieses Puffs persönlich. In drag, versteht sich. Marke: Charleys Tante beim Kölner Rosenmontagsumzug in Muttis schiefgelatschten Pumps.

Nachdem ich knochenklappernd meine drei Lieder absolviert hatte, beobachtete ich im Spiegel, wie Frau Schild zu ihrem Chef und Lover sagte: »E-kel-haft!«

Adam, mein treuer Pianist, belauschte sie, wie sie diskutierten, ob man mir denn nun eine Rolle in »Nunsense« geben solle. Wölffer haderte mit sich, Schild winkte ab und warnte: viel zu groß, der S-Fehler, wie seltsam ich mich überhaupt gebe und – die Nase, wie konnte ich bloß so rumlaufen, gab es denn nicht genügend begabte Chirurgen in der Stadt!

Als ich mich umgezogen hatte, und mich fürs Kommen bedanken wollte, waren die Herrschaften schon verschwunden.

»War woll nix...«, hämte die Tresentusse Peter und funkelte mich mit ihrem Marderblick an.

Fünf Jahre nach meinen Auftritt vor der Creme des Boulevards spielte mir der Zufall in Gestalt Peter Lunds eine Rolle zu und ich brillierte derart, daß Presse und Publikum mir die Füße küßten.

»Désirée Nick spielt den Opernvamp Diana. Dies mit einer 20er-Jahre-Frivolität, die wohl nur die Nick drauf hat. Kostümbildner Gerhard Kropp hat ihren Luxuskörper aufs

Feinste* verhüllt, bzw. enthüllt. Regisseur Jürgen Wölffer hat sie gut im Griff, ihre Komik kommt aus schulterzuckender Trockenheit. Klasse. Da muß sich der Rest des Ensembles schon tüchtig anstrengen.« (B.Z., 24. Juni 1995)

Die Kollegen starrten mich mit großen Augen an und sagten nichts. Schließlich war ich keine Verwandte, gehörte nicht zur Familie – ein Eindringling nur, dem der Zufall eine Rolle zugespielt hatte und der obendrein noch absahnt. Nur Christian Wölffer, der mich auf Tournee entdeckt und seinen Bruder beschworen hatte, mich in die Berliner Inszenierung zu übernehmen, hatte mein Erfolg recht gegeben.
Christine Schild sprach auf der Premierenfeier ihre ersten Worte mit mir. Sie sagte: »Du bist eine Type!«
»Ach, wirklich?« antwortete ich.
Mit ihrer intelligenten Erkenntnis kam sie leider fünf Jahre zu spät. Heute kann ich es mir finanziell gar nicht mehr erlauben, dort aufzutreten, denn unter 30 000 Mark pro Monat komme ich überhaupt nicht mehr über die Runden. Außerdem habe ich mittlerweile einen Kulturanspruch zu erfüllen, und ich würde vor meinem Publikum die künstlerische Glaubwürdigkeit verlieren, wenn ich plötzlich Theater aus der Mottenkiste machte. Da war es ja in Remscheid wenigstens noch skurril! Mein Leben ist zu kurz, um vor siebzig Leuten im Parkett zu spielen. Außerdem haben sich inzwischen die Zeiten ge-

---

* Hier decke ich einen Skandal auf: Sämtliche Kostüme stammten aus meinem Kleiderschrank, wofür man mir an diesem Theater 500 Mark ausbezahlte. Die Kostüme wurden dann einbehalten und mir erst nach Rückzahlung der 500 Mark wieder ausgehändigt. Überflüssig zu erwähnen, daß sie das Fünffache wert waren. Traurig, mit welch verzweifelten Methoden sich dieses arme Theater über Wasser halten muß! Diese kleine Räuberpistole stellt selbst Remscheider Erfahrungen in den Schatten – dort hatte man immerhin professionellen Stolz: Berufsethos eben!

ändert. Die Nick ist up to date und flirtet heuer mit Frank Castorf, einem Christoph Marthaler, Schlingensief oder dem Wiener Burgtheater. Die Wölffers haben mich definitiv verpaßt! Nö, jetzt will ick nich mehr... Den Techniker des Hauses habe ich auch gekostet, und er war es nicht wert – also wat soll ick da noch?

Aber der Pförtner des Theaters am Kurfürstendamm, Herr Schulz, ist süß. Auch so einer von denen, der mit unverbildetem Röntgenblick meine Qualitäten entdeckt hat, lange bevor irgend jemand von der Prominenz ein Auge auf mich warf. Ich merke mir jeden, der mich auf Anhieb gemocht hat, und Wolfgang Schulz gehört definitiv dazu. – Wolfgang, für Dich liegen immer Freikarten für meine Shows bereit! – Daß man von kleinen Leuten immer wieder so angetan sein muß.

Ich erwähne das nicht ohne Grund: Die meisten Menschen sind kleine Leute, und ein Künstler, der von der breiten Masse nicht verstanden wird, muß sich mit einem Dasein als Nachtschattengewächs begnügen. Natürlich braucht man auch dafür Talent, Fleiß und Können – und im avantgardistischen Underground beginnt vieles, was die kommerziellen Stars später für sich adaptieren – zu deutsch: klauen. Bei Malern und Komponisten mag ein Wirkungskreis im verborgenen ja noch zu vertreten sein, aber – genau wie in der Rockmusik – ein Entertainer, der nur im kleinen Kreis funktioniert, ist ein trauriger Anblick. Ein spärlich besetztes Theater ist nun mal Hieronymus-Bosch-Material. Ohne meine Butterfahrtenmuttis im Buntgeblümten aus dem Quelle-Katalog mit Handtasche auf dem Bauch, die sich nachmittags ein Plunderteilchen mit einem Täßchen Bekunis-Tee genehmigt haben, hätte ich keinerlei Inspiration, mir weiterhin den Arsch aufzureißen. Das sind doch die Frauen die genau dasselbe getan haben: für ihre Familien. Frauen, deren Leben zwischen Ehemann, Kindern, Kochrezepten und Arbeitsstelle zu funktionieren hat, die Opfer gebracht und nach Sonderangeboten gefahndet haben, die nebenbei eine Putzstelle annehmen, damit das Kind zum Reitunterricht gehen kann, die einen Kredit aufnehmen, um zu Weihnachten dem Kind den Computer unter den Christbaum stellen zu können, den die anderen Kinder auch haben. Es sind die, die das Licht ausknipsen, wenn sie einen Raum verlassen. Deshalb verbindet mich mit diesen Frauen eine Reihe der gleichen Geheimnisse. Dieses Publikum weiß, wovon ich spreche, wenn ich sage: »Wenn mein Mann abends nach Hause kommt und die Kinder sind noch am Leben, dann habe ich meine Pflicht erfüllt.« Oder: »Aufzuräumen, solang die Kinder klein sind, ist wie Schneeschippen, während es schneit«, und: »Entschuldigen Sie die Unordnung, aber wir leben hier.«

Diesen Frauen habe ich es zu verdanken, daß ich es mir erlauben kann, zur Mutti in der zweiten Reihe, im rosa Angora-Pulli mit Perlenapplikation, zu sagen: »Na Tusnelda, aber untenrum is noch alles okay, oder?!«

Letztendlich funktioniert es wie in einer Monarchie: Wer beim Volk nicht ankommt, wen die breite Masse nicht beschließt zu lieben, der kann leisten und kämpfen, wie er will – der Erfolg als Meister seines Metiers bleibt ihm verwehrt.

Die Allgemeinheit will charismatische Persönlichkeiten. Man muß mehrheitsfähig sein. Dieses Prinzip beweist einmal mehr, daß Politiker, Royalty und Entertainer in derselben Branche tätig sind: Das Volk will unterhalten sein! Panem et circenses... die Welt ist eine Irrenanstalt, und man muß wissen, ob man Insasse oder Wärter ist. Ein Wärter zu sein, der mit den Insassen lacht, ist natürlich das Beste, was einem passieren kann.

Tja, Kinder, bei mir könnt Ihr Euch noch darin üben, Euren Neid zu zügeln! Mir widerfuhr die Gnade, in früher Jugend kein Star zu werden und das große Glück meiner Karriere statt dessen ganz ganz unten beginnen zu dürfen: bei den Zombies der Stadt Remscheid. Wen es als Schauspieler dorthin verschlägt, der lernt als erstes, sich selbst nicht ernstzunehmen.

Nachdem ich auf Knien das Vaterunser vorgesprochen hatte, nahmen mich die Direktoren des Westdeutschen Tourneetheaters strahlend in die Arme, und ich dankte Gott für die Erfindung der Homosexualität, denn was wäre die Welt ohne sie? Sie bestünde aus schlechten Haarschnitten, wenig Musik und null Haute Couture – ich wäre also praktisch gar nicht existent!

Meine Rollenbücher gab man mir gleich mit, und auf der Rückfahrt mit der Bahn lernte ich bereits Text: die Elmire in Molières »Tartuffe«, Frau Brigitte im »Zerbrochenen Krug«, Faust II, Anne Frank, die Julie in »Dantons Tod« und eine Reihe von Fabelwesen, Blumenkindern, Hexen und Feen aus den diversen Kinderstücken. Das Westdeutsche Tourneetheater war Kinder-, Jugend- und Stadttheater zugleich: Hier gab es keine Berührungsängste, und wenn es darauf ankam, dann mußten das Büropersonal, die afghanischen Hiwis und die Tresenstudentin im Statistengewand und mit Faschingsperücke mitwirken. Einen Vergleich mit großen Produktionen scheute man am WTT nicht. Nun, sie waren ja auch seit dreißig Jahren Jubelkritiken und ausverkaufte Vorstellungen gewohnt. Debile Hilfsschüler standen nach den Aufführungen mit Poesiealben Schlange, Rentner schickten Blumensträuße aus dem Supermarkt, und bei Premieren gab es für das geladene Stammpublikum ein Sektchen und belegte Brötchen mit den Künstlern.

Was es heißt, Theaterprobleme dramaturgisch zu lösen und »es zu spielen« anstatt zu diskutieren, das habe ich in Remscheid gelernt: Hier wurden nach urklassischer Schmierenma-

nier noch Szenen »in Briefen zusammengezogen«.* Volksauf-
stände auf Marktplätzen wurden mittels einer einzigen Hand-
puppe dargestellt, und der jugendliche Stift mußte es sich
gefallen lassen, ab und zu vom Direktor eine Schelle zu
kassieren.

Gleich am ersten Tag sagte man mir: »Fang da an, wo wir alle
angefangen haben!« und drückte mir Scheuereimer und Lap-
pen in die Hand, auf daß ich nach Hausfrauenart die Bühnenbretter blankwichse.

Hier wurde noch engagiert, wer einen Frack besaß. Hier
wackelte noch der Rückprospekt, wenn man von der einen
Seite auf die andere rannte, um Jacke und Perücke zu wechseln und als andere Figur mit verstellter Stimme wieder aufzutreten. In letzter Konsequenz bedeutete das, daß am WTT die
Prinzessin im »Gespenst von Canterville« vom vollbärtigen
Requisiteur gelesen wurde, ehe man die Vorstellung ausfallen
ließ, und der war nicht zufällig ein Liliputaner. Von ihm lernte
ich schon am ersten Tag, was man unter »Type-casting« versteht: wenn er den Zwerg in Rumpelstilzchen spielt.

Man hatte ihn extra für die Märchen engagiert, und er, beliebt
bei den Kindern des Umlandes, wenn er sich als kleiner
Elefant, Puck oder Gnom in »Schneeweißchen und Rosenrot«
mitten entzwei riß, fühlte sich als heimlicher Star des Ensembles. Seine Glanzrolle war das Salzfaß in dem Kinderstück
»Das Salzfäßchen, das zurück ins Meer wollte«. Zu seinem
darstellerischen Talent kam seine praktische Ader für alles,
was Bühnentechnik anbelangte: In »Hänsel und Gretel« hat
er in einer Gesamtschule, deren Deckenhöhe zu niedrig war,
die Bäume des Waldes einfach längs auf die Bühne gelegt...

---

* Szenen, die ein zu großes Aufgebot von Schauspielern verlangten oder
  die schlicht kompliziert zu inszenieren waren, wurden gestrichen. Statt
  dessen kam ein Schauspieler auf die Bühne und las aus einem Brief die
  unterschlagenen Ereignisse vor.

Im »Dschungelbuch« tat er dasselbe, nur daß dort das ganze Baumhaus mit in den Ästen hing und der Schauspieler bei seinen Auftritten quer hinein- und hinauskriechen mußte. Als der Intendant zur Vorstellung kam, veranlaßte dieser Anblick den durch dreißig Jahre Schmierenpraxis Gestählten zu nichts weiter als dem Kommentar: »Prima, Kinder, ihr habt das Beste draus gemacht!«

Eine Hardcore-Radikalkur war es für mich als Anfängerin, als ich im grünen Paillettenkostüm der Schlange Kaa mit einem drei Meter langen Schwanz am langen Samstag durch Remscheids Fußgängerzone gehen mußte, um Handzettel fürs »Dschungelbuch« zu verteilen, in Einkaufszentren mit einem Leierkasten Berliner Lieder schmettern mußte und in der Damenunterwäscheabteilung von Karstadt in Strapsen und Corsage »Willkommen, bienvenu, welcome... im WTT, im WTT, im WTT« singen mußte.

Ich vergaß zu erwähnen, daß der Liliput-Star Utz einen metallic-goldenen Mercedes fuhr, stets Zylinder trug und im Tourneebus in den Kindersitz geschnallt wurde. Und man hüte sich, gelacht zu haben! Nein, vom ersten Tag an mußte man so tun, als übersähe man, daß er einszwanzig war, sich wieselflink, doch arg mühsam an Sprossenleitern hochzog, um Scheinwerfer und Prospekte zu richten, affenartig Konstruktionsgestelle erklomm, um in Windeseile Bühnenbilder umzubauen, und ameisengleich schwere Holztische mit einem Arm schleppte. Als er einmal eine Schildkröte darstellte, jubelten ihm die Kinder zu, doch als er die Maske abnahm und sich aufrecht hinstellte, rannten sie schreiend an die Rockzipfel ihrer Mütter.

Ich schlief mal im Büro, mal auf Betten, die in der Requisitenkammer standen, denn da wir ständig unterwegs waren, wollte ich von meinen 1500 Mark Gage nicht 900 Mark für eine Bude zahlen.

Irgendwann zog ich bei meinem Kollegen Jörn Kernbach ein, und wir hausten in einer 20 Quadratmeter kleinen Dachkammer auf alten Matratzen. Früh um halb sechs saßen wir im Bus, spielten um neun »Hänsel und Gretel« in einer Grundschule, mittags »Anne Frank« für die Oberstufe, dann ab zur Weiterfahrt ins Altenheim mit »Arsen und Spitzenhäubchen« und abends schließlich im Stadttheater »richtige Kunst«, zum Beispiel »Macbeth« und »Faust II«.

Wann wir probten? Nachts, nach der vierten Vorstellung.

Wann wir schliefen? In »Anne Frank«, auf der Bühne.

Fünf freie Minuten? Prima, da konnte ich Männerhemden bügeln, Knöpfe annähen, Kostüme flicken und Perücken frisieren.

Wer unkollegial war, hatte an diesem Theater keine Chance.

Eines Tages fing mich einer der Direktoren im Entrée ab, zog mich ins Büro, schob mir einen gnadenlos zusammengestrichenen Faust II rüber, hieß mich auf dem grauen Bürolinoleum niederknien und sprach mir Gretchens Flehen im Dom vor, auf daß ich ihm die Verse nachspräche.

»Gretchen ist genausowenig blond oder brünett, wie Faust ein Mann oder eine Frau ist. Faust oder Gretchen – das ist ein Zustand!«

Nach vier Stunden beklagte ich meine aufgeschubberten Knie und Matthias Clauß lief zur Hochform auf: »Guuuuut! Nimm das mit rein. Was ist schon dieser Schmerz im Vergleich zu Gretchens innerem Zerfall! Weitermachen, weitermachen – flehen, flehen!«

Ich flehte bis kurz vor der Vorstellung und schlüpfte dann in mein Muhme-Rumpelpumpel-Kostüm aus der »Kleinen Hexe«.

Nach der Vorstellung stand Herr Clauß putzmunter in meiner Garderobe und sagte: »So, bis drei Uhr früh gehört die Bühne jetzt uns!«

Jeder unerfahrene Schauspieler sucht sich »Krücken«, und ich hatte die Angewohnheit, viel herumzufuchteln, mit Händen und Füßen zu sprechen und zwischendurch mal eben schnell einen kecken Tänzerinnenfuß zu zeigen.

»Leg dich auf den Rücken, Hände unter den Po – und erzähl mir jetzt den Text.«

Nachts um zwei hieß es: »Jetzt stell dich hin, Füße zusammen, Hände hinter dem Rücken verschränken und sende die Worte in den zweiten Rang!« Toll – wir befanden uns in einem Hundert-Plätze-Theater. »Spiel mir den Rang! Wo ist der Rang? Ich sehe den dritten Rang nicht!«

Als ich ihm um drei Uhr drohte, ich würde den Tierschutzverein holen, verabschiedete er sich mit: »Hach – ich könnte proben bis früh um acht!«

Tja, an jedem Theater gibt es jemanden, der immer noch fleißiger ist, als man selbst – und sofort kommt man sich entsetzlich faul vor.

Als ich – lange bevor von Heike Makatsch die Rede war – im Girlie-Look die Premierenfeier betrat, plante man bereits das nächste Projekt mit mir: Ob ich nicht Lust hätte, einen eigenen Abend zu geben – mit Liedern, Texten, Conférencen…

Was ich denn da zwei Stunden lang machen sollte, fragte ich Matthias Clauß.

»Ach, probier einfach deine Klamotten durch und find nix anzuziehen.«

Am Montag schickte er die Pressemitteilung raus: »Désirée Nick jetzt mit Solo-Show.« Während wir mit »Hänsel und Gretel« über Land zogen, schrieb ich auf Autobahnraststätten und im Tourneebus mein allererstes Programm »Intime Memoiren einer Souffleuse«. Musikalischer Leiter und Pianist: Adam Benzwi.

Meine Lützower-Lampe-erprobten Chansons setzte ich in

eine Rahmenhandlung, die die Träume und Theaterphanta-
sien einer Souffleuse facettenreich bespiegelt. Was sie in
ihrem Leben hätte erreichen können, wäre vieles besser gelau-
fen, das würden knallende Showeinlagen sein. Dem stellte ich
melodramatische Monologe »aus dem Kasten« gegenüber.
Wir probten die Musik per Telefon und zwei Tage vor der
Premiere das erste Mal vor Ort. Kurz bevor die Show schließlich mit halbstündiger Verspätung begann, meinte der Ver-
waltungsdirektor: »Wahrscheinlich hatt se sich inner Gardro-
be uffjehängt...«
Nervenzusammenbrüche, Lampenfieber usw. überspringe ich
jetzt und serviere gleich den Jubel der Provinzpresse:

»Zuallererst ist die Berlinerin ein ausgesprochen komisches
Talent, das die ulkigsten Situationen meistert, mit einem
unnachahmlichen Mienenspiel das Publikum zum
Schmunzeln und Lachen bringt, sich allerdings vor platten
Übertreibungen hüten sollte. Mit ihren langen gutgewach-
senen Beinen und ihrer gründlichen Tanzausbildung ist sie
für die Träume der Souffleuse geradezu prädestiniert. In
tolle Roben der zwanziger Jahre gehüllt, die auch viel
enthüllen, zaubert Désirée Nick Glanz und Glitter, Glim-
mer und Glamour der Golden Twenties, ist sie von Beruf
ganz Dame, Tingeltangel-Mieze, Vamp und auch ein bißchen Marlene Dietrich. Vor allem aber präsentiert sich die
WTT-Schauspielerin als hervorragende Diseuse, die auch
ihre Songs von Hollaender, Nelson, Benatzky und Abra-
ham gut über die Rampe bringt.«

(Remscheider Generalanzeiger)

»Désirée Nick stellt die Wandlung der unscheinbaren,
frustrierten Souffleuse in den großen Theaterstar glaubhaft
dar. Sie überzeugt durch ihre künstlerische Bandbreite. Die

laszive Striptease-Tänzerin kommt ebenso rüber wie die tolpatschige Nachwuchskünstlerin. Unterstützt durch eine aufwendige Garderobe, ein bemerkenswertes Mienenspiel und durch den fabelhaften Adam Benzwi zog Désirée Nick die Zuschauer in den Bann.«

(Bergisches Tagblatt)

Diese Show habe ich sage und schreibe zweimal gespielt. Am Freitag, dem 23., und Samstag, dem 24. Februar 1992. Das Publikum schwebte zwischen Gänsehaut, Amüsement und Begeisterung.

Niemand in Berlin wollte dieses Programm haben, obwohl ich bis zum Abwinken damit hausieren ging. Eines Tages – sagen wir, nachdem ich mir den Deutschen Kulturpreis abgeholt habe – werde ich dieses Frühwerk zum Besten geben, das mit lapidarer Wucht, ohne jeglichen Wortballast, die komplizierten Sehnsüchte der Menschen thematisiert – und in jeder Phase des packenden Geschehens unterhaltsam bleibt.

So wurde ich also am Westdeutschen Tourneetheater in vielerlei Hinsicht geboren und verstehe mich seither als lebendiges Beweismaterial dafür, was eine Schmiere hervorzubringen vermag.

Mein Perfektionismus läßt mich leider auch jeden Fauxpas brillanter absolvieren als es das Mittelmaß erlaubt. So offenbare ich mein frevelhaftestes Theaterverbrechen, meine Standardanekdote, die bislang noch jede Busfahrt gerettet hat.

Es war Adventszeit, und wir tourten mit »Hänsel und Gretel« bis zum Erbrechen. In Remscheid selbst bespielten wir nicht nur das kleinere Studiotheater in der Bismarckstraße, sondern auch das große Stadttheater. Wie üblich begab ich mich gegen 15 Uhr zum Studio, um pünktlich zur 16-Uhr-Vorstellung zu kommen. Mein Part war der der Mutter. Als gegen 15.30 Uhr das Portal noch immer verschlossen war, übertraf ich mich selber mit der klugen Schlußfolgerung, daß demnach Vorstellung erst um 20 Uhr ist – was um Weihnachten herum bei Märchen durchaus üblich war. Prima, dachte ich – da geh ich jetzt erst mal schön Kaffeetrinken und anschließend in die Sauna.

Gegen 18 Uhr machte ich mich auf den Weg zum Theater und wunderte mich über die vielen Familien, die mir vom Stadttheater entgegenströmten. Ausnahmsweise mal gar nicht neugierig, was man dort gegeben hatte, ging die eifrige Schauspielerin schnurstracks zur Vorstellung ins Studio. Dort lag alles im Dunkeln, wie schon Stunden zuvor. Wie auf Eiern und im Zeitlupentempo ertastete ich den Weg zum Aushang des Spielplans und las: »16 Uhr: *Hänsel und Gretel* im Stadttheater«.

Das Blut gefror mir in den Adern. Mein erster Gedanke war, in ein Auto zu rennen, damit man mich ins Krankenhaus brachte und ich eine vernünftige Entschuldigung hätte. Doch halt – die Uhrzeit würde den Schwindel auffliegen lassen. Wohl oder übel mußte ich mich an den Ort des kulturellen Geschehens begeben.

Als ich das Stadttheater erreichte, hingen die Kollegen schon am Fenster, der Pförtner rannte mir entgegen, und die Kriminalpolizei leuchtete das Geschehen mit Blaulicht aus.

Unter Tohuwabohu begleiteten mich Bühnenarbeiter und Kantinenpersonal in die Intendanz, doch Jaschi Jaschinski fing mich schon auf halbem Wege ab. Bevor ich auch nur Luft holen konnte, brüllte er: »Sag jetzt nichts! Kein Wort will ich hören!!« schob mich hinter die Bühne in den Sanitätsraum, wo auf einer Bahre Gretel in Kostüm und Maske lag und von der Feuerwehr künstlich beatmet wurde. »DAS«, schrie Herr Jaschinski mit hochrotem Kopf, »das ist deine Schuld!«

Ich stampfte dreimal auf und kreischte zurück: »Lüge! Lüge! Lüge!« denn ich wußte, daß Gretel Asthmatikerin war und einen grippalen Infekt hatte. Jaschinski hatte noch das riesige Kopftuch auf, das zu meinem Kostüm gehörte, denn er war für mich eingesprungen und hatte meine Rolle mit verstellter Stimme aufgesagt. Wie mir von allen Seiten bestätigt wurde, war auch der »Vater«, Johannes Adler, über sich selbst hinausgewachsen, denn Jaschi spielte in dem Stück noch einen Bauern, so daß der Vater zu improvisieren hatte, wenn eine Szene vorkam, in der alle drei Charaktere auf der Bühne zu sein hatten. Nach dem Motto: »Ach – welch ein Elend – nun liegt Mutter auch noch krank im Bett!« Alle waren gefordert, noch aus den letzten Reserven ihres Talents zu schöpfen.

Doch mit diesen Einzelschicksalen konnte ich mich nicht aufhalten, denn in der Kantine warteten bereits die Journalisten auf mich. Schließlich hatte ich prima Stoff für den Lokalteil geliefert und die Theaterchronik mit noch nie dagewesenem bereichert. Ich holte mir einen Kakao und gab, umgeben von drei Redakteuren, im Blitzlichtgewitter auch noch Presse-Interviews über eine Aufführung, in der ich gar nicht gespielt hatte. Als Jaschinski dazustieß, bekam er einen epileptischen Anfall und mußte mit Schaum vorm Mund von der praktischerweise schon anwesenden Feuerwehr abtransportiert werden. Das war diese Geschichte. Und die nächste ist meine Lieblingsanekdote aus all den Jahren Theater:

In unserem Repertoire gab es eine Luxusproduktion von »Heidi«, bei der das Theater nicht davor zurückschreckte, mit zwei lebenden Ziegen auf Tournee zu gehen. Allein schon die angebundenen Viecher backstage ertragen zu müssen, mit ihrem unnötigen Lampenfieber und den sie hoffnungslos überfordernden Sprachübungen, hatte zur Folge, daß ich mit Stolz behaupten kann, kein Herz für Tiere zu haben. Ziegen sind nun mal unbegabtes Pack. Unsere beiden Direktoren hatten den Liliputaner dazu verdonnert, im Hof einen Verschlag mit Heu und Stroh anzulegen, und ihm abverlangt, von heute auf morgen nebenbei auch noch zum Tierpfleger zu werden.

Einmal hatte er die Tiere an den Campingtisch mit der Kaffeemaschine angebunden, um sie unter Kontrolle zu behalten, und sie rannten auf die Straße, den scheppernd donnernden Tisch, den sie polternd hinter sich herzerrten, stumpfsinnig ignorierend – ein Bild für die Götter, als Utz ihnen mit einem Riesenschmetterlingsnetz hinterherjagte, um sie wieder einzufangen...

Die blöden Gänse verfügten nur über ein einziges Mittel, sich künstlerisch einzubringen: nämlich, wenn sie auf offener Bühne anfingen zu scheißen und kreischende Kinder auf ihren Sitzen auf und ab hopsen ließen.

Es war Ende August, Beginn der Spielzeit, und bei 36 Grad kutschierten wir in irgendeine Kiesgrube, um dort vor einem Ferienlagerpublikum aufzutreten. Utz hatte die hinteren Reihen des Tourneebusses herausmontiert und mit Maschendraht eine Absperrung für die Ziegen installiert – nicht, daß der geneigte Leser etwa meint, wir hätten einen extra Tiertransporter dabei gehabt... Beim Fahren bekamen es die Ungeheuer mit der Angst zu tun und urinierten, daß es bestialisch stank.

Während nun die Schauspieler im Grünen Rast machten, dachte sich der kleine Utz, in der Hitze des Busses bekämen die Kühe sicher einen Herzkasper. So wollte er ihnen einmal im Leben etwas Gutes tun und führte sie an ihren Stricken über liebliches Gelände zu einem schattigen Hügel, wo er sie an einen Zaun anband – so richtig feste, damit sie bloß nicht weglaufen konnten, waren sie ihm doch schon einmal entwischt. Dann gingen wir alle Eis essen.

Als Utz die Ziegen abholen wollte, war weit und breit nichts zu sehen. Doch hatte er nicht falsch kalkuliert, denn weggelaufen waren sie nicht. Aber wo waren sie dann? Der kluge

Leser ahnt längst, was geschehen war: Sie fraßen sich im grünen Gras vor, rutschten auf dem schotterigen Abhang aus, stürzten in die Tiefe und strangulierten sich dabei selbst. Alle beide. Mit giraffenlangen Hälsen hingen sie in der Böschung – ein Bild des Jammers, der Inhalt ihrer unersättlichen sieben Mägen zu einer einzigen ballonartigen Riesenkugel ins aufgeblähte Gedärm gerutscht. Gar nicht schön!

Utz wußte, daß Jaschi ihm den Kopf abreißen würde, wenn den Ziegen etwas passierte, also nahm er ein Taschenmesser, schnitt die Stricke durch, und die Biester krachten donnernd zu Tal. Der Intendanz erzählte er, sie hätten sich aus dem Reisebus befreit und seien abgehauen. Dies war ihm lieber, als das wahre Malheur einzugestehen – denn dann würde man ihn vielleicht zur Strafe in Rumpelstilzchen umbesetzen.

Wieder einmal hieß es »improvisieren«, und von dem Tag an mußten selbstgeschnitzte Styroporziegenköpfe – von Utz hübsch naiv mit Plaka-Farbe bemalt – einspringen und die verstorbenen Staatsschauspieler vertreten.

Wochen später kam ein Brief vom Abdecker (das ist der Mann, der tote Tiere beerdigt). Irgendwer hatte die halbverwesten Kadaver entdeckt und war pfiffig genug, den beschämenden Vorfall zu rekonstruieren. Schließlich hatte die Intendanz am Tag des Unglücks die gesamte Ortschaft mobil gemacht, so daß jeder von den vermißten Tieren wußte.

Am meisten ärgert es mich, daß die verdammten Biester es bis in meine Autobiographie geschafft haben. Und nicht mal als Rezept! Schade: so viele Ziegen – und so wenig Rezepte. Das wär doch mal 'ne Aufgabe für Christiane Herzog! Ich werde schriftlich bei ihr um Rat suchen. Und dann koche ich »Ziegenbock im Schlafrock« bei Bio.

15 Berlin entdeckt auch nix ·

Wenn ich überlege, was ich damals für eine Hochachtung für sie hatte, als ich sie zum erstenmal im Nachtsalon der Bar jeder Vernunft sah... mit ihrem glitzernden Turban und dem waghalsig geschnittenen Abendkleid in Silberlamé – da war sie die Verkörperung all dessen, was ich selbst sein wollte. Und dann versprach sie mir eine Kopie des Kostüms – die ich selbstverständlich nie bekam – und headhuntete mich als ihren Personal Assistant. Jetzt ist von all dem Glamour, der mich einst so faszinierte, nichts mehr geblieben.

Als ich aus Remscheid zurückkam, knöpfte ich mir als erstes die Untermieterin vor, die seit zehn Jahren in meiner Wohnung lebte, nie Miete gezahlt hatte, inzwischen längst zu ihrem Freund gezogen war, und, da mit zwei außerehelichen Kindern beschenkt, absolut unkündbar war. Daß man sich sein Recht erkauft, auch das mußte ich lernen. Schon nach meinen schriftlichen Ankündigungen stellte sich die junge Akademikerin so zickig an, daß ich Böses ahnte. Juristisch klärte man mich auf, daß niemand, der eine Wohnung angemietet habe, verpflichtet sei, diese auch zu bewohnen, und die Dame könne bleiben, wo sie wünsche. Durch den langen Untermietvertrag, den sie habe, bestünde eine Kündigungsfrist von drei Jahren, die sich aber verlängere, weil sie als Alleinerziehende mit zwei unehelichen Kindern schwer gebeutelt... blablabla – mir kamen die Tränen. Also rief ich im Asyl an. Dort erfuhr ich, daß sich Obdachlose erst mal auf eine Warteliste setzen lassen müssen und vorläufig alles total ausgebucht sei. So zog ich bei meinem Busenfreund Adam ein, um von dort aus meinen Überlebenskampf in Angriff zu nehmen.

Im Rausch der Wiedervereinigung sprossen in Berlin Cabarets und Varietés aus dem Boden, und ich nahm mir vor, sie alle abzuklappern. Nun war ich ja wenigstens keine blutige Anfängerin mehr.

Das »Chamäleon«, die »Berliner Kabarett-Anstalt«, der »Wintergarten«, das »Unart«, die »Stachelschweine« und das mittlerweile pleite gegangene »Kama-Theater« standen auf meiner Bewerbungsliste. Überall verlangte man Unmengen von Material: Videokassetten, Musikaufnahmen, Kritiken, Lebenslauf, Fotos. Nachdem ich bemerkt hatte, daß die Korrespondenz mit den Veranstaltern damit endete, daß mein Material im Papierkorb verschwand, stand ich fortan selber auf der Matte. Direktoren mit dreckigen Fingernägeln und ungewaschenen Haaren schüttelten bekifften Blicks die Köpfe.

Enttäuscht darüber, daß mich in meiner geliebten Heimatstadt keiner auf die Bühne ließ, zog ich gesenkten Haupts von dannen. Mit dem Manuskript meiner Try-Out-Show »Intime Memoiren einer Souffleuse« klopfte ich erneut bei den Wölffer-Bühnen an, um es dem Werkstattheater, welches der avantgardistisch-aufgeschlossene Sohn Martin todesmutig betreibt, anzubieten. Auch hier eine Abfuhr. Noch heute schmoren meine frühen Programme als ungelesene Manuskriptseiten in den Schreibtischen dieser Kulturtempel. Ebensowenig Erfolg hatte ich bei Berliner Kultursponsoren, die sich Künstlern annehmen, »die es wert sind« gefördert zu werden. Immerhin schickten diese meine Unterlagen an mich zurück. Das können weder Jürgen Müller, noch André Heller oder das

Kama-Theater von sich behaupten. Gott sei Dank muß ich mich bei diesen Institutionen für nichts bedanken. Denn durch deren Ignoranz und ihr mangelndes Gespür für Zeitgeist stehe ich heute in niemandes Schuld und kann mit gutem Gewissen behaupten, mich selbst entdeckt zu haben. Die einzige Person, der Désirée Nick ihre Karriere zu verdanken hat, heißt Désirée Nick.

Das peinlichste Melodram aber lieferte mir die selbsternannte Brutstätte deutscher Kleinkunststars, die berühmte Stammkneipe Berliner Kulturheroen – die »Bar jeder Vernunft«. Wem die sich hier versammelnde Kulturmafia nicht ihren Segen erteilt, der ist zum Tode verurteilt und kann nur noch das Metier wechseln. Hier wird, was Nachwuchs und Karrieren betrifft, die Spreu vom Weizen getrennt.

Ein charmantes Bürschlein namens Lutz Deisinger war begeistert von mir und meinem Stück, lud mich zu sich aufs Land ein, wo wir uns tagelang gegenseitig begeisterten, und gab mir hilfreiche Tips, wie ich an meiner Karriere zu basteln habe. Er engagierte mich auch für den damals noch legendären »Nachtsalon«, in dem angehende Künstler für einen Apfel und ein faules Ei (gekocht im in der Filmszene renommierten Restaurant Florian) auftraten und bis in die Früh hundertprozentiges Entertainment lieferten. Meret Becker, Cora Frost und die Geschwister Pfister zählen zu den Künstlern, die ihre Karriere dort begannen.

Herr Deisinger empfahl mir, Hollaender vorzutragen – welch wagemutige Idee –, wohl aus Angst, sein Stammpublikum sei mit dem, was mich später berühmt machte, überfordert. Die Bar jeder Vernunft ist eben doch für die Kultur nur das, was »Malen nach Zahlen« für die bildende Kunst ist.

Zu mehr als einer Handvoll Auftritten im Nachtsalon kam es nicht – die Herren Deisinger und Klotzbach amüsierten sich privat zwar prächtig über meinen Witz, aber sie betrachteten mich als Nobody und hatten Spaß daran, mich auch so zu behandeln. Auf meine Anfrage, wie es denn um einen Auftritt mit meiner kompletten Show im Hauptabendprogramm stünde, reagierte Herr Deisinger erzürnt: »Ja, was denkst du denn eigentlich, wer du bist – singst zwei-, dreimal im Nachtsalon und glaubst, es reicht für eine Show in der Bar jeder Vernunft?! Das Programm hier mache *ich*«, keifte er weiter, »und *ich* entscheide, wer wann und wie in diesem Theater auftritt!« Die künstlerische Reife, einen erfolgreichen Auftritt zu absolvieren, sprach er mir ab – nicht zuletzt deshalb, weil ich auf seine gutgemeinten fachmännischen Ratschläge* nicht einging.

Weder war ich bereit, als kleine Lolita »Paff, den Zauberdrachen« zu geben und so manchen intellektuellen Päderasten im Publikum zur Ekstase zu bringen, noch schien es mir erstrebenswert, mich im Alkoholrausch auf die Bühnenbretter zu werfen und Gläser ins Publikum zu schmeißen.** Fazit: Ich galt als nicht einsichtig und größenwahnsinnig – der aufgehende Stern des deutschen Entertainmenthimmels ließ sich nicht von Zirkusdirektoren, Dilettanten und Möchtegern-Mäzenen ins Handwerk pfuschen und mied Belehrungen durch Personen, die sein Potential nicht erkannten.

Zur Strafe erlaube ich es der Bar jeder Vernunft heute nicht, mit meinen »platten Zoten« den großen Reibach zu machen. Im übrigen trete ich lieber in Theatern als in Zelten auf.

Damals wußte ich noch nicht, daß der *Tip* nach meinem ersten Soloprogramm, der Berliner Erfolgsshow »Eine Frau wird erst schön durch die Liebe«, schreiben würde: »Désirée Nick ist Kult. Wer diese Show nicht gesehen hat, lebt um zu

---

* Abgebrochenes Studium der Theaterwissenschaft und Gelegenheitsschauspieler in künstlerisch anspruchsvollen Fernsehspielen

** Wobei dieses Verhalten bei einem um fünf Uhr morgens recht apathischen Publikum durchaus entschuldbar ist, Cora.

218

bedauern.« Diese beiden Sätze waren Garant für endlos ausverkaufte Vorstellungen. Lutz Deisingers Wutgebrüll, als er die einhellige Begeisterung der Presse vernahm, hörte ich bis in die Kellergewölbe des Zosch in Berlin-Mitte. Seitdem gibt es in der Hauptstadt einen Mann, dem der Schaum aus dem Mund tropft, wenn er meinen Namen hört. Danke Lutz – auch so was gehört ins Leben einer Diva – and that part is yours!

Désirée hat heute schon wieder gesagt, daß aus der Bar jeder Vernunft nur Scheiße kommt. Vergißt sie, daß sie mich dort im Kassenhäuschen kennengelernt hat, oder will sie mich absichtlich verletzen? Und muß ich ihr immer noch dafür dankbar sein, daß sie mich von dort gerettet hat? Zugegeben, ohne sie würde ich wohl heute noch für die Chefs Kaffee kochen und für den Nachtwächter einspringen, wenn der mal wieder kündigt, wegen der schlechten Bezahlung und weil er nicht einsieht, die Putzarbeiten zu machen. Und die gute Hausmannskost bei Désirées Mutter ist immer noch um Längen besser als die faden Nudeln in der Bar jeder Vernunft.
Andererseits – wenn ich dort nicht eine so gute Schule gehabt hätte, wäre ich gar nicht imstande, Désirée zu ertragen. Das bedrückende Arbeitsklima, die ständigen Wutausbrüche Klotzbachs und der kreative Psychoterror Deisingers waren jedenfalls eine gute Vorbereitung für die Arbeit mit der Nick.
Besser für eine Diva zu arbeiten als für zwei, und was soll's – Désirée ist wenigstens keine Grabscherin.

Als die Bar dereinst ihr Todesurteil über mich aussprach, besaß ich kein Fünkchen jener Souveränität, die sich mittlerweile eingestellt hat. Aber dieses Mal reichten die Reserven nicht mehr aus, um Trauer oder Enttäuschung zu empfinden, nein! Ich kam nach Hause mit eiskalter Wut im Bauch.

Adam Benzwi mit seiner Mutter.

Um mein Elend zu vervollständigen, zog bei Adam auch noch ein neuer Lebensgefährte ein. Wenn man in einer Dachmansarde eine Woche lang zu dritt das Bad geteilt, gefrühstückt, und sich auf den Füßen herumgelatscht hat, schleifen sich die Nettigkeiten sehr schnell ab. Die Krönung meiner prekären Gesamtlage war erreicht, als mir beim Färben auch noch die Haare abbrachen. Da beschloß ich, mich vom Leben nicht länger verarschen zu lassen. *Finally.*

Ohne jegliche Sentimentalität wechselte ich von heute auf morgen die Mittel, derer ich mich bis dato bedient hatte. Ich marschierte zum Schlüsseldienst, ließ meine besetzte Wohnung aufbrechen, packte emotionslos die Habseligkeiten meiner Untermieterin in Kartons, stapelte diese im Hausflur und ließ ein neues Schloß einbauen. Wie sollte es auch anders sein – bereits tags darauf stand sie mit ihren schreienden Kindern im Treppenhaus, zückte ihr Handy, zitierte Verstärkung herbei, um die Tür einzutreten und mich niederzuschlagen: Das waren Herr Dr. Galle und Frau Dr. Inka Bach. Ich ging zur Polizei, um Anzeige wegen Körperverletzung zu erstatten, aber man behielt mich gleich als Einbrecherin da. Daß es meine eigene Wohnung war, tat überhaupt nichts zur Sache. Ich hatte Unrecht und per einstweiliger Verfügung sofort das Quartier zu räumen, andernfalls würde man mich verhaften.

Nach zwei Tagen zog ich also wieder bei Adam ein und servierte den beiden Turteltauben brav das Frühstück. Ich bemühte mich um Haushaltsführung und lernte von zwei Junggesellen mit exquisiten Geschmacksnerven nicht nur das Kochen, sondern auch, wie oft am Tag man Sex haben kann. Hin und wieder kam Adam aus dem Schlafzimmer, um mir schnell eine Gesangsstunde zu geben. Wahrscheinlich tankte er so die Kraft, sich wieder der anderen Betätigung widmen zu können.

Im Zuge meines Gerichtsverfahrens wurde mir ein Vergleich

angeboten: Für 20 000 Mark an die Klägerin würde sie mich sofort mein Domizil beziehen lassen. Ich unterzeichnete, obwohl ich keinen Pfennig Geld besaß. Es war Notwehr. Zwar brachte mich der Fall in Teufels Küche, aber die lag dann wenigstens in den eigenen vier Wänden. Zum ersten Mal im Leben. Ich war zweiunddreißig.

Meine einzige Einkommensquelle war die Lützower Lampe, und ich weiß seitdem, daß Stolz etwas ist, was der Königin von England vorbehalten bleibt. Um irgendwo die Jüngste zu sein, mußte ich schon in einem Seniorenkabarett tätig sein.

Hier war ich das Anfang-Dreißigjährige-Küken, welches sich von vierzig Jahre älteren Profis gefälligst eine Scheibe abzuschneiden hatte. Rückblickend erachte ich diese Phase als die kostbarste meiner Ausbildung, denn ich verinnerlichte einen untrüglichen Instinkt, was Herzblut von Talmi unterscheidet. Hier lernte ich, daß ein wildgemusterter Duschvorhang aus Plastik ein neues Dasein als Showkostüm führen kann und geschickt zusammengeheftete Kleintoupets ihre Bestimmung als Patchwork-Perücke finden. Suleika Aldini, der menschliche Vulkan, war Feuerschluckerin mit Silikonimplantaten in den Wangenknochen, was die besondere Geschicklichkeit erforderlich machte, beim Ausspeien der Flammen nicht die legendären cheekbones zum Schmelzen zu bringen. Sie hatte schon Jahre vor Prinzessin Caroline ihre Haare abgeschoren, um sie als Zopfperücke an Karl Lagerfeld zu verkaufen. Da sie tagsüber als Telebusfahrer arbeitete, hatte sie es nicht einmal nötig, ein Kopftuch zu tragen.

Lady Jane war eine Sprachakrobatin und wandelnde Witzmaschine, Jahrzehnte bevor Wigald Boning Grasanzüge trug. Eigentlich aber ist Herrmann ein Humorist, der in Frauenkleidern arbeitet, um jeden Monat die Alimente für drei Kinder zusammenzukratzen.

Madame Kio war ein ungarischer Ballettänzer, der drei Zentner wog und Zarah-Leander-Repertoire im Mae-West-Outfit sang.

Als graue Eminenz thronte über allen ihre Durchlaucht Karmeen. Sie hatte das einst so blühende Cabaret in den sechziger Jahren gegründet und daraus einen Kulturtempel gemacht, dessen Gästebuch bezeugte, daß David Bowie, Helmut Berger und der internationale Film-Jet-Set dort nicht nur soff, sondern auch drehte.

»Schöner Gigolo, armer Gigolo«, Szenen aus »Cabaret« – das wurde alles in der Lützower Lampe gedreht. Kaiserin Soraya fing dort ihre Karriere als Tischdame an. Helmut Newton bekannte sich zur Lampe als einer seiner liebsten Shooting-locations in Deutschland. Das Gästebuch las sich nicht nur wie ein »Who is Who«, sondern eher wie ein »Was ist das denn?«, denn zu vorgerückter Stunde war Karmeen immer mit der Pocket-Kamera zur Stelle, um für die Nachwelt tröstlich festzuhalten, daß sich die Gesichter der Stars nach Mitternacht auch als Berge und Täler mit Haarlichtungen und Tränensäcken entpuppten – was ich absolut nicht begreifen kann. Ich habe zwar Mischhaut, aber deshalb bin ich noch lange keine von euch!

Nachdem die wirklich elegante und stets charmante Karmeen, in deren Persönlichkeit das Geheimnis des Erfolgs ihres Etablissements lag, fünfundzwanzig Jahre lang konferiert und zwischen ihren beiden mit Sofarollen präparierten Küchenhockern, »den Gebährstühlen Marie Antoinettes«, das getan hatte, was ihr der Frauenarzt strengstens verboten hatte: sich kreischend ins Stuhlspagat fallen zu lassen und dort federnd zu verharren, verkaufte sie die Lampe an Bernhard Sachse, der mit seinem Bochumer Bo-Derek-Imitat den Laden als Abschreibungsobjekt führte.

Doch, vor einem drei- bis sechsköpfigen Publikum, welches in

Reichweite sitzt, und dem infolgedessen keine Falte des Künstlers entgeht, Conférencen, Pointen und Chansons live proben zu können, das erschien mir als gute Schule, für die ich sogar noch Gage kassieren durfte. Ich tat es gerne, hatte zeitweilig sehr viel Spaß, lernte, wie teuer es ist, verdammt billig auszusehen, und verstand diese Chance als Gnade Gottes, der mir mal wieder einen Strohhalm gereicht hatte.

Auch privat war ich nicht erfolgreicher – nach wie vor gestaltete sich mein Privatleben als eine Parabel des Wartens. Statistisch gesehen wollen 98 Prozent aller Männer mit mir ins Bett gehen, ich treffe immer nur die restlichen zwei. Dabei verlange ich von einem Mann nur drei Dinge: Er muß gutaussehend sein, kräftig und dumm.

In der freudlosen Ödnis jener Tage fand ich den Bauarbeiter, für den ich Bratkartoffeln machen und dessen Schuhe ich mit meinem feuchten Schlüpfer polieren wollte. Dietmar Güntsche – ein Kapitel für sich...

Meine Managerin:
G. Winterle.

Mein Agent:
S. Stallmann.

Mein Büroleiter:
Ades Zabel.

Meine Hebamme

Mit meinem
Drama-Coach.

Volker Ludewig
erwartet im
Kassenhäuschen
der »Bar jeder
Vernunft« seine
Enthauptung.
Statt dessen
headhuntet ihn
Désirée Nick.

Mein technischer Direktor an
seinem Schreibtisch im
Tourneebus: Dirk Kawelke.

Mit meiner Psychotherapeutin
Dr. Petra Krause in der Betty-
Ford-Klinik.

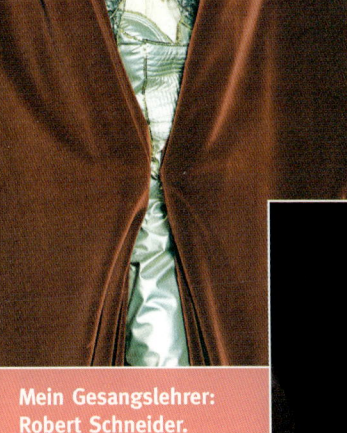

Mein Gesangslehrer:
Robert Schneider.

Meine Fußpflegerin.

Die Handlungsreisende mit ihrem Bodyguard M.v.W.

Ovationen, Ovationen, Ovationen

Showbiz forever!

Désirée Nick für
Deutschland
(Spiegel-Spezial 11/1994).

Mein Porträt
für die Nachwelt.

16 Dietmar Güntsche:
Ein Kapitel für sich

Da ich die Zeit, die ich auf Telefonanrufe von Männern gewartet habe, von meinem Lebensalter subtrahiere, bin ich dank meiner Liaison mit Dietmar Güntsche um Jahre jünger geworden. (Ich glaube, nicht zurückzurufen ist eine ans Y-Chromosom gekoppelte Verhaltensweise.) Verstehen Sie mich nicht falsch! Ich hege keine unterschwellige Wut auf Männer, o nein – ich stelle meine Wut auf Dietmar Güntsche deutlich sichtbar und in aller Öffentlichkeit zur Schau. Aber ich verstehe ihn – warum sollte ein Mann, der Tausende von Weibern unglücklich machen kann, treu bleiben und nur eine einzige enttäuschen? Denn wie heißt es doch gleich: Die Zeit verwundet alles, was heil ist. Güntsche, du bist und bleibst mein Lieblingsheld in der Abteilung »Fiktion«.
Und wenn Güntsche nicht gestorben ist, dann schwindelt er noch heute.

17 Nix arbeitslos

Vorgestern hatte Ute Lemper im Theater des Westens mit »Der blaue Engel« Premiere. Désirée hat eine schwarze Kerze angezündet. Als sie dann heute die schlechten Kritiken gelesen hat, hat sie verlogen gesagt: »Ach, die Arme! Dabei habe ich so die Däumchen gedrückt! Gar nicht auszudenken, was aus der Produktion geworden wäre, wenn ich nicht die Daumen gedrückt hätte!«

Seitdem ich die Geburt der Schauspielerin Désirée Nick zugelassen habe, bin ich nie wieder unbeschäftigt gewesen, was angesichts von Heerscharen arbeitslos vor sich hin dümpelnder Schauspieler um so bemerkenswerter ist, spreche ich doch von einem Beruf, der nicht nur als einer der unsichersten gilt, sondern auch die größte Quote unbeschäftigter Genies aufweist. Mein Berufsgeheimnis: Ich war mir nie für etwas zu schade, das sollte wohl mittlerweile allen klargeworden sein. Das beliebte Kollegenargument »Ich will nicht weg aus Berlin« war mir nicht im Traum in den Sinn gekommen.

Was mich angesichts meiner Karriere aber dennoch verwundert, ist, daß ich soweit kommen konnte, ohne zu irgendeiner Promi-Clique oder der Schauspiel- und Filmmafia zu gehören. Während meiner Tingeleien in der Lampe nutzte ich den Rest der Woche nicht nur zum fleißigen Üben, sondern ich wurde Mitglied der ZBF.* Dort hatte man mich zwar schon zweimal abblitzen lassen,

---

* Die Zentrale Bühnenvermittlung, das Arbeitsamt für Schauspieler. Der Ort, wo SchauspielerInnen Engagements vermittelt bekommen, für die hochzuschlafen es sich nicht lohnt.

aber nachdem ich Star in Remscheid war, versuchte ich es mit frisch gestärktem Selbstbewußtsein ein drittes Mal. Die klugen Managementprofis dort konnten mich schließlich nicht mehr abweisen, denn ich knallte ihnen ein Paket grandioser Kritiken auf den Schreibtisch, und plötzlich fanden mich alle ganz, ganz toll.

Man vermittelte mir eine Tournee mit dem Unternehmen »Landgraf«, und zwar »Hokus Pokus« von Curt Goetz, wo ich die Rolle der sechzigjährigen Zeugin Kiebutz übernahm. Regie führte Heinz Drache, der auch die Hauptrolle spielte und mit dem Stück seit dreißig Jahren auf Tour ist. Nach der ersten Probe küßte er mir die Hände und sagte: »So eine Kiebutz habe ich noch nie gehabt, bravo!«

Ich finde Schauspiel nicht sehr schwer. Das Wichtigste ist, daß man auf Befehl lachen und weinen kann. Soll ich lachen, denke ich an mein Sex-Leben, soll ich weinen, denke ich an mein Sex-Leben. Damit habe ich ein Vermögen an Schauspielunterricht gespart.

Unsere viermonatige Gastspielreise durch drei Länder wäre eine eigene Fernsehserie wert und würde den Rahmen dieses Buches sprengen, jedenfalls liefen nach der Tournee diverse Prozesse wegen Verleumdung, Körperverletzung, Scheidungs- und Vaterschaftsklagen. Die Nick hatte die Hälfte der Tour die gesamte Meute gegen sich, weil sie so blöd gewesen war, Tagebuch zu führen, und nicht beachtet hatte, daß Busfahrer Taschen durchwühlen und man bei nächtlichen Pyjamapartys meine Notizen über Mängel und Schwächen der Kollegen als Bettlektüre herumreichte.

Kaum zurück von dieser prägenden Reise, ließ man mich gnädig an zwei Abenden bei einer Varieté-Show in der Bar jeder Vernunft mitmachen, wohl weil in letzter Minute jemand abgesprungen war. Eine andere Schauspielerin, die es auch »ganz allein« geschafft hat und nur rein zufällig die

Stieftochter von Otto Sander und die Schwester von Ben Becker ist, war meine Gegenspielerin, das heißt ebenfalls Vortragskünstlerin in einer Reihe von Artistik-Nummern. Ich sang »Die zersägte Dame« und »Die hysterische Ziege« von Hollaender und hatte das Zelt zu meinen Füßen. Allerdings nur das Publikum. Die eingefleischte Künstlergang würdigte mich keines Blickes – wie konnte es jemand wagen, neben Meret Becker zu glänzen?! Von da an schnitt man mich erst recht und um so mehr.

Also bloß nicht, daß einer denkt, die Geschwister Pfister hätten mal »Guten Tag« zu mir gesagt – die spielen heute noch erfolgreich, daß sie mich nicht kennen.

Demzufolge stand ich mal wieder alleine am Tresen und drängte jedem, der das Zelt verließ, mein Autogramm auf, als mir ein älterer, seriös wirkender Herr auf die Schulter tippte. Es war die Theaterlegende Walter Schmidinger.

Er ergoß sich in einer Hymne auf mich als Diseuse, Künstlerin und Frau. Ich sei eine Dietrich, Leander, Ebinger, Helen Vita, Ortrud Beginnen in einer Gestalt und im Mantel von Bette Midler. Mir allein gehöre die Krone meines Metiers. Wo ich mich denn versteckt hielte und ob mich niemand lanciere?

Bei einer Flasche Wein schüttete ich ihm mein Herz aus – daß nicht einmal das Kleinkunstgenie André Heller mich hatte haben wollen ... Sichtlich verwundert sagte Schmidinger in seinem österreichischen Singsang zu mir: »Aber i bitt' Sie – a Künstlerin wie Sie – da brauchen'S doch kan Heller! Da brauchen'S niemand – Sie ham das Talent!«

Mit Tränen in den Augen schwebte ich nach Hause, weil ein Künstler, vor dem ich mich verneige, so zu mir sprach. Und diesmal war es nicht ein Underground-Kuratorium, sondern ein Star des Wiener Burgtheaters, dem mein Potential ins Auge stach. Dieses eine Gespräch gab mir die Kraft für die nächsten drei Jahre; immer wieder dachte ich an Schmidingers Worte, die meine Hoffnung nährten. Ich schrieb ihm eine Karte ans Schiller-Theater, dankte und bat ihn, mit mir Kontakt zu halten. Ich habe nie wieder etwas von ihm gehört.

Als wir während der »Hokus Pokus«-Tournee in den Dörfern um Köln herum spielten, kontaktierte ich die Komödie in Düsseldorf. Ich hatte mich Herrn Alfons Höckmann, der sein Theater seit circa fünfzig Jahren höchst erfolgreich und künstlerisch wertvoll betreibt, schon einmal vorgestellt, als ich um die Ecke in Remscheid engagiert war. Genau wie von Praunheim ließ er mich beim ersten Mal abblitzen – ohne Vorsprechen. Offensichtlich bin ich keine Frau, in die man sich auf den ersten Blick verliebt. Männer verfallen mir langsam und auf ewig – Strohfeuer sind nicht Sache meines Repertoires.

So, als sei es das erste Mal, stellte ich mich ihm vor – quasi wie nach einer Gesichtsoperation und mit neuer Identität – und siehe: Er plauderte kollegial mit mir und fragte diskret, ob es mir etwas ausmachen würde, in Strapsen auf die Bühne zu hüpfen. Vor dem Termin war ich in der Kirche gewesen und hatte den Segen Gottes erfleht, da ich mich von Job zu Job hangelte und mir dieses Engagement zu diesem Zeitpunkt einen großen Fortschritt bedeutet hätte. Erklären muß ich ebenfalls, daß ich mir eine Laufmasche in meine schwarze Strumpfhose gerissen und in der Eile keinen Ersatz mehr hatte besorgen können, so daß ich schnell in meine Remscheider Bühnenstrapse mit schwarzen Strümpfen geschlüpft war. Statt auf seine Frage zu antworten ließ ich also Taten sprechen, begab mich in die kokette Pose eines Molière-Kammerkätzchens und lüpfte meinen wippenden Mini-Glockenrock. Herr Höckmann sah die Strapse, meine Beine und schob den

Vertrag rüber. Und näher als das bin ich in meinem Leben an keine Casting-Couch herangekommen. Schade! Dabei hatte ich doch immer erhofft, daß dieser Beruf mein Sexualleben verbessern würde.

Für die nächsten sechs Monate war ich beseelt zu brillieren und eroberte Publikum und Presse im Sturm. Meine beiden Rollen in Düsseldorf bescherten mir eine glückliche Zeit. Ich verdiente horrende hundertfünfzig Mark am Abend und verdanke der alten Theaterschule des Direktorenehepaares so manches Bühnengeheimnis. Frau Ingrid Braut ist für mich das größte Boulevard- und Zirkuspferdvorbild, das es gibt. Eine Künstlerin von der Liftingnaht hinterm Ohrläppchen bis zur orthopädischen Einlage im Kroko-Stöckel. Bei ihr sitzt eine Pointe noch wie vor dreihundert Jahren, hier ist ein Auftritt noch ein Auftritt und ein Abgang undenkbar ohne Applaus. Bravo Ingrid! Und all das mit Deiner Rückgratverkrümmung! Noch so eine unkommerzialisierte, von der Medienaufmerksamkeit verschont gebliebene Darstellerin, vor der ich einen Hofknicks mache.

Höckmanns stammen aus einer Generation von Schauspielern, die noch sprechen konnten, und Ingrids größte Offenbarung war es, als sie mir einmal, nach reichlich Bowle zu später Stunde, hinter vorgehaltener Hand gestand: »Ich mache immer noch täglich meine Übungen!«

An diesem Theater lernte und erlebte ich, daß ich mich in einen Türrahmen stellen kann, mein Profil ins Licht wende, lässig auf den Auftrittsapplaus warte – und daß dieser pünktlich kommt! Und wehe wenn nicht! Dann habe ich einen Einstieg mit soviel Verve, daß ich zur Strafe doppelt abräume. Danke, Höckmanns! Ihr seid Vorbilder.

Tja, und nach der Französin in »Ein Bett voller Gäste« und der Operndiva in »Othello darf nicht platzen« (warum besetzt man mich eigentlich so gerne in Rollen, in denen ich eine

Bühnenkünstlerin darzustellen habe?), da hatte ich mein Handwerk schon ganz gut im Griff:

»Erst Désirée Nick bringt Feuer in die routinierte Inszenierung. Oh làlà. Désirée Nick ist der mit Abstand witzigste Effekt des Abends.«

»Ein Sonderlob gebührt schließlich Désirée Nick, die sich mit dem Charme eines Preßlufthammers durch ihre hinreißenden Auftritte schnauzt.«

»Sie hat nicht nur eine volltönende, wohlklingende Stimme und ein sich stets wandelndes Gesicht, nein, ihre Größe, ihre Idealfigur, ihr Einswerden mit der Rolle, ihre tänzerische Begabung und ihre besondere Fähigkeit, dem scheinbar so leichten Stoff komödiantische Würze zu geben, hebt sie als Typ von vielen anderen Schauspielerinnen ab. Die Rede ist von der jungen, talentierten Schauspielerin Désirée Nick.«

Frisch inspiriert nahm ich mir erneut vor, es in Berlin zu schaffen. Durch geschicktes Name-dropping würde man mich vielleicht etwas ernster nehmen, und siehe da – man ließ mich im Hansa-Theater vorsprechen. Hannelore (die Mutter von Arabella) Kiesbauer hatte ein Stück geschrieben, in dem sie mich als Quasselstrippe einbauen wollte. Ihr Mann Horst Niendorf, selbst ein hervorragender Schauspieler, leitete das Theater und ich konnte mein Glück kaum fassen, endlich in meiner Heimatstadt mein erstes Engagement in der Tasche zu haben.

Elisabeth Wiedemann, die »dusselige Kuh« aus »Ekel Alfred« spielte die weibliche Hauptrolle. Als sie mich zum ersten Mal in meinem roten Satin-Stretch-Minikleid, wie üblich aus dem eigenen Kleiderschrank, auf der Probenbühne sah, wurde sie aschfahl und wandte sich an Niendorf: »Entweder das Zirkuspferd geht – oder ich.«

Der Stolz, den ich verspürte, als ihre Rolle mit Andrea Brix umbesetzt wurde (auch nicht zufälligerweise die Gattin des Besitzers des Stachelschweine-Kabaretts), blieb mir im Halse stecken, denn der epochemachende Flop dieser Inszenierung lehrte mich, das kein noch so begabter Schauspieler ein im Gewässer schlechten Textmaterials sinkendes Schiff retten kann. Frau Wiedemanns Verlassen desselbigen hätte mir Warnung genug sein sollen.

Peter Schiff hielt aus Loyalität durch, und ich wurde auf der Premierenfeier von allen gelöchert: »Warum machst du denn bei so was mit? Das hast du doch gar nicht nötig!« Ja, warum wohl ...

Immerhin verdient das Hansa-Theater einen Pokal, mich als erste Berliner Bühne auf die Bretter gelassen zu haben. Wenn nur die Hörgeräte des Publikums während der Vorstellungen nicht immer so laut gepfiffen hätten ... Frau Kiesbauer hat das Stück mit Rücksicht auf die alten Herrschaften extra so geschrieben, daß Schlafpausen eingelegt werden konnten. Aber bei dem Versuch, die Geräte so einzustellen, daß verstanden wird, was die Schauspieler reden, übertönten die Schnarchgeräusche des Nachbarn den Pegel im Hörgerät so sehr, daß die entnervten Betreuer die Omis und Opis meist nach der Pause schon in die Telebusse hievten, um wenigstens noch im Hellen zurück im Heim zu sein. Ja, es war ein harter Einstand für mich in Berlin ...

Abgesehen davon jedoch ist Hannelore Kiesbauer eine sehr charmante und attraktive Dame und ihre Tochter Arabella ein Vollprofi mit einem süßen Gesicht, der genau weiß, was er da bei Pro 7 für einen Scheiß fabriziert.

Nachdem das Stück abgespielt und alle Berliner Theater mehrfach abgegrast waren, blieb mir eigentlich nichts anderes übrig, als es in der Off-Off-Szene zu probieren.*

Auf den richtigen Kurs meines Lebensschiffes brachte mich mal wieder eine gute Fee, verkleidet als Adam Benzwi. Als Amerikaner hat dieser immer ein phänomenales Spürauge für die Skurrilitäten Berlins. Adam brachte in Erfahrung, daß der Berliner liebster Zeichner Heinrich Zille dereinst unter Pseudonym ein säuisch gutes halbpornographisches Stück – die »Hurengespräche« nämlich – geschrieben hatte, welches im Jahre 1919 von der Sitte zensiert worden war. Basierend auf seinen Erfahrungen Anfang des Jahrhunderts im sogenannten Scheunenviertel in Berlin-Mitte, wo damals wie heute der Straßenstrich angesiedelt ist. Heute befindet sich dort nicht nur der Straßenstrich, sondern auch eine Kulturlandschaft, die bereits kurz nach dem Mauerfall schrille Blüten trieb. Kneipen, Cafés, Off-Off-Theater und Galerien sprossen an jeder Ecke – oft in besetzten, autonom regierten Häusern und organisiert von Ost-Provinz-Flüchtlingen, die sich endlich in der Lage sahen, ihre noch vor kurzem systemfeindlichen Träume in die Tat umzusetzen und so einen Nährboden zu schaffen, auf dem auch die Nick schließlich wurzelte und gedieh. Damit eine Nick Fuß fassen konnte, mußte erst die Berliner Mauer fallen.

---

* Wenn sich schon etablierte Theater wie das BKA oder die unsägliche Bar jeder Vernunft als »Off« deklarieren, wie will man dann die anderen Spielstätten nennen, die in ausgebombten, nicht wieder aufgebauten Häusern, Fabriketagen, in Kellern, Baumhäusern und Buswartehäuschen von besessenen, verzweifelten und unbelehrbaren Charakteren wie mir betrieben werden, die sich auf nichts anderes verlassen als auf ihre Spielsucht und den daraus erblühenden kulturellen Missionarseifer? »Off« übersetzt sich in Berlin mit »unsubventioniert«. Wenn ich sage »Off-Off« dann meine ich Theater aus dem Herzen, aus der Hose, aus dem Irrsinn und Wahnwitz des Thespis-Anbeters geboren.

So lag es nahe, das Stück wieder dorthin zurückzubringen, wo es tatsächlich spielt: in einem Budikerkeller.* Hier trafen sich, in einer Zeit, die so armselig war, daß für die häufig unterernährten Neugeborenen eine Zigarrenkiste als Bett ausreichte, fünf Huren – jede eine eigene skurrile Type – die bei Brot und Brühe um einen Kneipentisch saßen und einen erzählerischen Wettstreit darüber pflegten, wen von ihnen denn nun das härteste Schicksal ereilt hatte.

Praktischerweise hatte ich in der Vorbereitung des Stücks auf dem Flohmarkt ein Liederbuch aus jener Zeit entdeckt – mit jeder Menge schweinischer Lieder, versteht sich, und so rundeten wir das Drama musikalisch ab. Lange vor »Pomp, Duck & Circumstance« konzipierten wir auch die Erlebnisgastronomie: Jeder Besucher sollte zur Aufwärmung erst mal eine Schüssel Brühe mitbekommen, und im Zuge der Aids-awareness, und um den Gegenwartsbezug herzustellen, hatten wir eine Auswahl bunter Kondome gratis zu vergeben, selbstverständlich vom Ost-Latex-Kombinat Mondo gesponsert. Alle trugen mein fluoreszierendes Konterfei und, sehr zum Neide Benzwis, meine Telefonnummer, denn der gesamte Vorverkauf lief über meinen Privatanschluß. Ich schüttete Berlins Theater, die Kulturkneipen sowie die Disco- und Schwulenszene damit zu.

Natürlich wollte kein Theater dieses Projekt haben. Abermals wurden wir achselzuckend belächelt, aber das war mir schon zur Gewohnheit geworden. Auf unserer Odyssee landeten wir mutlos und erschöpft in einer Abrißruinenkneipe in der Tucholskystraße 35, dem »Zosch«. Nach der dritten Piccoloflasche Rotkäppchen-Sekt fragte ich den Barkeeper, ob wir den Keller entrümpeln, eine Bühne aufbauen und das Stück auf-

---

* Budikerkeller waren Kellergewölbe, eine Mischung aus Wärmestube, Kneipe und Umschlagplatz für die Kiezbewohner.

führen durften. Der Alice-Cooper-Lookalike kippelte unge-
rührt auf seinem Sperrmüllsessel, schmuste mit seiner Klap-
perschlange, und sagte achselzuckend: »Na, macht doch!«*

Christine Rothacker ist heute nach der Vorstellung heulend auf
mich zugerannt und mir um den Hals gefallen: »Sprich doch mit
Désirée – ich halte das nicht aus – macht sie das absichtlich?
Wir sind doch beide gut – müssen wir uns denn so aufreiben?«
Das war first-class-acting, und wenn sie ein Mann gewesen
wäre, hätte ich ihr den Gefallen getan, bei Désirée ein Wort für
sie einzulegen, die zugegebenermaßen in Christines Monolog
scene-stealing betreibt: Sie gähnt geräuschvoll, kratzt sich am
Busen und stapft mit ihrem Stock auf den Bretterboden.
Christine steht mit dem Rücken zu Désirée und kann nur
ahnen, weshalb die Leute sich in ihren ergreifendsten Mono-
log-Momenten vor Lachen ausschütten. Christine tut mir
schon ein bißchen leid, aber ich muß Désirée gegenüber loyal
sein, ohne sie hätte ich den Job schließlich nicht.

Ganz im Stil des reality-theatres standen wir mit unseren
zeitgenössischen Kostümen** und Otto-Dix-Gesichtern an

---

* Just for the record: Regie führte Helma Fährmann, bekannt von ihrer
Arbeit am Grips-Theater, und außer mir spielten mit: Claudia Jakob, von
der ich sehr viel gelernt habe: Ich ziehe meinen Garbo-Hut vor ihr; Gabi
Schmalz: mittlerweile Ensemblemitglied der Kabarettgruppe »Zwei Drittel«; Anja Franke: bekannt aus Film und Fernsehen und für ihr politi-
sches Engagement, was den Tiergartentunnel angeht; Vanessa Herzberg:
whatever happened to her?; last & least: Christine Rothacker: Wenn Du
mal berühmt genug bist, widme ich Deiner pathologisch-hysterischen
Ader in meinem nächsten Buch einen weiteren Satz. An der Kasse saß
Bar-jeder-Vernunft-erprobt Volker Ludewig und löste Christines Mutter
ab, die zwar reizend, aber von dem Publikumsansturm bei der Premiere
hoffnungslos überfordert war.
** Angefertigt von Daniela Bimek.

den Ecken der Oranienburger Straße und machten dort »die Kundschaft« an. Die Inszenierung war nicht weit entfernt von einem Christoph-Marthaler-Stück und arbeitete nach denselben Regeln: äußerste Präzision und Reinheit im Liedgut. Wir erreichten eine Authentizität, die soweit ging, an den richtigen Stellen des Stückes laut einen fahren zu lassen. Besonders leicht fiel das Anja Franke. Stanislavsky-Technik bis in den Darmtrakt!

Zwei Monate probten wir täglich acht Stunden lang in einem eiskalten Loft in den Hackeschen Höfen und fingen mit unserer Stückanalyse beim Urschlamm an. Als Adam Benzwi schließlich an den Proben teilnehmen sollte, merkte er, daß er überhaupt keine Zeit für das von ihm lange und ausführlich geplante Projekt hatte. Wir standen ohne Pianisten da! Zwar kamen tagtäglich die einschlägig bekannten Gesichter der Szene vorbei, doch niemand schenkte uns den Vertrauensvorschuß, an einen Erfolg oder die Auszahlung seiner Gage zu glauben.

Die Zeit drängte, also wandte sich Frau Nick vertrauensvoll an ihre alte Kirchengemeinde, mit deren Pfarrer sie einst schicksalsträchtige Lebenssituationen durchlaufen hatte. Siehe da, Hochwürden lebte inzwischen wieder ruhiggestellt und bestens etabliert hinter doppelt gefütterten Satinvorhängen und dicken, schalldicht isolierten Kirchenmauern. Nur eine leichte Erwachsenenakne ließ erahnen, welch eruptives Kraftpotential noch unter seiner Soutane tobte.

Ja, er wisse einen Pianisten: Chorleiter einer Neuköllner Kirchengemeinde, ein polnisches Flüchtlingskind, welches eigentlich Organist werden wollte. Nach meinem Anruf bei der weißrussischen Mamutschka rief mich erst Tage später der einsilbig verstockte Knabe Christoph Wagner »zarick«. Im türkisfarbenen Aldi-Rautenmuster-Pulli und in stone-washed Röhrenjeans stand der Neunzehnjährige tags darauf vorm

Probenraum – mit einem Flair, das die Essenz aller Ostarmut war. Aber »pinktlich«.

Wir einigten uns schnell, und des Jinglings Mißtrauen wandelte sich von Tag zu Tag in zunehmende Bejeisterung: soviel hibsche Mädchen von Theater, Arbeit an Huren wirde machen Spaß!

Auch an ihm arbeitete ich: hibscher Junge, der Christoph, abgesehen von polnische Kräuselhaar – egal – könnte man zurickstreichen und glattkleistern mit gute Westspray. So fand ich den Pianör, der meinen Aufstieg in den nächsten zwei Jahren begleiten sollte und vom ersten Tag an nicht mehr von meiner Seite wich – wie ein treuer Schäferhund. Er hatte im Westen eine neie, gute blonde Mutti gefunden.

Am Tag der Generalprobe gelang mir das Unmögliche: Beim Cancan knickte ich um und brach mir den Fuß. Der Notarzt in der Charité empfahl mir, nach Hause zu laufen, um beweglich zu bleiben. Mein Ensemble staunte nicht schlecht, als ich mit zwei Leprastützen, die ich beim Berliner Ensemble geliehen hatte, ankam. Gipsbein bis zum Knie. Schnell mußte ich mein Rollenkonzept ändern: Jetzt war ich diejenige Hure, welche von den anderen mit durchgeschleift wird und dankbar ist für jede Brotkrume, die für sie abfällt. In einer besonders traurigen Sequenz brachte ich meinen für diesen Zweck geschriebenen Text »Peep-Panorama« zum Vortrag, der den Bogen in die Gegenwart des Scheunenviertels schlug und mit dem Gipsbein als ungewolltem Requisit noch eine viel pathetischere Note bekam. Man hätte Nadeln fallen hören können – so ergriffen waren die Leute bei diesem einen stillen Moment des Stückes, das sonst eher zu lautem Getrampel und Gejohle einlud. Die meisten Leute begriffen erst in einer Art Retard-Wirkung, wenn sie nachts im Bett lagen, was für harten Stoff wir boten. Für die stille Ergriffenheit war ich dankbar, aber das Getrampele, Gejohle, Geschrei des Publi-

Hurengespräche

kums im Anschluß an die Vorstellung war einer der schönsten und unvergeßlichsten Momente meines Lebens. Ich hatte lange genug darauf warten müssen und es mir schließlich selbst gemacht.

Wir hatten einen Supererfolg gelandet, der sich über Nacht in ganz Berlin herumsprach. Wenn wir nicht spielten, dann kleisterten wir die Stadt mit unseren Plakaten zu. Wenn ich mit der Krücke nach den Zuschauern schlug, mir bei meiner sentimentalen Liebesgeschichte mit rotgefrorener, aufgerissener Hand den Rotz abwischte und mein Chanson sang wie eine ausgefranste Kellerassel, die auf Marlene Dietrich macht, spürte ich auf magische Weise: Das Publikum atmet mit mir. Die Hurengespräche werden mir immer als Höhepunkt künstlerischen Schaffens ins Herz graviert bleiben. Wir hätten dieses Stück ewig spielen können, der Publikumsstrom nahm kein Ende, die Karten wurden wie einst im »Romy Haag« unter der Hand verscherbelt, und die Atmosphäre prickelte ob der großen Stunde, die mitzuerleben sich jeder bewußt war. Wir verlängerten, verlängerten und verlängerten.

Désirée ist heute mit Foto in der BZ!!!! Sie präsentiert die Merchandise-Produkte zum Marlene-Musical »Sag mir wo die Blumen sind«. Und steht schon in den Startlöchern, falls die Hauptdarstellerin und ihre Zweitbesetzung ausfallen sollten. Ihr Voodoo hat ja bei Ute und dem »Blauen Engel« recht gut geklappt – nur daß Ute mit Eva Mattes und nicht mit Désirée Nick umbesetzt wurde –, also hat sie jetzt eine Familienpackung schwarze Kerzen gekauft. Und bewirbt sich bei Andrew Lloyd Webber für die Norma Desmond in seinem neuen Musical »Sunset Boulevard«.

Helen-Schneider-Fotos reißt sie aus allen Zeitschriften heraus, verbrennt sie und schreibt mit dem Ruß ihren Namen an meine Kellerwände.

Adam probte inzwischen schon als musikalischer Leiter den Sieben-Millionen-Mark-Marlene-Flop »Sag mir wo die Blumen sind«, der im Theater am Ku'damm demnächst »mit dem besten Ensemble der Welt« laufen sollte. Als das beschissene Stück schließlich floppte, war die Schadenfreude groß, doch vorerst wußten nur wenige, was dort für ein übler Mist verzapft wurde. Unter anderem Adam, der mich in die glückliche Lage brachte, an der Quelle der Informationen zu sitzen.

Das zweitauffälligste Plakat Berlins in dieser Zeit (neben dem der Hurengespräche) war jenes von »Sag mir wo die Blumen sind«, und der Gedanke, es verarschend nachzustellen, kam mir, während ich mit Adam eifrig lästerte. Da ich durch mein

Gipsbein und die Verve, mit der ich mich ins Zeug schmiß, zum Kulturgeheimtip der Stadt geworden war und mein Glück darüber nicht fassen konnte, liefen meine kreativen Säfte auf Hochtouren. Als das Stück am Ku'damm dann tatsächlich floppte, empfahl mir Adam: »Du mußt eine Show daraus machen – eine Satire auf die Kulturpolitik der Stadt!« Als dann auch noch die Betreiber des Zosch mir zu verstehen gaben: »Die Leute lieben dich – mach du doch mal alleine was«, und mir schließlich auch noch der Gips abgenommen wurde, sagte ich nach vielfachem Drängen: »Vielleicht keine schlechte Idee«, und alle sprangen jubelnd an die Decke: »Jaaa, die Nick macht eine eigene Show! Wißt ihr schon das Neueste – Désirée gibt einen Abend.«

Fakt ist, daß mich mein damaliges Umfeld zum Erfolg zwang. Ich konnte mich nicht länger wehren und fing praktisch erst an, zu begreifen, was auf mich zukommen würde, als mir jemand den *Tip* mit der Voranzeige unter die Nase hielt. Da war ich schon angekündigt und wußte nicht einmal, was ich spielen würde.

Meine Vorbereitungen begannen damit, daß Christoph Wagner endgültig versklavt wurde, denn ich erteilte ihm den Befehl, nun ab sofort auch noch mein Soloprogramm mit mir einzustudieren, zu proben und als Mitternachtsshow nach den Hurengesprächen zu spielen. Und zwar für 38 Mark am Tag plus ein belegtes Käsebaguette. Wer mehr frißt, muß es selber zahlen. Dann kaufte ich eine Hundeleine, ein Halsband und eine Peitsche und kettete ihn an das verstimmte Kneipenklavier. Nachts bin ich mit ihm Gassi gegangen, und wenn er sich mal nicht verspielt hatte, durfte er auf meinem Bettvorleger schlafen. Wenn Lieder transponiert werden mußten, habe ich ihn eine Stunde früher aus seinem Käfig gelassen, damit er Hausaufgaben macht. Wenn er mal nicht artig war, mußte er zur Strafe mit mir Gesangsübungen machen – vorzugsweise Koloraturen üben. Er wollte es so. Er war »glicklich«. Anders hätte er ja auch den Arsch nicht hochbekommen, schließlich mußten wir uns sputen – in vierzehn Tagen sollte Premiere sein.

Als Kostüm hat er sich mit einem Locher Pailletten aus alten Ananasbicksen gestanzt und diese auf eine lila Patchworklederweste getackert, die ich ihm für drei Mark bei Humana Second Hand gekauft hatte.

Unterdessen liefen die verlängerten Vorstellungsserien der Hurengespräche selbstverständlich weiter. Ich war ackern aus Remscheid gewohnt und hatte in der Arbeit mein Zuhause gefunden. Da konnte auf polnische Ministranten keine Ricksicht genommen werden. Okay, sexuell würde ich ihm noch etwas Zeit lassen – aber vor Jahresfrist würde ich mich auch dieses Themas annehmen.

Ich ging in meditativ-introspektive Klausur und verbrachte die frühen Morgenstunden im Bett sitzend und alles notierend, was mir an Bissigkeiten bezüglich der Kulturmetropole Berlin und der eiskalten, unkünstlerischen Vermarktung des Marlene-Images in den Sinn kam. Und mir fiel einiges ein!

Nach den Hurengesprächen-Vorstellungen machte ich per Ansage für mich selbst Reklame und zog des Nachts mit dem Kleistereimer durch die Gassen, um schwarz zu plakatieren. Eine der zahlreichen Touren, die ich machte, führte mich durch die Schwulenszene: Volker Ludewig mußte als Alibi-Mann mitkommen, damit ich endlich Zutritt zu den darkrooms bekam, wo ich eigenhändig mein Plakat aufhängte. Nach einer Tour durch sämtliche Schwulensaunen, -kinos, -puffs und -klappen war die ganze Gay-Scene mit meiner Marlene-Fratze tapeziert. Überall standen Schälchen mit Kondomen, auf denen mein Antlitz nebst Showterminen und meiner Telefonnummer prangte.

Die unvergeßlichste Plakat-Tour jedoch fand bei hellem Tageslicht statt: Vorm Berliner Dom stand ich, mit Kleistereimer in der Hand, als hinter mir ein schallendes Lachen erklang.

Nicht nur gefror mir das Blut in den Adern – ich bekam eine Gänsehaut, wandte mich um und sah: Ute Lemper. Sie bog sich vor Lachen und zog das noch klatschnasse Plakat von der Dommauer ab. In mir wohl die Künstlerin riechend, sagte sie zu ihrem Freund: »Désirée Nick – kennst du die? Noch nie was von gehört ... Aber die Idee ist superbe!«

Ich mischte mich ein: »Wie bitte, noch nie was von gehört? Aber Frau Lemper, diese Frau ist doch der Superstar der Stadt!«

Dann fuhr sie mit David Tabatsky nach Hause, um mit ihm unter meinem Plakat Liebe zu machen. Auch auf die Gefahr hin, daß man es mir nicht glaubt, möchte ich bei dieser Gelegenheit richtigstellen, daß ich nie etwas gegen Ute gehabt habe. Ganz im Gegenteil. Ich bewundere ihre asketische Disziplin, diese Kraft, mit der sie sich bis zur Hungerharke kasteit. Ute ist ja von so einer perfekten Magerkeit – bei der sind sogar die Haare dünn. Ich sage immer: »Mädel, sei vorsichtig. Ein Körper über dreißig rächt sich!« Aber die ist ja man zäh. Na ja, wenn alle Stricke reißen, dann geht sie eben als Covergirl. Der »Wachtturm« sucht immer neue Models.

Ich bin ja so froh, daß sie doch noch einen Mann gefunden hat. Stell dir vor, du bist 'n Steak und keiner beißt rein. Thanks to David Tabatsky from NYC konnte sich Utes Vibrator endlich zur Ruhe setzen.

Ich kenne David. In der Zeitung steht immer: »David Tabatsky, 30, Schauspieler«. Als ich ihn das letzte Mal traf, war er vierzig und Jongleur. Mit seinem ersten Programm, »The Man with the three balls«, kämpfte er um Jonglage bis zur staatlichen Anerkennung. Pech gehabt, because »two of them were always on the floor«. Einmal, nach einer Vorstellung, hat er sich mir im Suff anvertraut: »Ick kann einfach nicht verstehen die Ute ... warum die Frau sagt nie etwas, wenn sie hat eine orgasm ...«

Ich sagte: »Aber David, ist doch logisch! Weil du nie dabei bist!«

Ich hoffe nur, daß Ute jetzt als Mutter zweier Kinder den Weg an ihren Kochtopf findet. In deren Küche kommen Fliegen, um Selbstmord zu machen. Arme Spargel-Jane, es muß grausam sein, dem Haß der Presse ausgesetzt zu sein, wenn man so gar keinen Humor hat. Mich amüsieren meine Querelen ja, aber bei Ute, da ist Kunst 'ne ernste Sache, Sie! Im *Spiegel-TV* bei Karasek hat sie gesagt: »Mein Leben hat mir alles gegeben.« Und nach einer zu langen Kunstpause hinzugefügt: »Eigentlich.«

Ich wünschte, Ute könnte über ihr Unglück so lachen wie wir. Immer nur Gerstenschleim mit Zitronensaft und ackern, um vier Leute zu ernähren ... Nicht geschenkt möcht' ich mit der tauschen. Die Presse sollte Ute endlich in Frieden ruhen lassen, gerade jetzt, wo sie sich umweltpolitisch so engagiert: Sie trägt nur noch Strapse aus Jute. In ihrer Heimatstadt Münster hat man ihr sogar den Grünen Punkt verliehen.

Schade, daß der Platz der besten Freundin in Utes Leben schon durch Brigitte Bardot blockiert ist: Die beiden treffen sich regelmäßig in Gummistiefeln zur Froschwanderung in Südfrankreich. Sie menstruieren nicht nur rituell mit den Mondphasen, sondern verbrennen auch einmal im Monat ihre BHs. Nebeneffekt dieses löblichen Bemühens ist leider, daß sie in der gebückten Haltung des Fröscheklaubens ständig über ihre freischwingenden Brüste stolpern, die seit der BH-losen Zeit so tief fallen, daß sie Doppelkinn, Mundwinkel und Krähenfüße gleich mit hinabziehen.

Esoterisch-umweltpolitisches Engagement hin oder her: Auf Utes Wort kann man sich nicht verlassen – mehrfach hat sie Karten vorbestellt, aber in die Show ist sie dann doch nicht gekommen. Schade, Ute, Du und ich, wir hätten ganz dicke Freundinnen werden können.

Langsam sprach es sich herum: Désirée macht eine eigene Show. Die letzten Plakate waren noch nicht angetrocknet, da waren schon alle Vorstellungen ausverkauft. Eine Woche vor der Premiere traf ich mich mit Adam in seiner Dachwohnung, um das Liedmaterial durchzugehen, da kam sein Ex-Freund vorbei und nötigte mich, das Musical-Medley, das ich als Show-Finale zusammengeschustert hatte, vorzusingen. Nach wenigen Strophen begann Wolfram Haack – ein hochbegabter Berliner Theaterchaot und souveräner Nachrichtensprecher beim Ostdeutschen Rundfunk Brandenburg, sich einzumischen. Zwanzig Minuten später stand fest, daß er ab sofort mein Regisseur sein würde. Wir probten wie die Wahnsinnigen von früh morgens bis ich zu den Hurengesprächen auf die Bühne mußte, und anschließend fachsimpelten wir über inhaltliche Stilfragen weiter bis zum Morgengrauen.

Am 31. Juli 1993 hatte ich ein bißchen Streß. Im Anschluß an die Vorstellung der Hurengespräche um 22.30 Uhr hatte ich neunzig Minuten Zeit, um die Bühne abzubauen, mein Boudoir entstehen zu lassen, mich komplett umzuschminken, umzuziehen und meinem Pianisten die Flasche zu geben. Das Huren-Publikum mußte herausgeschleust werden, denn die meisten wollten gleich dableiben und nachlösen, um das erste Désirée-Nick-Double-Feature aller Zeiten zu erleben. Noch nachmittags hatte ich die umliegenden Kneipen auf der Oranienburger Straße im Austausch gegen Freikarten um Bänke und Klappstühle angebettelt, um dreimal mehr Menschen in die dunkle Spelunke zu quetschen, als der gesunde Menschenverstand es für möglich hielt.

Im Zosch selbst hängte ich ein selbstgemachtes Plakat auf: Heute 24 Uhr Mitternachtsshow – Premiere mit Désirée Nick – Eintritt frei. Resultat: ab 23 Uhr prügelten, kloppten, zankten, bissen und traten sich die Leute, um ein Plätzchen zu

Auf dem Weg zum Ruhm: 1993

ergattern. Ich stand oben am Fenster und beobachtete alles: Da kam das gesamte Produktionsteam des Marlene-Flops, sogar die Kurz-Brüder selber, die Direktoren des Friedrichstadtpalastes, ebenso wie die Ku'damm-Schickeria und die beste alte Ost-Bohème – nicht zu vergessen natürlich, was aus Saunen und Kneipen rund um den Wittenbergplatz herbeigeschwemmt wurde. Seit diesem Tag trifft sich bei mir das schwule Publikum, um sich für das anschließende Cruising im Tiergarten in Stimmung zu bringen. Es ist urkundlich belegt, daß sich am Premierenabend drei Paare gefunden haben, die noch heute zusammenleben: ein Homo-, ein Hetero-, und ein Lesbenpaar. Damals wie heute sind meine Programme die reinste Kontaktbörse für Singles.

Wie immer, wenn es drauf ankommt, kotzte und fror ich, daß die Knochen klapperten. Daniela Bimek nähte mich in mein Kostüm ein: Sie hatte nach meinen Entwürfen ein schwarzes Lederbustier mit Fransen genäht, dazu Ledershorts und – very Diseuse – schwarze Chiffonärmel- und Hosenbeine. Daniela ist seitdem neben Joop meine Chef-Couturière – diese Frau hat alles aus nächster Nähe miterlebt. Nur eins hat sie verpaßt: Die Garderobe war nämlich im Nachbarhaus untergebracht, auch dieses besetzt und autonom mit Laisser-faire-Ostler-Charme geführt. Die Badewanne stand hochkant auf dem Kachelofen. Ich spreche von einem Haus, auf dessen Dach Menschen zelteten, in dessen unzähligen Zimmern junge neue Bundesbürger ihren Traum von Anarchie lebten und sich die Dreadlocks mit Wachs pflegten, wo der Tätowierer Hausbesuche machte, acht Menschen sich eine Matratze teilten und man sich gegenseitig piercte, wenn Langeweile aufkam. Warmwasser – wozu? Hauptsache genügend Bierkästen da. Der Mundgeruch der Bewohner hatte als Warnung verstanden zu werden, kein Feuerzeug anzuzünden, denn dann wäre das Haus in die Luft geflogen.

Im Zosch selber saß ein Mädchen, das aus dem Bauchladen heraus Duftkerzen, Glückskekse, Bausätze für Molotow-Cocktails und Pistolenpatronen verkaufte. Deshalb war meine größte Sorge, daß mir bei meiner Weltpremiere jemand die Stöckel wegschießt.

Jedoch gab es in dem Haus einen einzigen Komfort: eine abschließbare, schwere Eichenholzhaustür.

Als ich zehn Minuten vor Mitternacht – mal wieder regnete es, und ich konnte es nicht fassen, daß so viele Menschen durchs naßkalte Wetter herbeiströmten, um das Soloprogramm einer Désirée Nick zu sehen (damals hatte ich noch nicht gelernt, welch schlechten Geschmack heutzutage erstaunlich viele Leute haben) – als ich mich nun also in den Keller des Nebenhauses begeben wollte, war ich eingeschlossen. Niemand weit und breit. Absolute Stille. Pechschwarzes Dunkel. Bei anständigen Hausbesetzern sind selbstverständlich alle elektrischen Leitungen kaputt. Keine Klingel funktionierte – egal, es war ja sowieso keiner da, weil alle im Zosch-Keller hockten, das große Ereignis erwartend.

Es wurde null Uhr zehn. Es goß, niemand hörte mich, keine Zeit, mich zu konzentrieren, gezwungen, das Problem zu lösen, wie ich denn nun auf die verdammte Bühne kommen soll. Typisch – alle warten auf mich: Ein Underground-Star steht in den Startlöchern – und irgendein Arschloch hat den Pechvogel Désirée Nick in den Käfig gesperrt!

Schreiend trat ich gegen die verdammte Holztür. Ich nahm einen Stein und schmiß ihn durch eine Milchglasscheibe, die die Bombennächte im Krieg überlebt hatte, um auf mich aufmerksam zu machen ... nichts! Berlin saß gestapelt wie die Sardinen im Zuschauerraum des Zosch.

Da sah ich dieses Baugerüst. Entweder würde ich es überleben, mit meinen Stöckelschuhen, in Chiffonhose und mit Lederkappe hochzuklettern, über das Dach des Hauses zu kriechen, eine Einstiegluke zu finden und durch die Hintertür ins Zosch zu gelangen, oder ich würde mich vom Dach hinabstürzen, so daß man glauben mußte, ich hätte aus Angst vor meiner Weltpremiere Selbstmord begangen.

Egal. Irgendwie muß es mir gelungen sein.

Mit nur halbstündiger Verspätung begann die Uraufführung von »Eine Frau wird erst schön durch die Liebe«. Das Lampenfieber lähmte mir die Zunge, aber ich kämpfte wie eine Löwin um mein zweistündiges Überleben. Danach wollte ich tot umfallen.* Die Leute müssen es gespürt haben, denn vom ersten Moment an strömte mir eine enorme Wärme, ein allesverzeihendes Wohlwollen entgegen, das mich wie ein Mantel umhüllte. Ich muß völlig transparent gewirkt haben, denn Reaktionen kamen auch auf Gedanken, die ich gar nicht aussprach.

Ich sagte: »Ich merke schon – ihr lacht, wo ihr wollt – das wird sich ändern im Laufe des Abends!« Wann immer ich hing, gab ich der Situation aufrichtig Ausdruck: »Das ist doch alles komplizierter als ich dachte«, und ich hätte nie gedacht, daß ich hierfür auch noch einen Lacher landen würde. Erzählte ich aber von kalkuliert-pointenreichen Themen, wie zum Beispiel von meiner Tochter Taranthulla (die ich komischerweise autobiographisch ganz vergessen habe zu erwähnen) oder brachte ich zum Ausdruck, daß ich wirklich nichts gegen Ute habe, trug ich gar mein Andrew-Lloyd-Webber-Musical-Medley vor, so glitt ich auf einer sanften Woge direkt in die Herzen des Publikums hinein.

Es ist ein Phänomen, daß Menschen, die man normalerweise nicht einmal in der größten Not ansprechen würde, in dem

---

* Als ich 1996 im achten Monat schwanger, drei Wochen lang en suite bei vierzig Grad Hitze auf der Bühne des Renaissance-Theaters stand, ist mir dies beinahe gelungen.

16. Juli 1993:
Premiere der Soloshow
»Eine Frau wird erst
schön durch die Liebe«.
Es war mein Durch-
bruch. Von diesem Tag
an nannte man mich
»Star«.

Augenblick, wo sie Zuschauer sind und meinen Humor verstehen, zu Freunden werden und ich sie tatsächlich inniglich liebe. Ich kann sie dann auch in all ihrer Beschränktheit, ihren Neurosen, in ihren Nöten oder in ihrem Profilierungszwang – ja, in ihrer ganzen Impotenz verstehen und liebe sie nicht nur, obwohl sie Sünder sind, sondern *weil* sie Sünder sind.* Paradoxerweise habe ich auf der Bühne immer das Gefühl, sie alle umarmen und ALLES für diese Menschen tun zu wollen, was sie glücklich macht – doch nur solange ich auf der Bühne stehe! Ich kenne mein Publikum nun mal: Die meisten meiner Fans sind geborene Schweine, die den ganzen Tag nichts anderes im Sinn haben, als ihren Fettarsch durch die Gegend zu kurven und irgendwie die Zeit zwischen zwei Ficks totzuschlagen. Die tiefere Bedeutung meiner Weltklassephilosophie versteht man natürlich nur, wenn man Charles Bukowski gelesen hat.

Ovationen, Ovationen, Ovationen! Das Rasen der Leute, die den frisch renovierten Zosch-Keller beinahe wieder zum Einsturz brachten – rieselte doch tatsächlich während ihres Getrampels der Putz von der Decke –, übermannte mich. Bestätigung. Konnte es sein? Der Beweis, mit allem Recht gehabt zu haben – mit jeder Enttäuschung trotzig gewachsen zu sein.

Als ich von der Bühne abging, fiel ich in die Arme Adam Benzwis und heulte, heulte, heulte. Von diesem Moment an wußte ich, daß ich für den Rest meines Lebens ein Performer sein würde – egal wo und auf welchem Niveau. Ich hatte meine Bestimmung gefunden. Endlich!

Viele träumen davon, berühmt zu sein. Ich habe nie die Absicht gehabt, doch das Leben hat mich dazu gezwungen.

---

* Die einzige Todsünde in meinem Universum ist übrigens, meine Shows nicht zu verstehen.

Und hier finde ich all die Antworten auf die Komplexität einer Désirée Nick, die in Wirklichkeit eine vollschlanke brünette Hausfrau ist. Diva zu werden, das ist mir einfach passiert. Aus Notwehr bin ich Star geworden.

»Marlene ist tot – es lebe Désirée Nick«

(taz)

»Sie ist eine Femme fatale mit Schwanenhals, eine Exhibitionistin und manchmal ganz schrecklich sentimental. Für empfindsame Gemüter ist der Abend qualvoll. Hemmungslos überschreitet sie jede Schmerzgrenze. Sie kann sein, wie sie will, sie kann machen, was sie will – das Publikum liebt sie einfach.«

(BZ)

»Nach Marlene-Kurz-Schluß und dem Schiller-Theater-Aus ist Désirée Nick Berlins Top-Stadtgespräch. Mit ihrer Erfolgsshow watet die Chanteuse durch den Sumpf der Berliner Kulturszene.«

(BZ)

»Egal ob sie in die Rolle des Vamps oder der Hure schlüpft – ein bißchen schrullig und hausfraulich bleibt sie immer. Um größtmögliche Geschmacklosigkeiten bemüht, kriegt die Nick immer wieder den Dreh – sie ist nie peinlich. Im Gegenteil: Bei allem, was sie tut, strahlt sie Souveränität aus, sie steht deutlich über dem Publikum, stürzt auf ihrer Gratwanderung nie ab und vermag immer wieder zu überraschen. Ein herzhaftes sich auf die Schenkel schlagen bleibt nicht aus. Haben wir in Désirée Nick vielleicht die Erfinderin des Damenwitzes gefunden?«

(taz)

»Zickig-hysterisch, ein bißchen schrullig und unbeschreib-
lich liebenswert. Mit himmelblauem Kullerblick, klimpern-
dem Wimpernaufschlag und einer guten Portion graziöser
Nonchalance, grazil, originell, freimütig, ohne Angst, ab-
geschmackt zu sein, klappert, säuselt, trillert und schnalzt
Frau Nick, daß es eine Freude ist.«

(Neue Zeit)

19 Joop – und sonst gar nix!

Zwei Jahre habe ich gespart, keinen Pfennig ausgegeben, und gestern war es dann soweit: Ich bin zu Kramberg am Ku'damm gegangen und habe mir einen langgehegten Wunschtraum erfüllt: ein Versace-Sakko!!! Es war runtergesetzt, und so haben 1000 Mark gereicht. Es ist so weich und schön und elegant, daß ich Freudentränen in den Augen hatte und nach Hause gehüpft bin. Ich habe es vorsichtig in Frischhaltefolie einge- schlagen (wegen der Nässe im Keller) und meiner Liege gegen- über an die Wand gehängt. Mein letzter Blick vor dem Einschla- fen ruhte auf fliederfarbenem Cashmere/Seiden-Gemisch. Sel- ten habe ich so süß geträumt wie in dieser Nacht.
Mein Traum war schnell ausgeträumt – als ich heute morgen die Augen aufschlug, sah ich als erstes Désirées wutverzerrtes, ungeschminktes Gesicht. Ihre Mundwinkel hingen bebend herab, und unter ihrem linken Auge zuckte ein Nerv. In der Hand hielt sie eine Schere, mit der sie auf mich deutete: »In meinem Haus trägt man Joop! Kein Lagerfeld. Kein Montana. Kein Mugler. Und erst recht nicht Ver-Sa-Ce!!! Ein für allemal« Als sie ging, war ich naßgespuckt. Und der Blick auf mein brutal zerschnittenes Sakko, unwiederbringlich zerstört, warf mich in eine tiefe Agonie, aus der ich erst jetzt langsam wieder erwa- che.

Den Tag nach der Premiere verbrachte ich am Grab Marlene Dietrichs. Seitdem bin ich mehr als dreißigmal dort gewesen, um das Lebensbäumchen zu wässern, das ich am 1. August

254

dort gesetzt habe. An seinem Fuße haben sich mittlerweile vierblättrige Kleeblätter angesiedelt, auf denen zur Jahreswende lustige Schornsteinfegermännchen reiten.

Knie ich nieder, höre ich deutlich, wie Marlene zu mir stets dasselbe spricht: »Harmonie im schlechten Geschmack ist der Triumph von Eleganz.«

Ja, so ist es: Wer sein Lachen verkauft, wird ein ernster Mensch. Den Glamour knipst man an, sobald die Scheinwerfer auf einen gerichtet sind – vor und nach der Show steht nichts als harte Arbeit. Von heute auf morgen war meine Message eine andere geworden: Wenn ihr einen Star sehen wollt – dann schaut auf mich!

Und ich bin nicht ein Star, weil ich hart arbeite, sondern weil ich Star bin, arbeite ich hart.

Schon während meiner ersten Auftrittsserie im Zosch kamen Einladungen diverser Fernsehsender, und wenige Wochen nach der Premiere debütierte ich als Gast der N3-Talk-Show. Ich hatte meinen türkisfarbenen Lurex-Overall an und Studiopublikum sowie die Talkrunde mit dem, was ich zu berichten hatte, begeistert. In einer Hamburger Patriziervilla surfte zur selben Zeit ein Mann von Klasse, Stil und Anstand durch fünfunddreißig TV-Kanäle, blieb Gott sei Dank im richtigen Moment bei mir hängen und schob flink eine Videokassette ein, um festzuhalten, wie ich Fernsehgeschichte schrieb. Wolfgang Joop hat noch oft dieses Band vor- und zurückgespult, dabei an Scampis geknabbert und bald alle Bonmots auswendig gelernt.

1994 gab der Berliner Szenestar Ades Zabel in einem Spiegelzelt vor der Philharmonie sein Geburtstagsfest, wobei dem beliebten Künstler alles huldigte, was von Natur aus auf Stöckelschuhen laufen kann. Klar, daß die Nick auch dabei war. Wie von höheren Mächten geleitet, verirrte sich an diesem Abend auch Wolfgang Joop ins BKA-Zelt und wurde von allen angemacht nach dem Motto: »Sie sehen Joop unwahrscheinlich ähnlich.« Nur einer erkannte, daß er das Original war. Während ich im Glitzerdirndl das Zelt zum Toben brachte, gefror Wölfchen zur Skulptur. Neben ihm stand nämlich Ursli Pfister, der ihn seit Jahren mit Bittbriefchen betreffs Sponsoring und Einladungen zu allen erdenklichen Auftritten quält, und schielte den edlen Connoisseur verliebt an. Wolfgang bekam es so mit der Angst zu tun, daß Ursli sich ihm an den Hals schmeißen und diesen begehrten Platz nie wieder freigeben würde, daß er die Party verließ, ohne daß wir uns kennengelernt hätten.

O je – an diesem Halse hängen schon so viele, da wird erst wieder Platz sein, wenn der Mann seine Kronjuwelen versteigern läßt. Ich erwähne das, um auf die Joopsche Bescheidenheit aufmerksam zu machen. Wolfgang erkannte mich nämlich sofort als die Nick, die er im Fernsehen gesehen hatte, und wagte es nicht einmal, hinter die Bühne zu kommen und mich »zu belästigen« – ein Problem, welches dreistere Gemüter nicht haben.

Rückblickend ärgerte ihn das so sehr, daß er dann, als er mich einige Zeit später per Zufall über die Straße gehen sah, nicht zögerte, aus der Paris-Bar herauszustürzen und voller Charme und Bescheidenheit zu sagen: »Ich bin Wolfgang Joop!«

Ich glaube, wenn es in Deutschland jemanden gibt, der sich nicht vorzustellen braucht, dann ist es er. Vom ersten Moment an, praktisch schon bevor ich an seinem Tisch Platz nahm, war klar, daß hier eine Freundschaft begann, die sich nie erschöpfen wird. Mit den Bestandteilen einer Persönlichkeit, mit der die meisten Männer überfordert sind, war er längst vertraut. Joop »Wolfgang« nennen zu dürfen, ist für mich eine große Ehre. Es gibt in meinem Leben vielleicht fünf Menschen, deren Freundschaft ich pflege wie ein kostbares Juwel. Es ist für mich eine Wohltat, auf jemanden zu treffen, bei dem ich Qualität verspüre. In ihm habe ich einen Mann kennengelernt, der sich noch genau erinnern kann, wo er war, als Coco Chanel starb. Wolfgang hat den Perfektionismus erlangt, auf den ich hinarbeite. Sein Licht strahlt so hell – zugleich ist er sanftmütig und fürsorglich.

Alle paar Stunden hört er auf zu reden und hört einem wirklich zu! Andere Männer tun das nie. Es gibt soviele unmögliche Arten, sich zu lieben – Wolfgang und ich haben eine davon gefunden. Ich liebe ihn für nichts weiter als das, was er wirklich ist: Reich! Nach vierzehn Tagen hat er mich schon mit seinem Privatflugzeug aus Berlin abholen und auf dem Dach seines Penthouse in Monte Carlo landen lassen – ja, da muß eine Frau doch reagieren! Wenn wir in den Grimaldi-Palast eingeladen sind, nehmen wir immer den Hubschrauber. Wolfgang macht jeden Moment seines Lebens zu Gold. Er ist zwar zwanzig Jahre älter als ich – aber solange ein Mann fit genug ist, mit der Hand ans Portemonnaie zu kommen, warum nicht?

Er hat mir die goldene Kundenkarte für Bloomingdale's gegeben, seitdem weiß ich, was multiple Orgasmen sind. Okay, bislang hat er noch keine Zeit gehabt, sich um meine sexuellen Bedürfnisse zu kümmern, aber es gibt ja nun wirklich wichtigere Dinge als Sex. Liebe, meine Freunde, ist das, was VOR und NACH dem Sex passiert. Den Rest kennt man ja. Am Anfang mag es noch aufregend sein, nach ein paar Jahren wird es zur Pflichtübung. Und eines Tages hat jedes Ehepaar Sex in der Diele. Und zwar, wenn man sich zufällig dort begegnet und im Vorübergehen sagt: »Fuck you!«

Von Pamela Anderson habe ich gelernt: Der einzige Unterschied zwischen Pornographie und Erotik ist die Stellung der Kamera. Daraus resultiert: Im Leben ist alles eine Frage der Perspektive. Was ich damit sagen will? Wenn ich in Wölfchens Penthouse in Monte Carlo sitze, habe ich 'ne bessere

Aussicht, als wenn mir ein alter haariger Männersack vor der Nase herumbaumelt.

Mit Wolfgang Joop verbinden mich phallusfreie Philosophien. Purity – if you know what I mean. Wolfgang hat das begriffen und mir klargemacht, daß der einzige Unterschied zwischen Homo- und Heterosex der ist, daß beim Heterosex die Frau den Orgasmus vortäuscht. Und sich dann irgendwann mit der Pfeffermühle im Bad einschließt.

Man muß ihn einfach bewundern ...

Welcher Mann kauft sich einen himbeerroten Bentley, läßt ihn mit himbeerrotem Flokati auslegen und schenkt mir den dazu passenden himbeerroten Cashmeremantel? So etwas ist Grace Kelly nicht einmal im Film passiert!

Als Wolfgang fünfzig wurde, hat er seinen Eltern ein Gratulationstelegramm nach Potsdam geschickt. Er bleibt eine Schönheit und ein Junge für immer. Im Schlaf sieht er aus wie neunundzwanzigeinhalb. Wolfgang ist viel zu jung, um so alt zu sein. Ein guter Wein wird mit den Jahren auch immer besser, natürlich nur, wenn die Trauben erstklassig sind. Eines Tages wird er schmecken wie ein alter Baron Mouthon de Rothschild. Der Glanz alter Blondinen verblaßt nie.

Für Wolfgang

Ein Prunksalon, der Lüster strahlt in vollster Blüte –
Man sitzt in Clubfauteuils bei soften Drinks –
Die schmalsten Mädchen tragen Riesenhüte
Und lächeln sanft wie Mädchen Maeterlincks.

An der Amphore lehnen blasse Frauen
Wie fallen ihre Mäntel blumenzart!
Es glimmen unter sehr geschminkten Brauen
Gazellenblicke rätselhafter Art.

Sie kommen näher, gleich verwirrten Rehen,
Doch nichts Erdenkliches ist ihnen fremd,
Sie sind »just cool« vom Kopf bis zu den Zehen,
Und Nadjas Haar ist in die Stirn gekämmt.

Wolfgang tanzt und gibt die alten Glieder,
Die sehr gepflegten, jedem Wagnis hin.
Er biegt und rankt sich und entschmiegt sich wieder
Und ist ein Tier und eine Königin.
Doch Joop ist bald vom Rausch erwacht,
Und bleibt in dem Moment, als reiche Kavaliere kamen,
Grausam schön und nur noch aufs Geschäft bedacht.

Danke Wolfgang
Désirée 1997.

Während ich mir allabendlich im Zosch den Arsch aufriß,
krönte mich die Berliner Scene zu ihrer Underground-Queen.
Dort spürte man sofort, daß in meiner Gestalt das Beste von
Frauen und das Beste von Männern auf der Bühne zu einer
potenten Einheit verschmilzt. Hätte mich nicht die Schwulenszene getragen und gefördert und wäre nicht die Mauer
gefallen, gäbe es nicht den Kultstar Désirée Nick. Oder anders
gesagt: Die etablierte Theaterszene im Westen hätte mich
sterben lassen. Danken muß ich hingegen meiner Kostüm-
bildnerin Daniela Bimek, meinem Regisseur Wolfram Haack,
der autonomen Druckerei für meine Plakate, und den Freunden, die mein Wohnzimmer ausgeräumt und es im Zosch
bühnenwirksam neu arrangiert haben – denn sie alle haben
sich auf mein Angebot eingelassen, daß ich die Kosten erst
dann decken kann, wenn die Show läuft. In ihrer Delusion of
Grandeur hat sich die Nick natürlich schon ihre erste Keller-
show 10 000 Mark kosten lassen – dafür war es aber auch

immer voll, und alle haben ihr Geld bekommen. Außer Christoph Wagner. Der hat ja bei mir Ausbildung gemacht, und ich habe ihm viel Schulgeld erspart.

Legendär wurden in diesen Tagen meine Fachsimpeleien über Jeff Stryker (acht Porno-Oscars!), der mir auf die Frage, wie es sich eigentlich anfühlt, schwul zu sein, antwortete: »It's a pain in the ass«; über Jakutin (das Mittel gegen Silberfische, die mit Vorliebe in Augenbrauen und moustaches nisten) und mein kunstgeschichtlicher Exkurs über den Fotorealisten Tom of Finland. Ich gehe ja wahnsinnig gerne auf Vernissagen, obwohl ich jedesmal wieder enttäuscht bin: Schauen Sie sich die moderne Malerei doch mal an! Früher, da haben die Maler noch Blumen und dicke Frauen gemalt. Gurken, Bananen, Karotten, Maiskolben und Kerzen – Stilleben halt. Und heute? Drei schwarze Striche auf dem Blatt, kostet eine Million, und nennt sich »Sonnenuntergang«. Das ist genau so, wie wenn ich auf die Bühne scheiße, eine Karte tausend Mark kostet und ich die ganze Performance »Die Zauberharfe« nenne.

Damals, wenn ein Bild zum Beispiel hieß »Mann mit Goldhelm«, dann war da auch ein Mann mit einem Goldhelm drauf. Da konnte man sich drauf verlassen, egal, auch wenn es überspannt ist, mit so einem Blecheimer auf dem Kopf rumzurennen. Und bedenken Sie: Weltkrieg eins und zwei, ganz Berlin in Trümmern, aber das Bild hat alles überstanden – so solide ist das gemalt! Nein, heutzutage ist mir das meiste zu abstrakt. Bei Tom of Finland weiß man noch, was man in der Hand hat. Er bietet mir das, was ich von einem Maler erwarte. Beim Telefonieren skizziere ich immer gewisse Details meiner Lieblingsbilder von ihm nach.

Zu einer der größten Freuden, die mir mein taufrischer Ruhm ermöglicht, gehört meine Kunstsammlung. Wo immer mich meine Tourneen hinführen, ich lasse mir keinen Kunstmarkt entgehen, um Originale aus aller Welt zusammenzutragen.

Bei mir überm Bett hängt sogar die nackte Maja. Ich hoffe bloß, daß sich die nicht am Ende als Fälschung entpuppt, dann hätte ich ja die dreißig Mark ganz umsonst ausgegeben.

Die Bilder von Ute Lemper mag ich nicht so. Sie sind mir zu groß. Aber es sind ja auch eigentlich keine Gemälde, sondern eher Wutausbrüche. Seit zehn Jahren hat Ute eine blaue Periode. Wie strapaziös! Da kann ich mir ja gleich einen jungen Wilden fürs Schlafzimmer kaufen. Also, wenn ich der Christo wäre – ich hätte nicht den Reichstag eingepackt, sondern die Lemper. Und dann hätte ich so feste zugeschnürt, daß die nie wieder rauskommt. Det wär doch mal Kunst gewesen.

20 Nicks Holliwud,
nix Praunheim

Désirée ist mit Praunheim in New York, und ich vermisse sie fast
ein bißchen. Sie sagt, es sei aus Kostengründen, daß ich nicht
mit darf. Ich glaube jedoch, daß Praunheim es mit der Angst
bekam, als er bemerkte, daß Désirée auf seine Regieanweisun-
gen kaum hört, wohl aber auf mein Dialogue-coaching. Er sah
seine Autorität durch meine Effizienz gefährdet!
Was soll's. Désirées Mutter und ich essen täglich Erdbeer-
kuchen mit Schlagsahne und schauen uns alle Fernsehserien
an, die sonst verboten sind, weil Désirée beim Casting durch-
gefallen ist. Berlin kann richtig schön sein.

Binnen kürzester Zeit jagte eine Talk-Show die andere, Grund
genug, mir endlich einen Fernseher anzuschaffen, und es blieb
nicht aus, daß auch das Film-Genie Rosa von Praunheim auf
diese Frau, von der er ja bislang noch niiiiiie gehört hatte,
aufmerksam wurde. Da Röschen eher träge ist, dauerte es
allerdings eine ganze Weile, bis er den Weg ins Zosch fand.
Praunheim geht nämlich nirgendwo hin. Genauso langweilig
wie seine Partys, ist auch sein Privatleben. Aber der harte
Kern der Berliner Trümmertuntenszene – Ichgola Androgyn,
Ber, Ovo und Tima, die Göttliche, haben ihn zu Hause
überfallen, in ein Taxi gezerrt und bei mir in die erste Reihe
gesetzt. Evelyn Künnecke war auch dabei. Sie machte gerade
eine Werbekampagne als Geächtete durch, weil sie sich in
ihrer Naivität latent rechtsradikal zum Marlene-Mythos ge-

äußert hatte.* Mit riesiger, dunkler Sonnenbrille saß sie direkt vor meiner Glamourtreppe, die von der Bühne ins Publikum führte, und hatte ihre gewickelten Beine während der ganzen Show auf der Rampe abgelegt. Als ich fast drüber stolperte, sagte ich: »Na, wenn ick stürze, dann fall ich wenigstens weich – Frau Künnecke kennt das ja.«

Sie rief zu mir hoch: »Ich kann nichts sehen!«

Ich erwiderte: »Na, nehmen Sie mal Ihre Brille ab – ist doch klar, daß die Welt dadurch braun aussieht!«

Ich knabberte an einem Praliné, Evelyn drehte sich um und wandte sich an die Reihe hinter ihr: »Is doch Scheiße!«

»Frau Künnecke – hallo! Hier oben bin ich – das letzte Mal, daß ich Scheiße gegessen habe, das war am Buffet auf der Premiere vom Marlene-Musical in Babelsberg.«

Damals war meine Show noch zu lang.

Anschließend humpelte Frau Künnecke auf die Bühne und sagte zu mir: »Streichen Sie alles raus, was nicht vulgär ist. Sie sind ein Star!«

---

* Als Marlenes Leichnam zur Bestattung nach Berlin eingeflogen wurde, hatte man Evelyn Künnecke nach ihrer Meinung zur Heimkehr der Heldin befragt. Evelyn war von der versöhnlichen Geste der Dietrich nicht beeindruckt (und wahrscheinlich von der Medienaufmerksamkeit um eine Tote zutiefst beleidigt) und äußerte, ihrer Meinung nach sei die Dietrich eine Vaterlandsverräterin, weil sie Nazi-Deutschland den Rükken gekehrt und die amerikanische Nationalität angenommen hatte. Ades Zabel berichtete mir später, eines frühen Morgens die verhuschte Gestalt der Künnecke am Grabe der Dietrich in der Stubenrauchstraße beobachtet zu haben, wie sie Primeln pflanzte, um Abbitte zu leisten. Was vielleicht auch damit zu tun hatte, daß viele Berliner Veranstalter sich solidarisch erklärten und Frau Künnecke nicht mehr auf die Bühne ließen. Hallervorden empfahl ihr, ihr Gastspiel in seinem Kabarett nicht wahrzunehmen, die Bar jeder Vernunft strich sie von ihrer Partyliste. Vier Jahre später haben sie dann aber doch eine Produktion mit ihr gemacht und küssen ihr seitdem auch ohne Scham in aller Öffentlichkeit den Arsch.

Gesine Ganzmann-Seipel: eine Hitchcock-Blondine im Praunheim-Film.
Haare: Désirée Nick, *Make-up:* Désirée Nick, *Kostüme:* Désirée Nick,
Best girl: Désirée Nick, *Dialogregie:* Désirée Nick

Mit ihrem Betreuer, Herrn von Praunheim, hatte ich ja schon vor Jahren Bekanntschaft geschlossen, und wußte deshalb, was er von mir hielt. Doch siehe, wie die Zeit die Dinge wandelt: Schon in der Pause klopfte es an meiner »Garderobe«, welche nichts anderes war als die Getränkekühlkammer des Zosch, in der ich auf einem Bierfaß saß. Zwischen Paletten von Spirituosen, gestapelten Fässern und blauen Müllsäcken verharrte ich bei minus 14° Celsius, eine halbe Stunde vor, nach und zwischen der Show. (Vielleicht die Antwort darauf, weshalb ich so lange frisch und knackig geblieben bin.) Das war mir lieber, als vor jeder Vorstellung eingeschlossen zu werden und übers Dach klettern zu müssen.

Sich von seiner gewinnendsten Seite präsentierend, steckte der Maestro Praunheim seinen Kopf in die Kühlkammer: »Hallöööööööchen! Hier also finde ich die Hauptdarstellerin meines neuen Films! Guten Tag, Frau Ganzmann-Seipel!«

Ich nickte wissend, aber schweigend vor mich hin und biß mich auf die Zunge, um nicht an unser erstes Rendezvous zu erinnern. Rosa wird vom wahren Background unserer Bekanntschaft erst erfahren, wenn er dieses Buch liest. Und neugierig isse ja, die Gute.

Voll des Stolzes schied der Regisseur, denn wieder einmal hatte er in den Trümmern Berlins ein neues Talent entdeckt! Ich muß gestehen, daß ich mich sehr geschmeichelt gefühlt, aber an ein Zustandekommen dieses Projekts nicht geglaubt habe, doch schon am nächsten Tag wurde mir per Boten das Drehbuch geschickt – allerdings wurde niemals der Film gedreht, der auf diesen Seiten zum Entwurf kam. Aber das machen alle so, die bei der Filmförderung ein Projekt einreichen: Man muß halt irgendwas schreiben, was unverständlich ist – das ist dann »klug«.

Der Film »Neurosia« hat, wie der Titel schon sagt, Praunheims Lebensgeschichte zum Inhalt und bringt unfreiwilligerweise ans Licht, daß dieses Leben nicht so kurios und aufregend ist, wie Rosa es gern gehabt hätte. Der Charlotte-von-Mahlsdorf-Film war gut, weil er eine interessante Figur zum zentralen Thema macht, aber Rosa selber als abendfüllender Inhalt?

Praunheim hat es mit diesem Lebenswerk geschafft, sich selbst zu outen: als ehemalige Galionsfigur, die heute nur noch den Charme eines Alt-68ers besitzt. Das wäre nicht weiter tragisch, aber da Rosa meint, Verkörperung und Wortführer aller Schwulen zu sein, bringt er die Szene in Mißkredit, die sich, anders als er, längst emanzipiert hat und kein Mitleid mehr nötig hat. Rosa bebauchpinselt sich in diesem Film in einer geradezu peinlichen Penetranz. Da ihm niemand ein Denkmal setzen wollte, hat er sich selber daran versucht: Heraus kam ein Schulungsfilm, ein Stück verarbeiteter Geschichte, zu deren Rädelsführer er sich erklärt. »Neurosia« sollte in Museen gezeigt werden. Was mir wirklich leid tut, da wir brillantes Material im Kasten hatten. Das Beste an dem Film war, daß ich vier Wochen in New York arbeiten konnte und von der Gage anschließend in Holliwud gelebt habe.

Tief habe ich in meine Pfründe gegriffen und so einen kleinen Ausstattungsfilm daraus gemacht; bin vier Wochen lang täglich zwölf Stunden bei vierzig Grad Hitze durch NYC gestöckelt, extravagant gestylt – ein Aushängeschild der Gay Pride Parade und der Gay Games – der absolute Traffic-Stopper in Downtown-Manhattan; mein eigener Make-up-Artist und Friseur war ich natürlich auch noch.

Zu den Drehorten hat man mich nicht etwa abgeholt, Gott bewahre, all dressed up hatte ich mir ein Taxi zu nehmen. Ich bekam ungenaue oder falsche Adressen und mußte mich mit mexikanischen Analphabeten herumschlagen, deren Taxen im New Yorker Stau in den Asphalt sanken wie Traktoren ins

Moor und die mich ob meiner situationsbedingten Hysterie und meines Outfits für ein Call-Girl auf Koks hielten.

Als ich einmal zum driver sagte: »Please go directly – I want no sightseeing-tour«, bremste der Zahnlose in der übelsten Ecke Harlems ab, daß die Funken stoben, und schrie: »Get out of this car, you fucking Nazi-bitch!«

Schmiß mich raus, nahm eine Flasche Whiskey, sprenkelte seine Taxe damit voll, entzündete ein Streichholz und ging mitsamt seines Wagens in lodernden Flammen auf. Der Verkehr brauste ungeachtet dessen an uns vorüber. No one cares.

Bei meinem ersten Aufenthalt in NY habe ich auch gelernt, daß hier die Gäste von den Taxifahrern überfallen werden und nicht etwa umgekehrt! Gleich am dritten Tag hielt mir ein cabdriver ein Messer an die Kehle und sagte: »Gimme your money or I cut your throat!«

Klar akzentuiert und mit nur einem leichten Unterton von eskalierender Nervosität gab ich zu bedenken: »Okay, go on – cut my throat and then you are a murderer and you go to jail but I am not going to give you my bloody money! And now open this fucking door for me or I am going to nail your three-millimeter-cock to the next wall!«

Er fing laut an zu lachen, grölte und schlug sich auf die Schenkel, Tränen liefen ihm übers Gesicht, als er mir die Tür öffnete. Mein Humor hatte mir das Leben gerettet.

Am Drehort sprachen mich New Yorker an, wo denn meine grandiosen Outfits zu bekommen seien, oder winkten mir aus vorbeifahrenden Limousinen ermunternd zu. Bei den Drehs in der Christopher Street hielt man mich an, um zu erfahren, wo meine Show lief. »But what show?« sagte ich.

»Darling, you must have a show, get on stage, you're a star – just look at you!«

Ich mußte mich im Village nur an den Rinnstein setzen, und

267

schon gab ich Autogramme. Alles – alles rausgeschnitten! Geblieben ist von der ganzen New-York-footage nur eine Minute: die Szene, in der ich auf einer Parkbank sitze und einen jungen Italiener über sein Coming-out interviewe. Diese Parkbank und dieser Baum hätten auch bei Praunheim um die Ecke im Preußenpark stehen können. Von mir in NY sieht man nichts – flair, energy und vibrations des Big apple: alles verschenkt. Statt dessen griff Praunheim tief ins Archiv und schnipselte in vertraut-laienhafter-seventies-trash-Manier Dokumentaraufnahmen von Demos aus den Sechzigern und home-videos, die seinen Bauch zeigen, dazwischen.

Ein Film entsteht am Schneidetisch – wenn die Arbeit des Schauspielers längst beendet ist. Als ich bei einer Preview das Resultat – sprich: die Verstümmelung meiner Arbeit – sah, habe ich vor Schreck die Stimme verloren.

Ich will nicht einmal beklagen, daß nach dreißig Jahren im Busineß bei Rosa immer noch die Kamera wackelt, er unter »Ausleuchten« versteht, den Lampenschirm der Stehlampe seiner Mutter abzumontieren, aufs Sofa zu klettern und einem mit dem Gestell vor der Nase herumzufuchteln, daß er als »beauty-light« immer noch seine Ikea-Klemmlampe verwendet und dramaturgisch alles dem Zufall überlassen bleibt – denn schließlich weiß man, worauf man sich einläßt, wenn man einen Film mit ihm dreht. Aber wann immer ich fragte: »Was drehen wir heute«, war die stereotype Antwort: »Let's see what happens.«

»Aber Rosa, passieren wird immer nur das, was du initiierst!«

So drehten wir uns im Kreis. Mit einer Schauspielerin und Perfektionistin wie mir konnte er nichts anfangen – wahrscheinlich ist ihm so was auch zum ersten Mal in meiner Gestalt begegnet.

Rosa hat mich in keinster Weise schlecht behandelt – sogar

die Gage kam pünktlich –, er kann nur leider keine guten Spielfilme machen. Seine Dokumentation über Transsexuelle in New York City ist brillant, weil er nichts anderes tun mußte, als spannende Menschen zu interviewen und für sich selbst sprechen zu lassen. Ich finde, er sollte nur noch solche Filme machen, denn das, was ihn damals zum Enfant terrible machte, wird heute vom Reality-TV und dem Kuriositätenkabinett der täglichen Talk-Shows übernommen: Nämlich die schaukelnde Kamera wird auf Verrückte gehalten, die sich nicht anders geben als sonst auch. Für Spielfilme ist das zu wenig. Und einen Filmkritiker reißt es genausowenig vom Hocker wie das Publikum, das in diesem Falle auch in Scharen wegblieb.

Damals im Zosch muß er wohl gedacht haben, ich sei tatsächlich die schrille, sexistische, überdrehte Blondine, die ich als bühnenwirksame Persona, als Kunstfigur für meine Shows entwickelt habe, weil mir ein anderer Mund mehr zu sagen erlaubt, als mein eigener. Oh, ich wünschte, ich könnte vierundzwanzig Stunden lang Désirée Nick sein. Dann hätte ich verdammt viel Spaß.

In langen nächtlichen Diskussionen fragte mich Rosa, was für einen Film er eigentlich drehe. Nicht nur sollte ich ihm sein Werk erklären, er bat mich ausdrücklich um Hilfe. Ich schlug ihm vor, doch endlich mal keinen schwulen Film zu machen, sondern einen guten!

»Rosa – mach doch mal keinen Film über Schwule, sondern einen Film über Menschen. Hör auf, dich selbst dafür zu feiern, daß du dein Coming-out geschafft hast. Ich spiele mich doch auch nicht zur Priesterin aller Blondinen auf, wo doch heutzutage viele Blondinen schon selber sprechen gelernt haben.«

Ich versuchte, ihn zu überzeugen, daß man eine Nick, die im schwarzen Galliano-Chiffon-Abendkleid auf dem Empire

Gestalttherapie in New York City.

State Building steht und der sinkenden Sonne nachweint, weil sie als kleine Journalistin in dieser Stadt durchdreht, nicht rausschneidet.

Eine Nick, die im Lodenmantel auf der im nächtlichen Lichterglanz gleißenden Manhattan-Bridge entlangbalanciert und ihr Leben riskiert – das läßt man nicht im Archiv verstauben!

Ich sehe schon, am Ende muß ich noch meine eigenen Filme machen – ich fühle mich da Helge Schneider sehr verbunden, der sich seine Arbeit auch von niemandem mehr kaputtmachen läßt. Schade, ich hatte wirklich versucht, ihm zeitgemäße Impulse zu geben. Es hat nicht funktioniert.

Fingerspitzengefühl ist nun mal nicht Rosas Ding. Dafür ist er auf anderen Gebieten um so versierter: Kaum in New York eingecheckt, wurde schon gecastet. In jedem Gay Magazine, an jedem Laternenpfahl war es zu lesen:

IF YOU WANT TO TAKE PART IN ROSA VON PRAUNHEIMS NEXT INTERNATIONAL MOVIE YOU ARE INVITED TO HAVE FUN WITH HIM ON SAFER SEX PARTY. BRING 5$.

Während er den Mega-Jerk-Off für die Szene vorbereitete, in der die gehetzte Journalistin ihn schließlich auf einer Riesenorgie entdeckt, verbrachte er die Freizeit damit, auf den Docks – der größten cruising-area der Welt – besonders attraktive Exemplare persönlich zu überreden.

Ehre wem Ehre gebührt: Die große Party, von der ganz New York sprach, hat er meisterlich aus dem Boden gestampft und daraus einen Mega-Jerk-Off gemacht, von dem Rosa noch heute zehrt. 1000 New Yorker Ärzte, Bankiers, Rechtsanwälte, Teppichreiniger, Köche, Fensterputzer, Fliesenleger, Bauarbeiter, Tankwarte, Studenten, Schriftsteller, Maler, Tänzer, Schauspieler, Akrobaten, Sänger, Models jeglicher Nationalität und couleur rissen sich darum, offen für alles und jeden zu sein. In drei Schichten eingeteilt, hatte Praunheim drei Tage damit zu tun, rund um die Uhr als einziger, der ständig »on camera« war, bei Stange zu bleiben.

Ach so – die Ganzmann-Seipel, als Mann verkleidet, war natürlich auch die ganze Zeit dabei und hat am eigenen Leib verspürt, was es heißt, Minderheit zu sein. Ich mußte in den unglaublichsten Positionen nach dem verschollenen Praunheim fahnden, und tat das mit der Lupe eines Sherlock Holmes. Mein Vorschlag, mit Stenoblock und Bleistift zwischen Gestöhne und Gepeitsche redaktionelle Notizen zu machen, machte mich in der NY-Gay-Scene über Nacht berühmt. Auch alles herausgeschnitten. Gehöre nicht zum Film, befand Herr von Praunheim.

Die gutaussehenden, unverheirateten, gepflegten jungen Männer waren ausgesprochen höflich und zuvorkommend zu mir. Klar – wahrscheinlich sahen sie sich in mir: als einzelner Mann, umgeben von tausend nackten Weibern, die es miteinander treiben und denen sie auch noch den Spiegel halten müssen. Ich gebe offen zu Protokoll, dieses außergewöhnliche Wochenendabenteuer psychisch nicht unbeschadet überstanden zu haben.

Also unter uns gesagt: Es war nicht alles safe, was da passiert ist. Ich bin ja kaum hinterhergekommen mit meinem Scheuerlappen! Überall dieser weißliche Saft, auf dem ich ausglitt und hinschlug. Bis ich als Visagistin des Films die ganzen Leute erst mal mit bodypaint abgemattet hatte. Und dann drei Tage lang meine CD, die bei Viellieb Rekords, Elbestr. 28/29, 12045 Berlin, Tel.: 030/ 61 30 99 40, unter der Bestellnummer 006 zu beziehen ist und die non-stop im Hintergrund lief ...

Sie glauben ja gar nicht, was ich an Gummis zusammengekehrt habe. Bei Praunheim gibt es doch keine Requisiteure! Und dann die eitlen Tunten, wenn die Kamera auf sie gerichtet war: Ein interruptus jagte den anderen, weil ich ihnen vor

jeder Großaufnahme die Pobacken noch mal abpudern mußte. Logisch, daß ich bei tausend Mitwirkenden jede Aktion
dramatisch verlängerte, da ich zwischendurch entscheidende
Einzelteile mit Flutschi-Gel zu lubrifizieren hatte. Glauben Sie
mir – ich habe für den Rest meines Lebens genug nackte
Homosexuelle gesehen und erkenne sie nicht mehr am ab-
gespreizten kleinen Finger, sondern an der Kräuselung des
Schamhaars am rückwärtigen Oberschenkel.

Désirée erzählt mir ständig, wie toll NYC war, und stundenlang
muß ich mir detailgetreue Schilderungen der Orgienszene anhören. Sie tut das bloß, um mich zu ärgern. Doch wer zuletzt
lacht . . . Praunheim vertraute sich mir kürzlich an: Er bat mich
um Verzeihung, daß er mich nicht mit nach New York genommen hat, und klagte, wie leid es ihm tue. Kein Wunder –
sämtliches Filmmaterial mit Désirée ist unbrauchbar. Ohne
Drama-Coach ist die Nick so schlecht, daß nicht mal »Gute
Zeiten, Schlechte Zeiten« ihr eine Gastrolle anbieten würde.

Da die Sex-Party krönender Abschluß der NY-Dreharbeiten
war und Praunheim gewisse Stellungen noch einmal nachdre-
hen wollte und ich ein nicht umbuchbares Billigflugticket in
der Tasche hatte, mußte ich direkt vom Dreh zum JFK-Flug-
hafen hetzen und kam noch als Mann verkleidet in Holliwud
an.
O.k. – Holliwud has been good to me, aber um ehrlich zu sein:
Ich habe mich in Los Angeles nie richtig wohl gefühlt. Beverly
Hills ist ja so billig geworden in den letzten Jahren. Die
Menschen sind von einem geradezu obszönen Reichtum dort!
Die waren mir dankbar, daß dort mal endlich einer europäi-
sche Kultur lebendig macht. Ich habe zum Schluß ein Ab-
schiedsfest für achthundert meiner engsten Freunde gegeben
– und da waren sogar welche dabei, mit denen ich nicht im

Bett war! Ich mußte denen doch erst mal beibringen, wie man zivilisiert einen Tisch deckt: rechts Messer und Gabel, links die Dildos. Gut, nä?

Hillary Clinton (wir telefonieren fast täglich) hat kürzlich auch wieder zu mir gesagt: »Désirée, you know, Holliwud has become so vulgar since you are not with us anymore ...«

Tja, sollen sie doch sehen, wie sie ohne mich auskommen, wird denen schon noch leid tun, daß sie mich haben gehen lassen. Was die wenigsten wissen: Ich habe ja in einem Jahr in LA acht Filme gedreht!

> Fatal Erection
> Star Whores
> Anal Weapon
> Lubricating Rita
> Hannah does her Sisters
> Room with a Jew
> All about Steve
> *und*
> Sperminator III

Aber das war erst der warm up für meine Karriere in den Staaten! Der eigentliche Durchbruch war nämlich ein völlig neues Genre, welches ich am Broadway kreiert habe: Porno-Musical. Unser Erfolgshit hieß: »Bepißte Glatzen«. Dadurch wurde mein Kultstatus so überdimensional, daß ich es mir leisten konnte, meine eigene Gleitcreme auf den Markt zu bringen: »Tasty Nickerella« (auf der Tube mein Konterfei in fluoreszierenden Farben – leuchtet auch im Dunkeln: dark-room-tauglich, dieser Hinweis nur am Rande für meine Hard-core-Fans). Plötzlich war ich stinkreich! Tja, wen die Götter lieben, nicht wahr?

Dann hat man unter meinem Anwesen in Bel Air, California,

auch noch Valiumminen entdeckt! Ich schlug am frühen Morgen die Augen auf und sah nichts als braungebrannte Bauarbeiter, die mit nacktem, schweißverschmiertem Oberkörper und starken Männerarmen Naturrohstoffe zu Tage förderten. Das einzig Lästige daran war, daß mein Pianist Christoph Wagner daraufhin vor der Tür stand, um den Garten mit den Zähnen umzugraben.

Mit diesem Vermögen wiederum launchte ich meine Personality-Seife: »Pussy-Bilitis: the bittersweet smell of success«. I made a fortune over night – just like that. Und damit landete ich dann meinen größten Coup: Ich habe mich selber als aufblasbare Gummipuppe auf den Markt gebracht: »Désirée, the Rubber-Broad«. Jedes Exemplar handbemalt und mit asiatischem Echthaar. Aber in einer Nacht- und Nebelaktion hat die WHO das Projekt boykottiert und binnen vierundzwanzig Stunden weltweit konfiszieren lassen, weil angeblich bei einer Testgruppe von einhundert Männern neunundneunzig umgekippt sein sollen – beim Aufblasen meiner Möpse.

Another LA-Story ... dort zur bag-lady zu werden, das geht ganz, ganz schnell. Ich konnte ja zum Schluß nur noch einmal im Monat zum Golfen! Was war ich gedemütigt, als ich auch noch auf Massentransport ausweichen mußte und anstatt per Helikopter mit der Fähre am Gay Pride Day vor den Augen aller in New York Harbour einlief: Ich war der Sozialfall von Fire Island! Am Ende mußte ich in den Büschen von Provincetown auftreten – das ist ein Kurort für Friseure. Dort hat man mir »next please« auf den Arsch tätowiert, als ich auf Speed war.

Ich weiß, was es heißt, arm zu sein. Mehr als einmal habe ich mir die Fingernägel selbst maniküriert! Immer, wenn meine lesbische Managerin bei mir übernachtet hat, habe ich am nächsten Morgen noch eine Gurkenmaske gemacht und abends meinen Gästen Salat serviert. Was das bedeutet! Ich hatte mich doch an den Lebensstil gewöhnt, Mensch!

Und dann kam Weihnachten 1995. Nirgendwo konnte ich hingehen. Ich hatte ja nix anzuziehen. Irgendwann riß ich meine verdammten Schranktüren auf, stapelte das gesamte Luis-Vuitton-Gepäck übereinander, türmte darauf alle meine Gucci-Schuhkartons, kletterte rauf – und sprang!

Ich erwachte in der Betty-Ford-Clinic. Das erste, woran ich mich erinnere, waren meine verbundenen Handgelenke, die Angst, daß Narben bleiben und daß Liza Minnelli (oder war es Elizabeth Taylor – ich will nicht lügen) zu mir sagte: »Merry christmas, pussycat!«

Dann fiel ich in eine tiefe Agonie, aus der ich nie wieder erwachen wollte. Aber ich erwachte schon am nächsten Morgen, als mich um halb fünf eine strenge Aufseherin wachrüttelte und mit burschikosen Schritten meine Zelle inspizierte. Inge hätte es geliebt!

Dann hörte ich eine gebrochene Stimme aus der anderen Zimmerecke: »Mach dir nichts draus, Darling, das ist hier die Therapie.«

Ich werde nie vergessen, wie Elizabeth Taylor beim Aufwachen ohne Perücke aussah! Sie ging gerade in Therapie wegen der Trennung von Larry.

Überhaupt trifft sich zu Weihnachten in Betty Ford alles, was in Holliwud Rang und Namen hat. Dort entstehen über die Feiertage die Kontakte für den Rest des Jahres. Hier werden die großen Rollen vergeben. Calvin Klein war auch da. Er zog sich alles in die Nase, was weiß war und auf dem Tisch lag, und sang uns ununterbrochen drei Tage lang »I'm dreaming of a white christmas« vor. Was ist der um den Toilettentisch der Taylor getigert, wenn die sich ihre schuppigen Haare ausgekämmt hat!

Mein erster Tag nach der Kur in der Betty-Ford-Klinik.

Was ich als Nachthemd trug, war bei Liz ein Stretch-Kaftan. Sechs Wochen lang hat sie den Kittel nicht gewechselt und dazu immer dieselbe Strickjacke anbehalten – und ausgetretene Korkpantoletten, wie die Fatima, wenn sie bei mir Putzen kommt. Unter ihrem Bett hatte sie eine Mikrowelle versteckt, damit hat sie nachts heimlich Kuchen gebacken. Den hat sie so heiß gefressen, daß der ganze Mund voller Brandblasen war. Danach wollte sie kotzen. Ich kam ihr mit einer Papiertüte zu Hilfe, aber sie winkte nur ab und sagte: »Laß nur, Darling, mein Kittel hat Taschen!«

Einen Hofknicks wollte ich vor der Frau machen, das Zimmer rückwärts verlassen – Holliwud-royalty! Und zum Schluß? Da habe ich ihr ein Trinkgeld gegeben, wenn sie bei mir die Toilette gescheuert hat. Nee, Holliwud hatte mir wahrlich nichts mehr zu bieten.

Ich glaube an Gerechtigkeit. Gott ist gerecht: Wen er reich macht, macht er einsam. Wen er schön macht – der wird belogen. Wen er dumm macht, dem gibt er Charme. Wen er dick macht, den macht er faltenfrei. Wem er Titten gibt, dem gibt er keine Eier. Wem er Stimme schenkt und alles andere ebenfalls im Überfluß, den nennt er Ute Lemper. Wem Gott aber Holliwud-Glamour gab, dem schenkt er Zufriedenheit, in dem Moment, wo man dem Gipfel des Paramount den Rücken kehrt.

Man muß schon sehr den Geschmack von Sperma lieben, wenn man in Holliwud alt werden will.

HOLLIWUD, GOOD-BYE

Wenn man jahrelang drüben in Holliwud war
Und man hat es geschafft als Holliwud-Star
Mit 'nem richtigen Oscar und sogar
'nem Stern auf dem Sunset Boulevard
Wenn du alles gewesen bist und warst doch nichts
Als die oberste Sklavin des Rampenlichts
Irgendwann liegste blau an deinem Swimming-Pool
Und erkennst: Oscar ist schwul!
Und dieser Kerl hat dir deine Jugend geraubt
Jetzt steht er nur noch im Regal und verstaubt
Kein Gesicht, keine Faszination, kein Flair
Nee, Oscar interessiert mich echt nicht mehr!

> Holliwud good-bye
> Holliwud good-bye
> Holliwud good-bye-bye-bye

Arnold ist impotent, Brad ein Idiot
Marlon ist pleite und James Dean ist tot
Aber alle verkokst und verdammt gut gelaunt
Es stinkt auf dem Gipfel des Paramount
Und über allem schwebt und ich bin es so leid
Die Sonne Californias aus Celluloid
Und die coolen Slips von Calvin Klein
Die müssen auch im darkroom gut ausgeleuchtet sein.

> Holliwud good-bye
> Holliwud good-bye
> Holliwud good-bye-bye-bye

Back to Berlin.

Guten Abend Europa
Hallo alter Kontinent
Na, immer noch so verregnet und verpennt?
Biste immer noch so versoffen und offensichtlich kaputt?
Na wenigstens grinst du nicht so belemmert wie
    Holliwud.

Guten Abend Europa – hallo alter Kontinent
Wo mich nicht jeder gleich beim Vornamen nennt
Wo die Würste noch fett sind und das Rindfleisch scharf
Wo man in den Restaurants noch rauchen darf
Guten Abend Europa – hallo alter Kontinent
Wo nicht jeder gleich zum Therapeuten rennt
Wo jeder Big Mac an Attraktivität verliert
Wenn Hannelore Pfälzer Saumagen serviert

Guten Abend Berlin, na du graue alte Stadt
Wo die Zähne noch schlecht sind
und der Glanz der Haare matt
Ich bleib hier in Berlin, will nicht irgendwo hin
Sondern da sein, wo ich richtig verzweifelt bin
Wo man richtig beschissen deprimiert
Wo die Kerle noch fett sind und nicht durchtrainiert
Wo man meckert und drängelt und garantiert
Den Kampf mit der Türsteherlesbe verliert

        Holliwud good-bye!

        (Désirée Nick,
        Thomas Pigor,
        Gert Rainer Thumser)

21 Nix als Star

»Neurosia« gesehen. Könnte heulen. Ich war Romy Schneider, doch Praunheims Kamera hat das nicht registriert und jegliche Poesie meiner Darstellung vernichtet. Der Traum von einer Filmkarriere – ausgeträumt. Die Hoffnung, den Job bei Désirée Nick endlich kündigen zu können – dahin. Werde ich je wieder lächeln können?!

Ich bin selber überrascht, daß ich Erfolg habe in einer so mittelmäßigen Welt. 1994/95/96 hieß es: tingeln! Überall, wo eine Steckdose ist. Heute ist es anders – bin ich mittlerweile doch zur Prosa-Diva avanciert. Jetzt kann ich es mir leisten, zu selektieren. Auftreten muß ich leider immer noch viel, sonst bin ich keine gute Partie. Da ich unter anderem auch eine Promptesse bin, das heißt ich erledige alles sofort, habe ich mir gleich einen Agenten genommen, als ich aus den Staaten zurückkam, denn es stapelten sich bereits Einladungen zu Talk-Shows und Gastspielreisen. Ein mir sehr lieber Freund, Gerhard Winterle – seit fünfzehn Jahren Star der unglaublichen »Preddy Show Company« –, war des Reisens müde und eröffnete mit Ensemblemitglied Susanne Stallmann eine mittlerweile wahnsinnig berühmt gewordene Künstleragentur: »Rampensau«.* Ursprünglich nur und extra, damit *ich* zu einem Manager kam – was zur Folge hatte, daß viele Berliner

---

* Wer mich buchen oder einen Film mit mir drehen will, bewerbe sich bitte bei Rampensau, Gubener Str. 50, Berlin, Fax: 030/29 44 97 97

Künstler sagten: »Was die Nick hat, will ich auch« und ihn beknieten, auch ihre Kunst zu vertreten. Ich habe gesagt: »Gerhard, überleg es dir – sei vorsichtig mit dem Grobzeug!« doch inzwischen muß ich sagen, daß das Leben eines jeden Artisten, der sich ihm anvertraut, eine wunderbare Wandlung erfährt und dieser fortan oft erstmalig seine Miete pünktlich zahlen kann.

Des weiteren erinnerte ich mich an das Faktotum im Kartenhäuschen der Bar jeder Vernunft, Volker Ludewig, der dort sein Dasein fristete, abgemagert wie eh und je. Kurz nachdem ich ihn erlöst, umoperiert und zu meinem Pressemanager gemacht hatte, bat mich Georgette Dee, ihn ausleihen zu dürfen, da sie für ihr Plattenlabel eine Telefonistin brauchte. Seitdem ist es für mich ein bequemer Nebenverdienst, Ludewig zu vermieten und ihm hin und wieder ein wenig Auslauf zu gönnen. Meistens kehrt er reuig und dankbar an seinem Freßnapf zurück. Verschreckt kam er erst neulich von einem Ausflug wieder, bei dem er in seiner grenzenlosen Naivität in die Fänge des internationalen Mädchenhandels geraten war. Seitdem hat sein Blick die Unschuld verloren, und er gibt sich damit zufrieden, mit angehender Künstlerhand meine Putzlappen ruhig und sicher zu führen.

Des weiteren lernte ich auf einer Plakat-Klebe-Tour durch Berlins Sex-Shops einen gutaussehenden freundlichen humorvollen Verkäufer kennen, der in seinem Laden nicht nur mein Plakat strategisch richtig plazierte, sondern mir erzählte, hauptberuflich Bühnentechniker zu sein. So vervollständigte ich mein Team mit dem blonden blauäugigen musikalischen Junggesellen Dirk Kawelke, den ich nicht mehr missen möchte.

Mein erster Auftritt in der alten Heimat fand in der Staatsoper unter den Linden statt. Kein geringerer als Daniel Barenboim dirigierte, als ich auf einer großen Gala, eingerahmt von internationalen Opernstars, sozusagen das Kontrastprogramm bildete und »Das Wunderkind« sowie »Die Zersägte Dame« zum Vortrag brachte. Auf der riesigen Bühne dieses märchenhaften Opernhauses fühlte ich mich wie im Wohnzimmer – ein umjubelter Auftritt ohne jegliches Lampenfieber.

Wenig später überreichte ich im Berliner Theater des Westens den BZ-Kulturpreis an Helmut Newton. Ich verdanke diesen Auftritt einem alten Fan aus Zeiten der Lützower Lampe, der mittlerweile zum Kulturchef der BZ (meiner Lieblingszeitung) avanciert war. Mit einer eigens erarbeiteten Laudatio und dem Chanson »Die Hysterische Ziege«, alles dargeboten in einem Domina-Rubber-Outfit, wie es die Sau Newton liebt, fiel ich backstage vor Lampenfieber fast in Ohnmacht, weil die gesamte Berliner Presse- und Kulturmafia in korrekter Abendgarderobe versammelt war. Es stellte sich heraus, daß ich für diese Menschen DIE Erlösung aus ihrer selbsterwählten Kulturödnis war, und als neu, frisch, inventive und völlig eigenständiges »Produkt« rüberkam. Große Stars, wie zum Beispiel die von mir hochverehrte Angelika Milster, standen glühenden Auges in der Kulisse und beneideten mich um die Wortgewandtheit, aus der ich eine Show zu machen verstand. Mit Romy Haag mußte ich die Garderobe teilen; die »Distel«-Chefin Gisela Oechelhäuser fragte mich: »Sagen Sie, wer schreibt denn Ihre Texte?« Erich Böhme, Tanztheaterchef Kresnik ... alle reckten in der Kulisse die Hälse, weil sie verblüfft waren, mit welchen Mitteln ich das kulturell-versnobte 2000-Mann-Publikum zu faszinieren verstand. Auf die anwesende Schickeria hatte ich soviel Wut im Bauch, daß es mir nicht schwer fiel, sie genau in der Art und Weise zu maßregeln, wie sie es verdiente, und – ob Sie es glauben oder nicht – sie haben es geliebt!

Angesichts der funkelnden, blau-ondulierten ersten Reihe in schwarzen Sammetkleidern sagte ich: »Nur kein Neid, meine

Damen, Harald Juhnke hat mich beim Aufwachen abgeschminkt gesehen – da hat er gleich wieder angefangen zu trinken. Und nicht, daß Sie denken, ich sei nervös: Ach was, ich bin so relaxed, daß ich gleich zusammenbreche.«

Die Herzen flogen mir zu.

Auf der anschließenden Party im wunderschönen Foyer des Theaters gab mir Weltstar Jochen Kowalsky, der große Countertenor (einer der zickigsten Berufe überhaupt) einen Handkuß und bekannte sich als mein großer Fan und Verehrer.

Völlig hingerissen war auch der Preisträger selber. An meinem bestürzten Gesichtsausdruck konnten vorüberflanierende Ehrengäste erkennen, daß ich mit solch einer abrupten Wendung nicht gerechnet hatte. Und siehe da, Lutz Deisinger pirschte sich an mich heran und raunte mir im Vorbeigehen zu: »Alles nur ein Strohfeuer, meine Liebe ...«

»Was war das denn für eine Mumie?« fragte Helmut Newton. Ich hasse es, wenn man sich für die Leute, die man kennt, auch noch entschuldigen muß.

Wahrscheinlich hatte man mich damit beauftragt, die begehrte Trophäe dem größten Erotomanen unserer Zeit in den Schoß zu legen, weil seine Werke genauso sind wie meine Shows: zynisch, sexistisch, frauenfeindlich, voyeuristisch und kommerziell. Genau wie ich hat Newton sich immer gern über Konventionen hinweggesetzt, wobei er zugleich ein erzkonservativer Mensch ist und Traditionen pflegt – eine Eigenschaft, der er nicht zuletzt seinen Weltruhm verdankt.

Es drängt sich beim Leser sicher der Verdacht auf, daß ich meine Begegnung mit dem legendären Fotografen für eigene Zwecke hätte nutzen können. Doch war mir die Bekanntschaft zu wertvoll, als daß ich Unstimmigkeiten, die aus einer Zusammenarbeit mit mir meist erwachsen, zugelassen hätte: Newton ist Skorpion – wenngleich immer gut im Saft, können diese sehr heikel sein, das wissen wir alle. Ich bin Waage, Aszendent Ziege – da ist Reibung geradezu vorprogrammiert.

Außerdem machte Newton gerade einen Imagewandel durch: Bislang galt als Grundvoraussetzung für die produktive Kooperation mit dem Preisträger eine exklusive Mischung aus Erotik und Dekadenz, kam sein Durchbruch doch mit der Darstellung lustbetonter Erwachsenenpaarung. Seine neueste Entdeckung war zu dieser Zeit aber nicht nur vierzig Jahre älter als ich, sondern präsidial gemästet. Das Haar trug Newtons Nachwuchsmodel damals schon schütter, während man die allgemeine Präsentation seines Charakters als recht germanisch beschreiben könnte: Helmut Kohl nämlich, mit dem Newton gerade eine Session vor der deutschen Eiche im Bundeskanzleramt abgeschlossen hatte. Nun ja, Fernsehaufzeichnungen aus dem Plenarsaal in Bonn haben uns bewiesen, daß auch bei völligem Mangel an Sex gute Unterhaltung möglich ist.

Aus dem Sprungbrett in eine neue Karriere ist bei unserem Bundeskanzler anscheinend nichts geworden, obwohl sein vertrautes Metier mit dem Modelling gemein hat, daß man reinrutscht, ohne vorher was Besonderes gelernt zu haben.

Einem beneidenswerten Weltbürger wie Helmut Newton, dessen mittelmeergebräunter Körper älter ist als er aussieht und der es verstanden hat, seine beiden Lieblingshobbys in ein gewinnbringendes Imperium zu verwandeln, kann man eigentlich nur weiterhin gutes Stehvermögen wünschen.

Während ich mit den zweitausend Gästen charmant parlierte, entging mir nicht, was hinter meinem Rücken getuschelt wurde. »Die Nick funktioniert nur in der Schwulenszene, die ist viel zu insidermäßig, die Show wird nie ein breites Publikum finden, das ist nur was für die durchgeknallte Avantgarde!« so hatte es lange und laut durch Berlins Kult-Connaisseur-Szene geklungen, doch dank Claus Vincon, meinem lieben Freund, Förderer und Fan aus Köln, sollte bald der Stein ins Rollen kommen, der meinen Stern in der gesamten bundesdeutschen Theater- und Kleinkunstszene zum Leuchten brachte.

Keiner dort konnte sich erklären, woher ich eigentlich kam. Die Presse hatte ein gefundenes Fressen – endlich mal wieder eine »Entdeckung«. Mein erster Auftritt in »Westdeutschland«, wie die Mauerkinder noch immer gerne sagen, fand im Atelier-theater von Mehmet Fistik in Köln statt, dem Clausi mich aufgeschwatzt hatte. Meine erste Show war zu berlinspezifisch konzipiert, um damit auf Tournee gehen zu können, so daß ich mich der bundesdeutschen Szene mit »Holliwud, ick komme« vorgestellt habe, dem Nachfolgeprogramm, das ich flugs aus dem Ärmel geschüttelt hatte. Der von mir erfundene Stil, die speziellen Zutaten meiner Shows, die mein Markenzeichen werden sollten, kamen nun schon wesentlich plakativer zum Ausdruck:

»Besser als Lemper, straffer als Knef – und singen kann sie wie die Dietrich.«

(Remscheider Generalanzeiger)

»Désirée Nick – der vielleicht letzte Star im deutschen Showbusineß.«

(Bergische Morgenpost)

»An alle, die unter pikantem Witz immer noch Mary & Gordy verstehen – neben der Nick nehmen sich solche Gestalten aus wie Pfadfinder.«

(Mainzer Allgemeine Zeitung)

»Désirée Nick hat einen zarten Mund. Ihr Lächeln ist charmant, witzig und sympathisch: Sie hat einen neuen Typ Entertainerin kreiert.«

(Stuttgarter Zeitung)

»Das Hungertuch Ute Lemper kann einpacken, wenn Désirée Nick den Mund aufmacht.«

(Kölner Stadtanzeiger)

»Kunstseidenes Mädchen mal Madame Medusa geteilt durch Blondinenwitz gleich Désirée Nick. Neben Désirée Nick verblaßt selbst Madonna zu einem verschüchterten Kleinstadtpüppchen.«

(Münchner Abendzeitung)

»Was man sieht, ist ein Gesamtkunstwerk der besonderen Art: ein grandioses Desaster. Désirée Nick schafft es, einen schwachen, verletzlichen Menschen darzustellen, der sich genauso beschissen, betrogen und benutzt vorkommt, wie mancher der Zuschauer. Wenn sich Madame im Glitzer-fummel mal kurz auf der Bühne Selbstgebackenes in den roten Mund reinschiebt und von Innehalten, Demut und Stille redet, dann ist das rührend. Igitt, Tränen.«

(Süddeutsche Zeitung)

Die Holliwud-Show hat mich nicht nur in ganz Deutschland bekannt gemacht, sie wurde auch per Live-Mitschnitt in Köln durch die genialen Händchen Georgette Dees und Terry Trucks für immer auf CD gebannt.

Ganz schön naiv, so was heutzutage noch zuzulassen, da sich die Hörgewohnheiten des verwöhnten Publikums so geändert haben, daß man selbst bei als »live« etikettierten Aufzeich-

Praktisch gekleidet, eroberte ich die Welt
von Appenzell bis Zappenduster

nungen noch mal flugs im Studio alles neu einspielt. Bei meiner CD handelt es sich um eine nostalgische Rarität, auf der jedes Klappern meiner Absätze, das Feilen meiner Fingernägel und das unruhige Sitzfleisch meines Pianisten laut und deutlich erlebbar sind.

Aufgrund der Jubelkritiken kamen die gesamte Biolek-Redaktion, Hella von Sinnen, sogar Alexandra Kassen, die Besitzerin des legendären Kabaretts »Das Senftöpfchen« in die erste Vorstellungsserie. In Köln durfte ich zum ersten Mal erleben, wie sich eine standing ovation anfühlt. Die Stadt ist toll. Ich dachte: »Das will ich immer!«

Auch bei Frau Kassen, der reifen Kölner Grande Dame, die mich für ihr Nobeletablissement abwerben wollte, verzichtete ich diplomatisch darauf, sie zu brüskieren – was mir ein leichtes gewesen wäre: Wie warme Semmeln hatte ich Jahre zuvor mein Remscheider Programm »Intime Memoiren einer Souffleuse« angeboten, und als ich nach vielen Anmahnungen per Telefon darum bat, man möge mir meine Unterlagen zurückschicken, hatte sie geflötet: »Also, wir haben wirklich besseres zu tun, als den Leuten auch noch ihre Manuskripte, die hier unerwünscht landen, nachzusenden. Was glauben Sie denn, wie es auf meinem Schreibtisch aussieht? Im Senftopf kann nicht jedermann gastieren; wir nehmen nur Leute, die was können. Remscheid ist gar nichts für mich, danke!« Und eingehängt.

Nun stand sie mit rotem Schleierhütchen vor mir und entdeckte mich. »Ich gebe es zu – alles habe ich nicht verstanden ...« Da war sie ehrlich.

Sofort trommelte sie die frohe Botschaft, daß sie eine gewisse Désirée Nick entdeckt habe, ans Renitenztheater in Stuttgart, wo der gutgekleidete, heterosexuelle, grundsolide schwäbische Mittelstand hingeht, um wichtige Geschäftspartner bei Laune zu halten. Und gerade vor einem solchen Publikum

»funktionierte« ich, wie ich es mir in meinen kühnsten Träumen nicht ausgemalt hätte! Bald folgten Gastspiele in Golfclubs (schrecklich); auf Kulturfestivals (etabliert!); in barocken Schloßtheatern (toll!); schönen alten deutschen Universitätsstädten (tacky!) und meinem geliebten Ruhrgebiet (die haben dort einfach einen guten Humor und kulturell was drauf, weil sie mangels schöner Städte und genießenswerter Natur seit Jahrhunderten allabendlich – lichtscheu, wie sie durch die Maloche unter Tage nun mal sind – in dunkle Theater flüchten: Essen, Wuppertal, Oberhausen, Mühlheim, Bochum haben das Kulturpublikum, von dem jeder Künstler träumt); den Stadthallen in der hintersten Provinz (apokalyptisch), und schließlich klopften die Stadttheater selber an (endlich). Mein Name wurde Programm.

Als ich im Mainzer Unterhaus, »der Kleinkunstschmiede Deutschlands«, ankam, galt ich schon als perfektionistisch poliertes Kleinod. Dabei fing ich gerade erst an. In Berlin überschlug sich mittlerweile die Presse, und wo immer ich auftrat, hieß es: »Ausverkauft«. »Man« ging zu mir, und es war ein »must«, meine Show gesehen zu haben. Wie gesagt, nicht auf kommerzialisierter Ebene! Leute, die erst dann neugierig werden, wenn man in *Bunte* und *Gala* die Homestory bringt, haben mich Gott sei Dank noch nicht beehrt. Das sind die, die auch tatsächlich glauben, Pavarotti sei ein guter Sänger, bloß weil es in der Zeitung steht. Er war ein grandioser Sänger vor fünfundzwanzig Jahren und fährt nun auf seine alten Tage die wohlverdiente Ernte ein.

Vorläufig hoffe ich, Menschen zu beglücken, die wirklich guten Geschmack haben. So also begann mein fleißiges Tourneeleben – eine Chance, sich auf langen Fahrten im ICE nun endlich dem unerfreulichen Sexualleben meines Pianisten Christoph Wagner zu widmen.

Was mir widerfahren könnte, wenn ich noch länger für Désirée arbeiten sollte, sehe ich nur allzu deutlich am Schicksal Christoph Wagners, der einst als Junge auf dem Klavierhocker im Zosch Platz nahm, und sich erst als Greis aus dem Tourneebus der Nick befreien konnte. Diese Entwicklung dauerte zwei Jahre. Er, der unschuldige Knabe – eine christliche Leitfigur und ein Hoffnungsträger in der dekadenten Szenerie des Nickschen Sodom – ist homosexuell geworden und hat seiner Familie den Rücken gekehrt. Seinen Glauben hat er wahrscheinlich auf diesem Weg der Tränen auch eingebüßt.

Christoph ... in einem Jahr absolvierte ich mit ihm über zweihundert Gastspiele, was eine Nähe mit sich brachte, die mir erlaubte, den Dingen auf den Grund zu gehen. Weshalb ich ihn für schwul hielte, obwohl er doch eine Freundin habe, war das tägliche Pausenthema.

»Wie oft hast du dich denn im letzten Jahr mit deiner Freundin getroffen?«

»Dreimal – immer, wenn wir Chorauftritte hatten.«

»Und warum war die Chorschnepfe noch nicht in meiner Show? Es interessiert sie wohl nicht, was du so machst?«

»Ach, sie würde eifersüchtig werden, wenn sie sieht, daß du auf meinem Schoß sitzt. Außerdem sagst du einmal ›Eier‹ – so was mag sie nicht.«

»Jetzt hör mir mal gut zu, du kleine polnische Ministranten-else: Wer es ertragen kann, mit mir tagein, tagaus Koloraturen zu üben und von meiner *Hysterischen Ziege* nicht die Schnauze voll kriegt, der muß ganz einfach gay sein. Aber so was auf halbem Wege Steckengebliebenes wie dich lasse ich mir nicht mehr länger bieten! Was sollen denn die Leute von mir denken, wenn ich mit dir angetrabt komme. Du wirkst so unerlöst – eine verklemmte, vegetarische Ökotunte mit Pazifistenschal und Tränengas in der Anoraktasche. Wahrscheinlich nimmst du heimlich Kräuterteebeutel, wenn du deine Tage hast. Wenn du nicht mal langsam deinen Arsch mobil machst, mein lieber Freund, dann ist das ein Kündigungsgrund, verstanden?!«

Als wir gemeinsam zur Premiere des Stücks »Die Frauen« von der Berliner Travestietruppe »Head attack« gingen, das heißt Christoph hat sich widerwillig von mir mitschleifen lassen, lernte er dort sein Ostberliner Studentenmodel kennen und zog schon eine Woche später, samt Wellensittich, bei ihm ein.

Die polnische Familie stellte er – unsensibel, wie ich finde – vor vollendete Tatsachen, so daß er in hohem Bogen ein für allemal rausflog. Seit diesem Tag kennen die Eltern weder Telefonnummer noch Wohnsitz ihres Sohnes.

Ich spreche von Eltern, die sich extra eine Schüssel aufs Dach montiert haben, damit sie den polnischen Kirchensender empfangen können, die ihrem Sohn den Eintritt ins Haus verwehrt haben, weil dieser den Pullover seines Lovers trug, und deren Reaktion auf Christophs Geständnis war: »Wir werden gehen zur Polizei und machen Strafanzeige gegen Schwein, welches dich hat unsittlich vafiehrt!« Mutti Wagner schrieb einen sechsunddreißig Seiten langen Brief an den neuen Schwiegersohn, der über einhundert Rechtschreibfehler enthielt. Dies erwähne ich nur, weil Frau Wagner Grundschullehrerin für Deutsch ist.

Seit jenen Tagen lebt die arme Frau mit einem Grauschleier vor den Augen, der in Rostock per Laserstrahl behandelt werden muß, aber immer wiederkommt. Geht sie des Weges, schiebt sie ihn ständig mit den Händen unauffällig zur Seite. Verständlich!

Nachdem Christoph ausgezogen war, hat Frau Wagner erst mal das Kinderzimmer ausräuchern lassen. Alles im Sinne des Herrn. Richtig gute Christen, diese Wagners – oder lebt Jesus vielleicht doch nicht? Denn seit just dieser Zeit lebt die pflichteifrige, saubere Frau mit einem Schatten auf der Lunge – sehr apart.

Zuflucht, Therapeutin, Beichtmutter, Ratgebertante, Sexual-wissenschaftlerin – all das fand der gute Junge in meiner Person. Ungern schied der Ostlover von ihm, wann immer Christoph mit mir abfuhr, und ungern sah er ihn lange Nächte mit mir proben. Bald klingelte nach zwei Stunden Stimmbil-dung das Telefon. »Olli hat Kartoffeln aufgesetzt – ich muß nach Hause zum Essen.« Bald wurde »Chrissi« nach nur einer Stunde Probenarbeit zurückzitiert.

Mit langem Gesicht telefonierte er aus jeder Telefonzelle mit Berlin, wenn wir unterwegs waren, und einsilbig vor sich hinbrütend hockte er schmollend in den Theatergarderoben und strafte mich mit vorwurfsvollen Blicken. Wann immer ich fröhlich hüpfend von einem neuen Gastspielvertrag be-richtete, wurde mir das als hinterhältiger Schachzug ausge-legt, der ihn von seinem Freund trennen sollte. Der ist chronisch geizig und zu sparsam, um mitzufahren, denn gerne hätte er mitreisen und unsere Koffer schleppen können. Statt dessen lag er meinem Pianör klagend in den Ohren, daß ich mit der von mir hinterhältig ersonnenen ständigen Abwesen-heit Christophs einen Keil zwischen die beiden treiben wollte. Na, und dann kam die große Silvestergala 1995/96 in Mün-chen.

Schon im Zug wurde gleich ein Liebesbrief geschrieben, der mit Oblaten verziert bereits am Bahnhof Potsdam abgeschickt wurde. Mein Ziehkind war bockig: Schließlich war ich an allem schuld. Im Theater dann wurden am Silvesterabend Litaneien von Schwüren, Geständnissen, Anschuldigungen zwischen Berlin und München hin und her gefaxt. Ich hatte es gewagt, die zwei Turteltäubchen am letzten Tag des alten Jahres auseinanderzureißen, eine infame Hexe, die nur auf Tournee geht, um Unheil zwischen zwei Verliebten zu säen. Im neuen Jahr sollte Christoph versprechen, weder an Feiertagen noch an Wochenenden mit mir zu verreisen. Es kam zum Streit, wie der kluge Leser bereits erahnt. Zwei Monate zog sich die schmerzliche Trennung von dem Pianisten hin, der mir sowohl beruflich wie auch privat sein Glück zu verdanken hatte.

Als wir in Mülheim an der Ruhr gastierten, war ich in der sechsten Woche schwanger. Da Frauen in diesem Zustand juristisch als nicht zurechnungsfähig und als hormonelle Zeitbomben gehandelt werden, gestehe ich, in der Garderobe mal einen Blick auf das – wahrscheinlich absichtlich – offen daliegende und seit Tagen manisch-akribisch vollgekliere Tagebuch meines polnischen Sorgenkindes geworfen zu haben. Dort las ich: »Ich bete zum lieben Gott, daß Désirée ein behindertes Kind bekommt, dann hat sie endlich die Strafe, die sie verdient.«

Ich erstarrte zu Eis. Schaute mich im Spiegel an, als ich emotionslos sagte: »Nach diesem Auftritt gibst du mir meine Noten zurück, lieferst dein Kostüm ab, packst deine Koffer und nimmst den nächsten Nachtzug nach Berlin. Du brauchst dich nie wieder bei mir melden.«

Und das war das. Keine nachgeweinte Träne, kein verschwendeter Gedanke.

Aber in Gert Thumser und Volker Sondershausen, einem

Zwillingspaar bulimischer Kiezkünstler, die beide so hart arbeiten, daß sie das Brechen vergessen, habe ich schließlich zwei erwachsene Männer gefunden, die es verstehen, mit verblüffender Fingerfertigkeit meine Klaviatur vierhändig zu bespielen. Beide sind mir zu großem Dank verpflichtet, da sich ihr Sexualleben vehement verbessert hat, seitdem sie mit mir auftreten. Menschen wollen mit ihnen schlafen, um zu erfahren, wer der Vater meines Kindes ist. Nach jeder Show stehen die zwei diskret im Foyer, um die Frage in intimer Atmosphäre zu beantworten – gerne auch Herren, die etwas älter sind.
Meine Welt ist wieder perfekt!

Joop hat im »Spiegel« über Bisexualität geschrieben. Der Mann macht keine halben Sachen: Anstatt aus 50 Prozent der Weltbevölkerung seine Partner zu wählen, stehen ihm 100 Prozent offen. Somit käme er auch als Vater für Désirées Oscar in Frage. Aber warum sollte ein Mann, der so von Schönheit und Klasse umgeben ist, der mit Markus Schenkenberg und Nadja Auermann auf Du und Du ist, ausgerechnet auf Désirée verfallen – und sie auch noch schwängern?!
Na ja, wer immer Sahnetorte ißt, hat dann und wann wohl auch mal Lust auf eine vertrocknete Schrippe.

Als Désirée mir sagte, daß ihr Leben verfilmt werden soll, habe ich ihr erst nicht geglaubt und es als Wunschdenken oder Alterssenilität ausgelegt. Aber jetzt kommen doch tatsächlich Bewerbungsfaxe en masse. Ich dachte immer, Désirée sei eine bemitleidenswerte Kreatur, aber wenn ich jetzt sehe, wie sich so mancher Star entblödet, um an die Hauptrolle zu gelangen, wird offensichtlich, daß Désirées Persönlichkeitsfehler Charakteristikum der Spezies deutscher Entertainer ist. Marlene Charell zum Beispiel ist für mich ein für allemal gestorben!

Und wie lächerlich: Es gibt überhaupt nur zwei Menschen, die Désirée spielen könnten: Madonna habe ich eine freundliche Absage geschickt, mit »Désirée Nick« unterzeichnet und ihr vierzigseitiges Bewerbungsschreiben schnell in den Reißwolf getan.

Bernd Eichinger, Atze Brauner, der Harald-Schmidt-Show und der Berliner Redaktion von Sat 1 habe ich eine Mappe mit meinen Fotos in Désirées Kostümen geschickt und ein Videoband, das ich heimlich im Keller aufgenommen habe, wo ich Highlights aus ihren Shows Playback rezitiere. Bleibt nichts zu sagen als: Babelsberg – ich komme!!!

Es war mal wieder einer jeder Tage im Spätherbst, an denen mich der kalte Beton meiner Umgebung, die Arbeitsmarktlage in Mecklenburg-Vorpommern und das unerhörte Verhallen der Bergpredigt in den Schönheitssalon getrieben hatten. Ich also mit Blaulicht zur Kosmetik. Als ich mit purifizierter

Salbenhaut zu Hause ankam, blinkte mir aufgeregt mein bester Freund, der Anrufbeantworter entgegen. Genauso wie man es gerne hat. Da war dreimal *Max* aus Hamburg dran. Der beliebte Name Joop fiel, und ob ich es wohl einplanen könne, dessen neue Kollektion als Personality-Promotion für Deutschlands smartestes Life-Style-Magazin in New York vorzuführen. Abgerundet werden solle das Ganze durch ein Interview mit dem Maestro Joop selbst. Da Weltklasse-Hot-Shot Michelangelo di Battista gerade die neueste Joop-Werbekampagne mit Nadja Auermann schießen würde, könnte man einen Termin mit mir ganz bequem dazwischenlegen. Flug, Hotel, Gage – alles vom Feinsten, versteht sich.

Wer in meiner Situation hätte nicht Lust gehabt, mit Nadja über die neueste Blondierungsmixtur zu fachsimpeln und sich einen internationalen Ansprechpartner in seiner Heimatstadt zu sichern. Die Chance, die ich Nadja gegeben habe, mich kennenzulernen, zahlt sich jetzt aus, wo ihr der Weg zur Mütterberatung erspart bleibt und sie von mir im Austausch gegen Schminktips in die Finessen pränataler Dammassage eingeweiht wird.

Andy Warhols These, in der Zukunft sei jeder ein Star für fünfzehn Minuten, hat sich für mich bei diesem Foto-shooting erfüllt. Dieses Mal erlebte ich New York von seiner besten Seite – und war sogar Mittelpunkt des Geschehens! Wolfgang hatte die Sache für mich mit dem *Max-Magazine* eingefädelt und mir einen Aufenthalt bereitet, der unvergessen bleibt. Wir stritten uns tagelang darüber, ob man im Notfall zur Kittelschürze ein Hermelinjäckchen tragen sollte. Seitdem fahre ich nur noch nach NY, wenn Wölfchen auch da ist. New York ohne Joop ist wie Kaviar ohne Wodka.*

Auf dieser denkwürdigen Reise kam ich in Kontakt mit der

---

* Ich bin der Kaviar, versteht sich!

irdischen Verkörperung göttlich-weiblicher Entertainment-Energy: Ich sah die One-Woman-Show von Bette Midler in der Radio City Music Hall und die Mega-Star-Performance von Joan Rivers im Helen Hayes Theater, 42nd Street! Seitdem teile ich mein Leben in »vorher« und »nachher« ein. Hier hatten Weltstars in höchster Potenz genau den Stil zur Entfaltung gebracht, der in mir instinktiv gewachsen, ja, aus mir hervorgebrochen war. Ich sah, daß es so etwas wie mich wirklich gibt – und, hey – vom Allerfeinsten! Das Publikum huldigte diesen »Artists of fine Humour« wie Rock-Stars. In den renommiertesten Auditorien der westlichen Hemisphäre feierten fünftausend Fans die First Ladies of Fun, die in 10 000-Dollar-Designer-Couture Power, Glamour und Class mit einem solchen Humor auf die Bühne brachten, daß sie zwingend als Gegenpol mit »bad taste« jonglierten. Was meinem künstlerischen Herzen entsprang, hatte hier Tradition: Meine Urgroßmutter war Mae West, und geboren wurde ich in der Christopher Street. Thank you, Girls – you are my heroines!

Mit meinen beiden Vorbildern im Herzen kam ich aus New York zurück, um meine Fans seitdem in den Strudel meiner rasant fortschreitenden künstlerischen Entwicklung zu ziehen. Joan Rivers und Bette Midler leben seitdem in mir. Ihren Porträts gilt mein letzter Blick, wenn ich vor dem Einschlafen das Licht lösche. Was ich mir wünsche, wenn ich beginne zu träumen? Ich habe in Erfahrung gebracht, daß beide Künstlerinnen privat ein zurückgezogenes Dasein als ungeschminkte Country-Ladies führen, ihren Kräutergarten jäten, Marmelade einkochen, selbstgezüchtete Teerosen pflücken und an beschaulichen Nachmittagen Gäste mit Selbstgebackenem, auf hauchdünnem Porzellan in jener kultivierten Atmosphäre empfangen, gegen die es Männern Spaß macht aufzumucken.

Ich will leidenschaftliche Liebe und ein bißchen Geld – eines davon habe ich schon: Der aufmerksame Leser hat längst erraten, was.

Nachdem ich zwei weitere, weniger erfolgreiche Filme mit der Berliner Teufelsberg-Produktion gedreht hatte (»Iglu in Flammen«, immerhin ein Titel, der Fragen aufwirft, und das Nachfolgewerk »Corny, die Killermaschine« – ich mußte eine Blondine spielen, die immer am Kreischen ist, weil ein Mörder, Ades Zabel, mit der Kettensäge – dargestellt von Robert Schneider – hinter ihr her ist, der immer schreit: »Ja renn du nur, Olle! Ich krieg dich eines Tages doch noch, dann hast du die längste Zeit Arme gehabt!«), wandte ich mich der Charity zu. Die Ehre, in der Aids-Hilfe tätig werden zu können, bedeutet mir Verpflichtung. Mit dem achteinhalbstündigen Moderationsmarathon der Fashion-for-Aids-Gala in der Berliner Volksbühne habe ich unter Beweis gestellt, daß meine Belastungsgrenzen, meine Bildung und mein schöngeistiger Charme von kaum einer deutschen Religionslehrerin jemals übertroffen werden.

Wenn einem infolgedessen die weltbesten Designer die Haute Couture frei Haus nachschmeißen, damit man sie zu Promotionszwecken trägt, wenn durch eine Pipeline aus Hamburg Joop-Parfum aus der Toilettenspülung fließt, und wenn einem auf bundesdeutschen Gastspielreisen Bibeln zum Signieren vorgelegt werden, dann bleibt einem nur noch eines: Zurück zu den Wurzeln! Und die liegen bei mir nun mal in meiner Weiblichkeit.

Schaut euch doch bloß mal meine titties an, diese verdammt weichen, rötlich-blau-weißen preußischen Möpse. Dicke rote Schwangerschaftsstreifen, blaue Venen und die schneewittchenweißeste Haut seit Walt Disney den Zeichenstift aus der Hand gelegt hat. Gott der Herr gab uns diese Dinger, um damit den Hunger unserer Kinder zu stillen. Sollte das Leben an mir vorübergehen, ohne daß diese Brüste ihre Bestimmung erfüllen? Sollte die göttliche Mission, zu nähren, zu trösten und zu wärmen, diesen beiden Halbkugeln einer besseren Welt verwehrt bleiben?

Ladies and Gentlemen – ich eröffne nun den romantischen Teil meiner Biographie und möchte Ihnen einen sehr persönlichen und privaten Einblick in mein Intimleben gewähren. Denn meine Brüste *wurden* mit Tränen benetzt, sie *wurden* mit Milch bekleckert und mit klebrigen Pitschepatschihändchen begrapscht. Meine Brüste haben mich nicht nur reich und berühmt gemacht, Künstler inspiriert und Millionen von Menschen Lust, Freude und Entertainment verschafft – sie bewähren sich jetzt als Kraftquell für ein Menschenleben. Ich sage, wenn diese Dinger sich auf ihre alten Tage zur Ruhe legen wollen, dann sollen sie es so bequem wie möglich haben und dürfen bei mir so ausgelutscht herunterhängen wie es ihnen paßt. Ich liebe es, eine Frau zu sein! Aber wenn Schwangerschaft ein Buch wäre, dann würde man die letzten beiden Kapitel streichen. Männer mögen in den Krieg gezogen sein, sie mögen furchtlos auf einsamen Umlaufbahnen durchs All kreisen, mit Polopferden übers Eis galoppieren und sich in Speed-Booten überschlagen – aber Männer wissen nicht, was Mut ist! Ich kann Ihnen sagen, was Mut ist: Mut ist, beim Gynäkologen einen Entbindungstermin zu bekommen und ihn einzuhalten.

Schon in den letzten vier Wochen saß das Kind so tief, daß die Füße unten raushingen. Das hat mich in meiner legendären Show »Was bleibt, ist die Schande« so nervös gemacht, daß ich alle fünf Minuten die erste Reihe fragen mußte, wieviel man schon sieht. Löste ich meinen BH, fielen meine Brüste so tief, daß ich das Kind auf der Bühne stillen konnte. Fans haben ihm zwischendurch immer mal eine Ecstasy zugesteckt – also niemand kann mir nachsagen, ich hätte pränatal keinen

Kontakt aufgenommen. Gleich einer Drogensüchtigen habe ich mir im Berliner Renaissance-Theater achtunddreißigmal meine tägliche Dosis standing ovation abgeholt. Dazu wäre es nicht gekommen, wenn nicht mein Fan der ersten Stunde, Ulf Dietrich, Regisseur und Autor vieler Erfolgsstücke am Theater des Westens, angefangen hätte, mein Material zu polieren. Désirée Nicks Coming Out hatte im Do-it-yourself-Verfahren stattgefunden, doch um aus dem Rohdiamanten einen funkelnden Solitär zu machen, bedurfte es des speziellen Schliffs durch einen Meister seines Fachs. Lieber Ulf, ich sag's Dir nur einmal und nie wieder, dafür vor den Augen der Welt: »You are most precious to me – das zentrale Juwel in meiner Krone! Einfach unbezahlbar.«

Nach einer erfüllenden Probenzeit ging ich acht Monate auf Tournee und habe nebenbei meine 120 Quadratmeter, Nähe Kurfürstendamm, in meinen ganz persönlichen Palazzo verwandeln lassen. Mein Heim ist mein Schloß und Kraftquell zugleich. Mein Einsatz, dies alles zu erreichen, war so groß, daß, als im Großen Haus meines geliebten Renaissance-Theaters (ein Schmuckstückchen im Art-déco-Stil mit Schildpatt und Perlmuttintarsien auf warmen Mahagoniboiserien – wie geschaffen für meine Programme) zum letzten Mal der Vorhang fiel, der Superstar Désirée Nick backstage ohnmächtig zusammenbrach. In Kostüm und Maske wurde ich auf einer häßlichen Notfallbahre mit Blaulicht in die Charité gebracht.

»Verdacht auf Sinusembolie. Sie können in drei Tagen tot sein – sofort Blutaustausch«, lautete die Diagnose der Neurologen.

Ich saß aufrecht mit Glitzerturban im Bett: »Quatsch, paßt doch überhaupt nicht in mein medizinisches Gesamtbild, ihr Koryphäen« – »machen Sie mal Urlaub, Frau Nick« – das wäre die Therapie für mich! »Merken Sie nicht, wen Sie vor sich haben – eine Frau, die im achten Monat schwanger ist und seit sechs Monaten jeden Tag drei Stunden auf der Bühne steht!« Eine Nacht habe ich weinend wachgelegen, doch mittlerweile kenne ich die Bewegungen meiner astrologischen Konstellationen, und so ein Abgang hätte nicht ins Bild gepaßt. Drei Tage später verließ ich das Krankenhaus auf eigene Gefahr und hab mich erst mal von den letzten fünfunddreißig Jahren ausgeschlafen.

Es gibt keine kompromittierendere, würdelosere, einsamere Situation, als im DRK-Kliniknachthemd, hinten offen, im Kreißsaal zu erscheinen. Man hat sich gebadet, gepudert, gecremt, geölt, sich rasiert und mit Intimspray gegurgelt. Ein Mann im weißen Kittel kommt rein und hat die Nerven, sich einer Dame mit Gummihandschuhen zu nähern! Na, dem seine Alte möchte ich sehn!

Das nächste, woran ich mich erinnere, ist, daß ich angeschrien werde: »Entspannen! Entspannen! Ich krieg' meine Hand nicht raus!« Tja, Berufsrisiko …

Meine Version der »Natürlichen Entbindung« bedeutete, daß ich ungeschminkt dagelegen habe. Gott, ich habe das ganze Haus zusammengeschrien. Und ich spreche erst von der Empfängnis!

Ein Kind zu gebären sollten Männer sich folgendermaßen vorstellen: Man nehme ihre Unterlippe und stülpe sie ihnen mit aller Gewalt über den Kopf. Logisch, daß alles einreißt – egal, der Herrgott hat es so gewollt.

Ich habe ein esoterisches Buch gelesen, welches empfiehlt, Geburtsmantren zu singen. Mit dem Lebensgefährten Adam Benzwis, der nicht zufälligerweise der erste Preisträger des bundesdeutschen Wettbewerbs für Musical ist, habe ich sechzehn Stunden lang zweistimmig gregorianische Choräle in Rückungen intoniert.

»Ra-a-a-a-a-a-a-a-ai-i-i-i-iß m-i-i-i-ich i-i-i-i-i-i-i-in Stü-ü-ü-ü-ü-ü-kkkkke ...« In dieser Nacht fand ich meine Bruststimme, Uli Scherbel ist Zeuge. Bevor er im Musical Furore machte, war er Krankenpfleger und daher vorbereitet auf das, was ihn erwarten würde. Er war sogar einmal dabei, als in der Urologie der Charité »ein durch autoaggressive Manipulation im Analbereich verlorengegangener Fremdkörper« operativ entfernt werden mußte: Zum Vorschein kam ein Joop-Flakon »Nightflight«, der zufälligerweise auf dem Boden stand, als Ursli Pfister glücklich in der Dusche ausgerutscht ist.

In immer kopfigere Tonlagen hatte mich mein Gebär- und Gesangspartner gelockt, als die Hebamme hereinkam, mich ansah und sagte: »Na, glaubst du jetzt immer noch, daß Blondinen mehr Spaß haben?«

Kein Mensch kann sich vorstellen, wie ich in den nächsten Stunden mit meinen 8-Zentimeter-Lackstilettos auf dem OP-Tisch herumgetrommelt habe. In weiter Ferne hörte ich einen Krankenpfleger fragen: »Frau Nick, für den Fall Ihres Todes, unterschreiben Sie mir schnell, daß ich die Kostüme bekomme?«

Ich hatte sechsunddreißig Stunden lang Wehen. Man möchte nicht mal etwas, was Lust bereitet, sechsunddreißig Stunden lang tun müssen. Plötzlich wurde alles ganz mystisch: Ich sah weißes Licht, habe einmal kurz gedrückt – und siehe, wen hatte ich da an der Leine? Meinen süßen kleinen Oscar! Die Hebamme war so gerührt, daß sie gleich anfing Fotos zu machen, um sie meistbietend an die Presse zu veräußern. Erst, als ich aufstand, um zu duschen, und mich wunderte, was da hinter mir herschleift, merkte ich, daß sie ganz vergessen hatten, das Baby abzunabeln.

Meinen Oscar zu bekommen war rückblickend weniger spektakulär, als die Arbeit an ihm selber. Papa hat uns ein Telegramm geschickt, in dem stand: »Ich habe immer gewußt, was in Dir steckt!«

Zwei Tage später hatte ich mit dem Kleinen gleich den ersten Drehtermin für Pampers, eine Woche darauf ein Werbeshooting für Alete-kotzt-das-Kind. Mit Mareike Amado habe ich auch schon telefoniert. Ich meine, so was wie Judy Garland/Liza Minnelli, das dürfte bei meinem Genpotential doch kein Thema sein? Und wenn nicht, dann gibt's eben was hinten drauf mit dem Drahtbügel. Oder haben Sie von einer Diva etwas anderes erwartet?

Eins steht fest: Es wird nicht immer leicht sein, im Schatten einer Legende aufzuwachsen.

Habe heute Zusagen für Auftritte als Désirée-Nick-Impersonator bei Arabella, Ilona Christen und der Mini-Playback-Show bekommen (hatte falsches Geburtsdatum angegeben). Hans Meiser war ein Riesenerfolg: Neben den Doubles von Dunja Rajter und Witta Pohl stach ich natürlich besonders ins Auge! Ist ja auch ein ganz reizender Mann, der Meiser, das hätte ich nicht gedacht. Am meisten freue ich mich allerdings auf Giovanni Di Lorenzo und Biolek.

Ja – es war eine harte Zeit mit der Nick – aber auch eine gute Schule. Von der großzügigen monatlichen Zuwendung, die sie mir mittlerweile überweist, damit ich nicht plaudere, und von den Talk-Show-Gagen lebt es sich nicht schlecht. Dazu noch das Schweigegeld von Droemer-Knaur und der Vorschuß auf meine Lebensgeschichte als RTL-TV Roman . . . Es läppert sich. Nächste Woche fliege ich mit Désirées Mutter nach Paris, zu den Modenschauen. Ich will versuchen, für Karl Lagerfeld zu laufen – jetzt, wo ich frei bin und nicht mehr Joop! tragen muß. Désirées Mutter freut sich mit mir darüber, daß ich den Weg aus dem Keller geschafft habe und ins blaue Gästezimmer gezogen bin. Sie gab mir anläßlich meines Umzugs zwei wichtige Lebensweisheiten mit auf den Weg:

1. »Vergiß nie, daß du Gott bist!«
2. »Iß keine Pralinen – Désirée könnte sie gefüllt haben.«

Postnatale Depressionen hatte ich nie. Ich glaube, der Vater meines Kindes hat welche.

Die erste Hälfte meines Lebens habe ich gebraucht, das Projekt Nick anzulegen, die zweite wird davon bestimmt sein, es in sämtliche Haushaltungen zu tragen. Mein Kind muß schließlich was zum Verprassen haben. Ich werde ihm gute Manieren beibringen, damit er es sich leisten kann, innerlich so unkonventionell zu sein wie er mag, und er wird lernen müssen, sich durchzusetzen. Na, da paßt Mutti schon auf, daß er sich bei ihr ein Scheibchen abschneidet. Solche Prüfungen, wie ich sie zu durchleben hatte, wünsche ich allerdings nicht mal den Kindern von Ute.

Um durch langfristig angelegte Tantiemen das Erbe meines Sohnes zu optimieren, hätte ich keine fruchtbarere Liaison eingehen können, als die mit einem Buchverlag. Ja, meine Lieben – wir sind Zeugen eines Phänomens: Mit einem Timing, welches wir sonst nur aus amerikanischen Seifenopern kennen, nämlich im ersten Drittel meiner Schwangerschaft, machte man mir das Angebot, meine Karriere durch die Autorenschaft zu krönen. Ich halte dies für eine Folgeerscheinung der Biolek-Talk-Show am 27. 2. 1996, in welcher der Schliff meiner Zunge nicht nur Inge Meysel irritierte, sondern die deutsche Intelligentsia aufhorchen ließ. Seitdem splitte ich meine Fans in homo-, hetereo- und bibliophil.

Was meinen autobiographischen Versuch von anderen unterscheidet, ist das Bemühen, mich in einem möglichst vorteilhaften Licht erscheinen zu lassen. So habe ich darauf verzichtet, von meinem Nagelkauen, meinem Haß auf das miese Dienstleistungsniveau in Deutschland und der Angewohnheit, mich in der Theatergarderobe vor Auftritten lieber aufs Waschbecken zu setzen, als mich mit dem Gang zur Toilette zu belasten zu berichten. Verschwiegen habe ich auch die kindliche Freude, die ich beim Schwarzfahren verspüre, und die Tatsache, daß ich mich bei langen Festbanketts unter dem

Tisch gerne meiner Ballschuhe entledige.* Ich stelle dies hintan, da ich gesund geworden bin, ohne mich jemals einer psychotherapeutischen Behandlung unterzogen zu haben, und mir erhoffe, daß sich die Lektüre meines Buches auf ebenfalls geschädigte Leser als heilsam erweist. Denn dies ist ein Buch für Neurotiker.

Der normale Mensch arbeitet, sieht fern, verdaut, putzt, streitet und pflanzt sich fort. Aber er liest nicht. Wer liest, ist bis zu einem gewissen Grad vereinsamt und erhofft sich aus der Literatur Erkenntnis von Wahrheit, die er im Austausch mit Menschen nicht findet. Ich gehe also davon aus, daß der Erwerb meines Buches den Leser als geschädigt charakterisiert, handelt es sich doch um das langersehnte Standardwerk einer Verrückten für Verrückte. Wer heutzutage lebt, ohne zu leiden, muß so unsensibel sein, daß nach Genuß dieser Lektüre der Ausbruch aller verdrängten Traumata zu befürchten ist.

Wenn ich meine Leser schon als bereits erkrankt bezeichne, entziehe ich mich der Gefahr, für Nachfolgeschäden haftbar gemacht zu werden.

Des weiteren habe ich mich mit meiner Autobiographie gegen Plagiarisierung meines Lebens abgesichert, da der Verfilmung desselben auf der Grundlage dieses Buches größere Authentizität garantiert ist.

Was ist aus den deutschen Musical- und Ausstattungsfilmen geworden? Eine Wiederbelebung dieses Genres liegt mir mehr denn je am Herzen. Kaum daß derartige Gerüchte Verbreitung fanden, hatte ich schon waschkörbeweise Bewerbungsmaterial für die Besetzung der Hauptrolle in meinem Büro. Entsetzt und betroffen frage ich mich, wofür man als Künstlerin heutzutage steht, wenn man erleben muß, daß beim

---

* Ich singe auch besser, wenn ich keinen Schlüpfer anhabe – wohl eine Frage der Luftzirkulation.

Casting meiner Person sämtliche geschlechtsspezifischen Grenzen zu verschwimmen scheinen. Die Besetzung der Hauptrolle erfordert eine so speziell gefächerte Bandbreite, daß ich hier größte Schwierigkeiten sehe. Allen voran bewirbt sich ein Mann, der nicht genannt sein will, und sich mit gnadenloser Penetranz aufdrängt. Ich habe auch heute morgen am Telefon zu ihm gesagt: »Helmut«, sage ich, »Helmut, nur weil du eine gute Zsa Zsa warst, heißt das noch lange nicht, daß du in meine Haut schlüpfen kannst. Du würdest ja schon stimmlich an mir scheitern – vergiß es. Außerdem mußt du nichts mehr für die Nachwelt tun, denn als Intendant des Berliner Theater des Westens hast du eh schon Geschichte geschrieben. Man kann nicht alles haben – gib denen eine Chance, die niemals ein Theater leiten dürfen!«

Wilhelm Wieben ist ganz heiß darauf, meine Mutter zu spielen. Aber dafür mangelt es ihm an Temperament. Trotzdem habe ich mir sein Demovideo angeschaut, in dem er die Tagesschau im blauen Lurexoverall und mit blonder Perücke moderiert.

Ich sehe in dieser Rolle eher jemanden vom Schlag einer Caterina Valente oder Hildegard Knef – aber die ist ja so unzuverlässig geworden: schlägt ständig hin und bricht sich den Oberschenkelhals, wenn sie auf ihrer Ausstellung durchs Filmmuseum Potsdam läuft, um sich zu erinnern, wie sie einmal aussah.

Na, und Lotti – hör auf, mir in Schüttelreimen zu erläutern, was für eine Verwandlungskünstlerin Du bist und daß Du für die Rolle schon drei Pfund abgenommen hast. Für Dich ist kein Platz in meinem Film – vielleicht hast Du ja 'ne Chance, für Evelyn Künnecke bei den »Drei alten Schachteln« einzuspringen, wenn Evchen endlich vors Kriegsgericht kommt, oder vertrag Dich doch mit Rosa – der braucht immer jugendliche Inspiration!

Mary – bei Dir tut's mir nun wirklich leid. Das Talent ist zweifelsohne da, aber mit den Wangenknochen zweifele ich an der Glaubwürdigkeit Deiner Darstellung einer Trägerin der Missio Canonica. Du bist einfach zu raffiniert für die Missionarsstellung ...

Inge will sich ja unbedingt selbst spielen, aber die ist so launisch und unberechenbar wie die Knef – ein falsches Wort, und sie mischt mir beim Catering die zerstoßene Todespille unter – allein schon aus Gebärneid.

Ursli Pfister will sich minor cosmetic surgery unterziehen, um Wolfgang Joop zu spielen. Nonchalant wie ich bin, hatte ich sogar schon seinen Namen auf der Castingliste notiert und mir im Hinblick auf eine bevorstehende Zusammenarbeit noch mal sein letztes Programm angesehen. Seit meiner Gestalttherapie in New York ganzheitlich orientiert, habe ich ihn ein Wochenende lang auch privat beobachten lassen. Die Detektei hat mir mitgeteilt, daß er sich mittlerweile tatsächlich für die Bühnenfigur hält, die er seit fünfzehn Jahren spielt, und sich Bewegungshabitus und amerikanischer Slang so in sein Leben eingeschlichen haben, daß er diese Rolle nicht mehr hinter sich lassen kann. Abgesehen davon ist es für mich als knallharte Bette-Midler-Verehrerin unverzeihlich, daß er sein Publikum mit »Hi, loosers and cruisers!« begrüßt, Bettes legendärem und durch ihre Konzertmitschnitte global untrennbar mit ihr verbundenem Markenzeichen. Markenzeichen sollte man nicht klauen, lieber eigene finden, aber die, die Ursli hat, sind ja auch von Liberace. Schade.

Betroffen war ich über die verschlagenen Methoden, mit denen sich heutzutage arbeitslose Schauspielerinnen aufs Peinlichste anbiedern. Die soziale Not, die Verzweiflung in der Branche, ist so groß, daß sich sogar eine Anwärterin erdreistete, unter Pseudonym vorzusprechen. In aller Fairneß habe ich sie ihre vier, einander recht ähnlichen Parts vorsprechen lassen und mich anschließend sogar noch ans Klavier gesetzt, um ihre Musikalität zu prüfen. Da viel Schönes dabei war, veranlaßte ich nach zweiwöchiger Bedenkpause ein »call-back«, um mit ihr an der Interpretation der Marlene-Lieder zu arbeiten. Erst dann habe ich mich in meinem Regiestuhl zurückgelehnt und gesagt: »Und nun nimm endlich die blonde Kurzhaarperücke ab, Ute – oder für wie blöd hältst du mich eigentlich?«

Als sie flennend ihre Trainingstasche packte, fuhr ich fort: »Tja, Spargeljane, wieder einmal bist du dir selber im Weg gewesen. Ich hätte ja sogar noch mit mir reden lassen, und glaube mir, nicht mit jedem, der hier vortanzt, halte ich mich drei Tage lang auf, aber sich inkognito unter falschem Namen zu bewerben – so was tut man einfach nicht, erst recht nicht unter Freundinnen. Schäbig nenne ich das! Besonders einer Religionslehrerin gegenüber. Ganz zu schweigen von der herben menschlichen Enttäuschung, die ich zu verkraften habe.«

Meine Traumbesetzung für die Rolle der Désirée Nick wäre jemand, der mir an sprühendem Sex und poetischer Eloquenz, damenhafter Überzeugungskraft, eleganter Feinsinnigkeit und liebreizender Koketterie ebenbürtig ist. Ja, es gibt sie – die Frau, die wie ich wadenlange graue Faltenröcke trägt. Wer jetzt auf Katja Riemann tippt, liegt falsch. Ich spreche von einer Frau, einer Familienmutter, deren One-woman-Shows noch Feuer haben, deren Auftritte die Publikumsherzen höher schlagen lassen und die dabei eine ungeschminkte Bodenständigkeit und preußische Disziplin beibehalten hat, von der die Lempers dieser Welt nur träumen können. Der schlaue Leser hat längst erahnt, um welchen kulturpolitisch richtungweisenden Publikumsfavoriten es sich nur handeln kann. Richtig – Regine Hildebrandt ist Désirée Nick in »Der Film zur Diva«.

Als wenn Sorgen dieser Art mir nicht schon genügend Kopfzerbrechen bereiten würden, schont das Schicksal mich abermals nicht: In meinen schlaflosen Nächten plagt mich jetzt schon die Sorge, was ich bei der als Folgeerscheinung der Verfilmung meines Lebens zu erwartenden Oscar-Preisverleihung anziehen werde. Setze ich auf smart und understated oder verlasse ich mich auf die Macht elaborater Brokatdraperien? Zeige ich mein glamouröses Äußeres – Christian Lacroix? Oder präsentiere ich mein bescheidenes Inneres – Donna Karan? Ich glaube, meine Fans erwarten von mir den Beweis, daß man selbst bei einem Anlaß wie der Oscar-Verleihung in Holliwud als overdressed aus dem Rahmen fallen kann. Und niemals werde ich meine Fans enttäuschen. Für diese Nobodys in der Dunkelheit des Zuschauerraums werde ich mich erheben und Désirée Nick sein wie nie zuvor. In Kostüm und Maske. Um dem Publikum zu dienen, das mich so vergöttert, das mir applaudiert. Vor mir sehe ich die Kritiken, das euphorische Entzücken! Hört Ihr sie? Die Bravorufe – die Jubelschreie – Blumen werden auf mich regnen, man wird trampeln, wird mich segnen, mich, die Königin der Tragöden – Standing ovation!

Ich schreite bescheiden zum Mikro – donnernder Applaus – mein Blick gleitet ergeben über die Köpfe des Publikums.
Ich kann nicht sprechen. Kloß im Hals.
Es vergehen zehn Minuten. Schweigend bedeute ich meinen Fans, Platz zu nehmen. Schleppend ebbt der Beifall ab.
Mucksmäuschenstille.
Ich tippe an den Kopf des Mikros und spreche: *(verhaucht)* »Thank you!«
Rückkoppelung, schrilles Pfeifen. Ich sende die Macht meiner Blicke zu den Jungs in der Technik. Es vergehen sechs Sekunden, Stille.
(Standbeinwechsel, mit belegter Stimme) »Thank you, boys.«

(Augenaufschlag, ich zähle langsam bis drei) »Hallo meine Freunde, Ladies and Gentlemen«, *(mit dem Blick auf die goldene Statuette und diese in Siegerpose ins Publikum haltend)* »hi Oscar!«

Neuerlicher Applaus. Ich drücke Oskar ans Sonnengeflecht. Fotopause für die Reporter. Dann spreche ich mit Tränen in den Augen:

»Ich hatte in meinem Leben nicht so oft das Gefühl, zur richtigen Zeit am richtigen Ort zu sein.« *(Schlucken)*

»Jetzt habe ich es. *(Tränen unterdrückend)* Jahrelang mußte ich mich in Europa mit minderwertigen Trophäen zufriedengeben. *(Schniefen)* Ich bedanke mich bei Amerika, daß es mir von Anfang an zugehört hat.«

Applaus.

(Taschentuch aus dem Dekolleté ziehend und daran nestelnd) »Ich bin eine jungfräuliche Naturblondine von schöngeistigem Charme, dabei unverdorben, maßvoll und bescheiden. Noch vor wenigen Stunden stand die Frage im Raum: Welche Außenseiterin hat die geringste Chance? Ladies and Gentlemen *(errötend)* Die Wahl fiel auf mich. Glück kommt selten von allein. Ich gewinne nur scheinbar mit leichter Hand der Welt das Komische ab. Glauben Sie mir, hinter jedem Lacher steckt verzweifelte Anstrengung. *(Gesenkten Blicks, den Kopf neigend wie Lady Di im Interview)* Könnte ich mein Leben von vorne beginnen, würde ich jeden einzelnen Fehler noch einmal machen – nur früher. Meine Mutter hat mir immer gesagt, daß ich alles sein und alles werden kann, was ich will. Sie hat mir nur verschwiegen, wie verdammt lange es dauert. Daß es der längste Weg ist, bei sich selber anzukommen. Trotzdem danke ich dir, Mama – für alles.«

(Standbeinwechsel, gesprochen im Stil einer flammenden Rede) »Mag der Weg auch steinig gewesen sein, das Leben hat mir alles gegeben, was man braucht: Bis zum achtzehnten Lebens-

jahr braucht man eine gute Mutter. Von achtzehn bis fünfunddreißig braucht man gutes Aussehen. Von fünfunddreißig bis fünfundfünfzig braucht man eine gute Persönlichkeit, und ab fünfundfünfzig braucht man Geld, Geld, Geld. Das Glück, mit all diesen Dingen gesegnet zu sein, bevor man das Klimakterium erreicht hat, sozusagen als Krönung noch zu menstruieren, das macht nicht nur bescheiden und demütig, sondern dankbar.

Ich danke der Deutschen Oper Berlin, insbesondere Herrn Gert Reinholm, der mir die Chance gegeben hat, schon frühzeitig ein Leben jenseits der Ballettstange erleben zu dürfen.

Des weiteren gilt mein Dank dem Heiligen Stuhl in Rom, sowie dessen Vertretern im Bischöflichen Ordinariat Berlin, wo man mich gelehrt hat, daß Priester auch gute Frisöre sind.

André Wrudniczki, ohne dich wäre ich eine andere! Ich danke dir nicht nur für meinen Stichtag, den 3. Juli 1981, sondern dafür, daß du mein Gespür für die Ästhetik des Häßlichen geweckt hast. Mein besonderer Dank gilt auch allen Berliner Theatern und Schauspielschulen, die mich abgewiesen haben, insbesondere dem Vorstand der Deutschen Bühnengenossenschaft, Herrn Claus Sonnenschein und Sabine Fromm, die den Grundstein zu meiner Unabhängigkeit gelegt haben, indem sie mir bewiesen haben, daß ich sie nicht brauche.

Herausragender Dank gilt der Bar jeder Vernunft. Da man mich dort als untauglich ausgemustert hat, ist mir nie ein Stöckelabsatz auf der Rollstuhlrampe abgebrochen. Außerdem blieb es mir erspart, in Zelten aufzutreten. Nur durch die unsichtbare Förderung der Bar führte mein Weg aus dem Keller direkt in die Staatstheater. Großer Dank also an Lutz Deisinger und Holger Kotzbach.

Aus tiefstem Herzen danke ich Ute. Du hast mir geholfen,

einen eigenen Stil zu finden und bist unerschöpflicher Kraftquell meiner kreativen Inspiration: Laß den Kopf nicht hängen, altes Mädel.

Ich danke auch dir, Inge, weil du das, was ich an Ute trainiert habe, zum multimedialen Erlebnis gemacht hast.

Ich danke Ursli and the Geschwister Pfister, daß sie mich in Ruhe lassen, wenn ich ihnen über den Weg laufe.

Mein ganz besonderer Dank gilt der Betty Ford Clinic und meiner Zellengenossin Elizabeth T., denn ich habe in meinem Leben nie wieder einen Tropfen Alkohol angerührt oder Drogen genommen – und glauben Sie mir, es ist verdammt schwer, erfolgreich zu bleiben, ohne derartige Hilfen.

Selbstverständlich danke ich allen Männern, die mich in meinem Leben belogen, betrogen, enttäuscht, versetzt oder nicht einmal zurückgerufen haben – möge der Herrgott dafür Sorge tragen, daß sie sich auf der nächsten Rolltreppe das Genick brechen. Meine Lieben, ich weiß selber nicht, wieviel von dem, was ich erzählt habe, wirklich wahr ist, aber mit aller Ehre und Aufrichtigkeit, die Holliwud mir gelassen hat, versichere ich euch, wem meine tiefste Dankbarkeit gebührt: Sie gilt meinen Fans, diesen gutaussehenden, sympathischen Menschen, die das Schiller-Theater boykottiert haben, weil ich dort nie engagiert war.

Ich schwöre hier und heute vor den Augen der Welt: Solange in meinen Shows noch eine einzige Kollegin vor Neid erblaßt, solange noch eine Hausfrau für mich ihr Goldarmband anlegt, ein Taxifahrer das Hawaiihemd aus dem Schrank holt, solange noch ein Akademiker in Ekstase gerät, sich ein Bauarbeiter am Sack kratzt, ein Musiker auf die Uhr schaut, solange noch ein Waldorfschüler demonstrativ die Show verläßt, ein Theaterwissenschaftler bei mir vergeblich nach Regeln sucht, solange mir noch ein Frisör kostenlos die Haare färbt, ein Krankenpfleger für mich seinen Dienst tauscht, solange noch eine Dorfschwuchtel achtzig Kilometer weit fährt, um von mir Lästern zu lernen, und solange es auf diesem Erdball noch eine einzige Transe gibt, die in meine Show kommt, heimlich Notizen macht und meine Pointen klaut – Solange gehört mein Leben euch!«

Désirée Nick, im April 1997

Finale

Der gewiefte Fan hat längst bemerkt, daß es mir gelungen ist, mein literarisches Erstlingswerk zum Abschluß zu bringen, ohne meiner Tochter Taranthulla auch nur eine einzige Zeile zu widmen. Dieser pädagogische Kunstgriff war auch dringend nötig, um dieser borderten Heteroschnalle endlich mal eine Lehre zu erteilen – als ob ich gerade die nötig hätte, um Autorin zu werden! Ich meine, was bildet sich die Frau eigentlich ein! Es ist mal wieder diese typische Anspruchshaltung von ihr, zu glauben, nur weil sie zufälligerweise meine Tochter ist, sei damit automatisch das Recht verbunden, ein eigenes Kapitel zu bekommen. Da reißt man sich ein Leben lang den Arsch auf, und dann kommt die eigene Tochter daher und will Profit draus schlagen.

Wer pickt sich denn überall die Rosinen raus? »Schaff dir selber was«, habe ich gesagt und sie in meinen alten Wohnwagen eingeschlossen. Meinen ganzen Schmuck hat das Aas nämlich wieder durchprobiert und, behangen wie eine Königin, sich drei Nächte am Stück in der Techno-Szene rumgetrieben. Das macht doch kein normaler Mensch! Drei Tage! Ich frage mich, was die da bloß machen. Na warte, wenn ich dahinter komme, daß die was Billiges nimmt! Zur Zeit ist die sowieso wieder ganz schlimm drauf! Ich hätte nie gedacht, daß Pubertät eine Krankheit sein kann. Was ich diese Frau dicke habe – das kann ich gar keinem sagen. Kommt die neulich die Freitreppe runter und sagt: »Mami, Mami – ich geh mit Detlev ins Kino – wie seh' ich aus?«

Ich sag: »Also, ich weiß nicht, aber solche Pickel hatte ich nie.«

Und dann immer dieser Knatterton von ihr: »Gib Geld, gib Geld, gib Geld.«

Ich sag zu ihr: »Du hör mal, Tusnelda, wer so eine Akne hat wie du, der kann seinen Rücken doch als Bilderbuch vermieten. An die Blindenschule zum Beispiel.«

O.k., auch ich war nicht einfach in der Pubertät. Damals war ich noch sehr eingebildet. Aber dann habe ich angefangen positiv zu denken, und heute weiß ich, daß ich schön bin. Statt daß sie sich ein Beispiel daran nimmt, nein, steht den lieben langen Tag vorm Spiegel und dreht sich wie ein dressierter Pudel: »Wie ist meine Figur? Wie ist meine Figur?«

Ich sage: »Taranthulla«, sag ich (eigentlich heißt sie ja Tara, aber wenn Sie diese Spinnenbeine sehen würden ... ich hätte sie eben doch Jurassica nennen sollen), »Taranthulla – welche Figur bitteschön?! Ich sehe keine!«

Da ist ja nix! Die ist ja total flach! So was ist doch ekelerregend. Was bei mir die beiden Hügel eines anderen Okzidents, das sind bei der Frau zwei popelige Reißzwecken. Und das zwischen den ganzen Pickeln – da kommt man im Dunkeln ja ganz durcheinander. Am Ende lutscht Detlev ihr aus Versehen einen Pickel aus!

Spillerige Hippe aber auch. Aus Sicherheitsgründen lasse ich sie schon gar nicht mehr runter auf die Straße, wenn der Sperrmüll abgeholt wird. Die ganze gute Erziehung – alles für die Katz.

Zum vierzehnten Geburtstag schenk ich der sogar ein Paar Ohrringe. Fängt sie an zu heulen und sagt: »Mami, die sind doch nicht etwa für mich?«

»Doch«, sag ich, »die sind für dich. Ich trage die nicht mehr – die kneifen.«

Meiner
liebsten, besten
Mami der Welt –
ich hab Dich so lieb 😊
♡ Tara xx

Oder: Steht sie bei mir im Schlafzimmer vorm Spiegel, schmiert sich Gleitcreme in die Haare und trägt Jakutin auf die Pickel auf. Ich erwische sie und sage: »Mädel, was bist Du verzweifelt. Gott sei Dank haben sie dir die Zahnspange verpaßt. Ohne diesen Maulkorb würde ja ganz Berlin Kastrationsangst kriegen!« Als die das Drahtgestell von der mal entfernt haben, schickt mir doch glatt der Fußballverein Hertha BSC ein Dankschreiben!

Sie läßt sich ja auch nichts sagen – egal, auf alles steckt sie mir die Zunge raus. Ich sag immer: »Ja, guck dich nur im Spiegel an, jetzt siehste aus wie 'n kesser Vater mit 'nem Ständer. Paß bloß auf, daß Inge dich so nicht erwischt!«

Sagt die zu mir: »Mami, warum hat der liebe Gott Schwule erschaffen?«

Ich sage: »Warum wohl? Damit solche wie du auch einen haben, der mal mit ihnen in die Disco geht!«

Da sagt das Luder: »Mami, wenn die mit mir in die Disco gehen, vergewaltigen die mich dann auch?«

»Ja«, sag' ich, »die vergewaltigen dich dann auch. Der eine schneidet dir die Haare, und der andere zieht dich an!«

Guckt die mich an und sagt: »Bäh, was gibt es fiese Weiber!«

Ich hab sie dann mit meinem Hackenschuh in der Hand um den Eßtisch gejagt und versucht, ihr den Stiletto auf den Kopf zu knallen, aber ich konnte sie nicht richtig treffen, weil, sie kam von hinten und hat mir den Arm seitlich weggedreht. Und kichert sich dabei noch einen ab ...

Das ist ein Luder, sag ich Ihnen! Weil die Internate aber auch nichts mehr taugen. Mit sechs Jahren hab ich sie schon in die Schweiz geschickt, und was habe ich für mein Geld zurückbekommen? Ordinär, ordinär sind die ja heutzutage! Wenn die den Mund aufmacht, egal was da rauskommt, dann ist das die blanke Vulgarität. Das hat sie natürlich von ihrem Vater. Dieser Mann wollte schon bei der Entjungferung alle Lichter anlassen. Ich hab gesagt: »Okay, aber tu mir den Gefallen und mach wenigstens die Autotür zu!«

Ein letztes Beispiel: Ich sitze nach einer anstrengenden Fernseh-Gala mit drei Travestiekollegen in meinem Whirlpool. Plötzlich schaltet sich das Ding ab. Kommt eine Ladung Sperma hoch. Ich erröte vornehmst – was mich übrigens sehr viel Kraft kostet – na, kann ja mal passieren, ist ja gottgegeben, also das mit dem Sperma jetzt, hab ich mir ja nicht ausgedacht, nä – sie kiekt keß in die Runde und sagt: »Okay Jungs, wer von euch hat gepupt?« Da fragste dich doch als Mutter: Was hast du bloß falsch gemacht?

Zugabe

GESCHMACKLOSIGKEITEN
Kultursommer: Désirée Nick sollte man schnell vergessen

Hanau (ath). Als Kultfigur und »Königin des Underground«
wird die exzentrische Berliner Künstlerin Désirée Nick in den
als Speerspitzen des Kulturjournalismus bestens bekannten
Postillen vom Schlag der »BZ«, der »zitty« und des »Tip«
gerühmt. Ein Multitalent auf der Showbühne hat man ausge-
macht, das als Sängerin, Diseuse, Schauspielerin, Talkmeiste-
rin und Entertainerin zugleich das Publikum zu unterhalten
versteht.
Worauf sich dieses Urteil stützt, bleibt im dunkeln. Ihr im
Rahmen des 9. Hanauer Kultursommer im Comoedienhaus
Wilhelmsbad präsentiertes »Special für Nachtschwärmer« mit
dem Titel »Holliwud ick komme« war zu keinem Zeitpunkt
mehr als eine von seichtem Geträller unterbrochene Zotenpo-
lyphonie. In der Show, die sich als eine hemmungslose Über-
tragung des Wochenendprogramms von RTL und Sat 1 auf
die Kleinkunstbühne erwies, reihte die mit snobistischer
Chuzpe zu Werke gehende Protagonistin eine Peinlichkeit an
die andere. Von der direkten Publikumsbeschimpfung (»Ihre
Geisteskraft ist durch eine unerwartete Erektion wohl geschwächt«) über die witzlose Konkurentinnenschelte (von

Künstlerinnen wie Caterina Valente, Hildegard Knef, den Kessler-Zwillingen oder Ute Lemper, von deren Niveau sie selbst himmelweit entfernt ist) bis hin zu völlig banalen Liedeinlagen reichte ihr Repertoire. Die Gefahr, daß »Hessen von meinem Programm intellektuell überfordert« sein könnte, war zu keiner Zeit gegeben. Die Stories und der Stil des Vortrags von Désirée Nick waren einfach nicht danach. Einige Kostproben, der in der Regel nicht zitierfähigen Beiträge: Was soll man von dem makabren Vorschlag halten, den verpickelten Rücken ihrer (pubertierenden, hoffentlich imaginären) Tochter Tara »als Bilderbuch an eine Blindenschule« zu vermieten? Zeugt es von künstlerischem Ingenium, Demokrits Axiom »Panta rhei« (»Alles fließt«) aufzugreifen und daraus »Alles hängt« zu machen, bezogen auf das für die Darstellerin hochgewichtige Gebiet der primären und sekundären Geschlechtsorgane?

Der Gipfelpunkt der Geschmacklosigkeit war schließlich erreicht, als Désirée Nick sogar aus den Sensibilität und höchsten Ernst verlangenden Themen KZ und Holocaust mit einem Namensspielchen einen witzigen Funken zu schlagen versuchte (»Mein wirklicher Name ist Greta Marie [sic] Freifrau von Bergen-Belsen«).

Nein – das Fazit dieses allein und einzig auf dem manierierten Getue von Désirée Nick aufbauenden Abends kann nur heißen: schnell vergessen. Bis zum Megaerfolg in Hollywood ist es für die Berlinerin noch weit. Dort sind Profis am Werk.

(*Hanauer Anzeiger*, 2. 8. 1995)

MANIERIERTES GETUE

... und das ist erst der Anfang der Anmaßungen, die das Publikum zwei Stunden lang über sich ergehen läßt – und,

324

zum Erstaunen der Kritikerin und ihres Kollegen sogar goutiert. Schamlos wird sich über Marika Rökk, Barbara Valentin, Caterina Valente, Hildegard Knef, die Kessler-Zwillinge, Hanna Schygulla und Ute Lemper lustig gemacht. Im Gegenzug reicht das vorgebliche Multitalent Nick mit seinen künstlerischen Darbietungen an keine der Vorgängerinnen heran. Obschon sie diverse Zertifikate und Examina (Berliner Tanzakademie, Abschluß: klassische Ballettänzerin; Actors' Institute, London, Abschluß: Schauspielerin; ABM-Projekt Schlagerworkshop, Abschluß: Schlagerstar) erworben hat, enttäuschen die Kostproben ihres Könnens...

(Frankfurter Rundschau, 31. 7. 1995)

ICK MUSS PUSCHEN

Wir sind die Kunden und Désirée Nick ist der Service. »Alles, was ihr euch erhofft habt, sollt ihr kriegen«, ruft sie ins Publikum, und im ersten Moment klingt es wie ein Versprechen. Schrill gewandet im rosa- und lachsfarbenen Kurznegligé und Federboas allüberall, steht sie für Glamour und knisternde Erotik – kombiniert mit Berliner Schnauze, für die sie berühmt ist. Aber dann kommt alles anders. Schon das Programm, angekündigt unterm Titel »Holliwud ick komme«, findet nicht statt; »Was bleibt, ist die Schande« heißt die Show: Unverhofft haben wir die Ehre, einer Premiere beiwohnen zu dürfen. Désirée Nick neigt nicht zur Bescheidenheit. Sie ist der Star, wir sind die Fans, und wir können von Glück sagen, daß wir dabei sind. So tönt sie, und verabreicht uns die erste kalte Dusche. So viel Eigenlob, so viel Gönnerhaftigkeit gleich zu Anfang: Kann das gutgehen? Unsere Sorgen, nicht ihre. Was sie betrifft, so reißt sie erst mal ihr Negligé auf und zeigt sich in einer Unterhose, einem Ungetüm von anno dazumal, in dem ein dicker Bauch steckt. Ja, wir sehen richtig, der Bauch ist enorm und echt: Der Star ist schwanger, im sechsten Monat. Dann erklärt sie, daß das Kind auf die Blase drückt, setzt sich auf einen Eimer und gibt dem zwingenden Bedürfnis mit fröhlicher Direktheit nach: »Ick muß puschen.«

Von Erotik kann nun nicht mehr die Rede sein. Aber auch nicht von gerührter Teilnahme am Geschick dieser tapferen Mutter. Désirée Nick unterläuft alle Sentimentalitäten und Kompensationen. Ihr nächstes Opfer ist die Mutter der Nation: Inge Meysel. Schamlos und zynisch stößt sie die vom Podest herunter (nicht einmal ein Kind hat sie) und verbreitet sich ausgiebig über deren lesbische Neigungen. Im Publikum artikuliert sich diffuser Unmut, unschwer zu interpretieren: Hat die Frau keinen Anstand? Kann sie die alte Dame nicht in Ruhe lassen? Nicht, wenn man selber Anspruch auf den nationalen Muttertitel erhebt. Die Nick schleudert ein Paket Pampers auf die Bühne und singt einen Song übers Altern, aus dem hart und brachial das Wort »kaltgestellt« herausklingt.

Désirée Nick ist tatsächlich der Gipfel der Unverschämtheit. Wo in anderen Shows der Champagner perlt und bittersüß über Liebe und das Leben parliert wird, fließt bei ihr das Sperma in Strömen – abgesehen von den anderen Körpersäften wie Blut und Urin. Zentraler Gegenstand des Abends aber ist sie selbst, ihr Dasein als Star, ihre Divengelüste, ihre Wollust an Geld und Reichtum. Wohl weiß sie, daß nicht alle oben schwimmen, sie weiß von Krieg, Elend und hungernden Kindern. Mitleidig gurrt sie das von der Bühne herunter, als wollte sie um eine Spende bitten. Und dann kreischt sie: »Ich kaufe mir trotzdem Schuhe für 800 Mark.«

Nicht zum erstenmal steht die Diseuse auf der Kippe, droht sie abzustürzen von dem Drahtseil der Geschmacklosigkeit, auf dem sie balanciert. Aber niemand verläßt den Saal. Im Gegenteil, trotz vereinzelten Widerspruchs scheinen alle von ihr gebannt – so genau hat sie die Grenzgänge zwischen eben noch Erträglichem und Unerträglichem ausgelotet, so präzise versteht sie zu nuancieren, zwischen Schock, Unverfrorenheit, Übertreibung und Wahrheit.

Die Nick wirbt nicht um Sympathie, sondern setzt konsequent ihr eigenes Motto um: »Noch geiler, noch platter, noch billiger.« Doch nicht (oder nicht nur) deswegen wird sie bewundert. Was wir sehen, ist in Wahrheit eine Revolution des Showbusineß. Der Form nach bedient sie es, wechselt wie üblich zwischen Gesang und Conférence, aber seinen Inhalt mitsamt unseren klischierten Erwartungen wirft sie über Bord. Wie hatte sie eingangs gesagt? »Ihr kriegt alles, aber wie ihr es verdient.« Den Mut muß man erst einmal haben.

(Frankfurter Rundschau, 7. 5. 1996)

DERBE ABSTÜRZE VON ZWEIFELHAFTEM REIZ

Nur ansatzweise läßt die Nick ihr Format als Tänzerin mit Engagements an der Deutschen Oper Berlin, der Staatsoper München und am Lido de Paris durchblicken. Schon eher läßt sich erahnen, daß da eine ausgebildete Schauspielerin auf der Bühne steht, die schon in Molières »Tartuffe« und Büchners »Dantons Tod« zu sehen war.

Richtig klasse wird es immer dann, wenn die Nick mit rauchig-verruchter Stimme als Chansonette glänzt – dann sind die derben Seitenhiebe auch nicht peinlich. Im Zusammenspiel mit Pianist Christoph Wagner erweckt sie da schon mal wehmütige Erinnerungen an Zarah und Marlene. (...) Nie langweilig, immer provozierend.

(Braunschweiger Zeitung, 15. 1. 1996)

GROSSE FRAUEN, KLEINE MÄNNER

Das Publikum besteht aus jener schrillen Fangemeinde, die stets antritt, wo eine starke Frau aus sich herausgeht. Das tut Désirée. Die Vermarktung der privaten Umstände wirkt – ein Kunststück exhibitionistischer Sensibilität – nicht peinlich. Die unschuldigste Zoten-Rezitatorin der Hauptstadt: auf Gleitflug zum echten Geschmack.

(Der Tagesspiegel, 3. 6. 1996)

ECHTE DIVA

Hatte sie in ihrem ersten Soloprogramm noch voller Inbrunst »Holliwud ick komme« gerufen, so ist sie nun auf den alten Kontinent zurückgekehrt, wo guter und schlechter Geschmack voneinander getrennt sind und göttliche Gerechtigkeit regiert. Diese wiederum hat uns mit der einzigen deutschen Chansonnette, die nicht singen kann, eine echte Diva beschert. Eine Ausnahmeerscheinung, die keineswegs nur durch ihr Dekolleté provoziert. Womit auch erklärt ist, weshalb so mancher Zuschauer hin und wieder konsterniert zu Boden blickt: Eine derart perfekt dargebotene Parodie auf Glanz und Glamour des Showbusineß legt die Verwechslung von Kunstprodukt und Privatperson nahe.

(Kölner Stadtanzeiger, 29./30. Juni 1996)

SAUBEUTELSONGS UND MONOLOGE

... Wer Mütterchen Nick schlicht ordinär findet, sieht zu wenig. Denn außerordentlich gewitzt fand sie ihre Figur, eine zeitgemäße, weibliche Abart des Narren mit allen Freiheiten.

Damit steht sie in einer langen zoten-komödiantischen Tradition – nicht piefig oder betulich, sondern deftig und volksnah, ohne zu tümeln.

(Der Tagesspiegel, Berlin, 24. 5.1996)

Im Grunde ist sie reinen Herzens und tiefen Gefühls.

(Zitty, Juni 1996)

MIT PEP UND PAILLETTEN

Eine Karriere wie die der Berliner Künstlerin Désirée Nick findet sich in keinem Umschulungsprogramm. Angefangen bei einem Engagement als Ballettänzerin in der Deutschen Oper Berlin, über einen zweijährigen Abstecher als Revue-Girl im Pariser Nachtclub »Lido« und einer abgeschlossenen Ausbildung zur katholischen Religionslehrerin bis hin zum Liebling der »Szene«, dem Rosa von Praunheim in einer Programmpause kurzerhand die Hauptrolle in seinem neuen Film »Neurosia« anbot – wer denkt sich wohl so was aus?

»Das ist kein Leben, das man sich am Schreibtisch erträumt, das ist mir alles eher passiert, als daß ich es mir vorgenommen habe. Viele Dinge ergeben sich einfach aus der Skurrilität meines eigenen Lebens, so groteske Sachen kann man nicht erfinden«, meint die – allerdings nur – auf der Bühne so teuflisch lasziv wirkende Entertainerin. Und tatsächlich: Manches, was zunächst wie ein großes Unglück aussah, entpuppte sich später als Privileg. Etwa ihre langen Beine. Die wuchsen und wuchsen zu ihrem Kummer über die für Ballettänzerinnen vorgeschriebene Länge von 170 cm. Aus war der Traum von der Primaballerina.

Heute bilden die wohlgeformten Glieder ihr Kapital – und zwar eines, das sie in ihrer Show, mit der sie bereits auf Kölner

Kleinkunstbühnen Furore machte, gewinnbringend einsetzt. »Ich habe nun mal eine gute Figur, die nehme ich als Komödiantin mit auf die Bühne. Ich arbeite mit den Dingen, die mir zur Verfügung stehen. Das ist alles, was ich zur Sexualität zu sagen habe.« Aber nur in der Theorie. Die Praxis ist dagegen weitaus aussagekräftiger. In ihrem ersten Soloprogramm »Holliwud, ick komme« mimt sie nämlich eine Diva, die es sich zur Aufgabe gemacht hat, Männer und Frauen gleichermaßen zu verunsichern – mit einer bis zur Karikatur überspitzten Studie offensiver Weiblichkeit. Gewagt gesagt: Auf ihren Schlüpfrigkeiten rutschen alle aus, die dieses Kunstprodukt aus Pailletten und Dekolleté, aus perfekter Schminke und exaltierten Allüren für bare Münze nehmen. Und das tut so mancher. »Das Künstliche ist der Schlüssel zur ewigen Wahrheit. Wenn ich Realismus will, kann ich mit der U-Bahn fahren«, bringt es Désirée auf den Punkt. »Das Publikum ist nicht an der Wahrheit interessiert. Das ist der Fehler, daß viele denken, bei Wahrhaftigkeit ginge es um Wahrheit. Wenn eine Figur stimmt, kannst du alles erzählen.« Das tut sie denn auch – indem sie ihre Zuschauer in eine Welt entführt, in der sie vorher noch nie waren, und ihnen einen von vielen Aspekten des Lebens zeigt.

Da kann es nicht schaden, wenn man selber eine Reihe von ihnen kennengelernt hat. Wie etwa den, keine Wohnung und keinen Job zu haben. An diesem Punkt war sie nämlich nach ihrer Pariser Zeit angekommen. »Die Schnauze voll« von allen Bühnen dieser Welt, »für Frührentnerin zu jung und zu müde für eine Affäre«, entdeckt sie eine Anzeige, in der Dienstwohnungen inklusive Monatsgehalt für angehende Religionslehrerinnen angeboten wurden. Daß sie »denen auf Dauer zu progressiv war«, obwohl sie ihre Arbeit sehr ernst genommen hat, läßt sich nachvollziehen.

Konsequent bricht sie mit Tabus wie Mutterschaft und zieht

über ihr mißratenes Töchterlein her (»Eine bornierte Heteroschnalle. Aus Sicherheit laß ich die nicht mehr auf die Straße,
wenn Sperrmüll ist.«) Manche Zuschauerin hat ihr diese
Hartherzigkeit gewaltig übel genommen: So spricht man doch
nicht über sein Kind! Hat sie ja auch nicht, sie hat gar keines.
Trotzdem – die Gefahr, daß ihre Bühnenplaudereien bitter
ernst genommen werden, liegt nahe. Schafft es die Künstlerin
doch, die zwischen ihren Liedern eingestreuten Conférencen
mit schnoddriger Selbstverständlichkeit zu präsentieren – als
sei's ein Stück von ihr. Ist es natürlich auch, aber wesentlich
abstrakter, als es den Anschein hat.
Ihre Lieder wiederum kreiert sie, zur Klavierbegleitung von
Adam Benzwi, auf ihre Weise. Weil: singen kann sie ja
eigentlich nicht: »Mein Techniker kann besser singen als
ich«, aber – »spannend wird es erst richtig, wenn man es nicht
kann.« Ebenso spannend wie ihre Arbeit an Rosa von Praunheims Film »Neurosia«, der kürzlich im Gloria-Theater vorgestellt wurde und in dem sie eine Journalistin spielt. Trotz
allem: »Niemand wird behaupten können, er hätte mich
entdeckt. Ich bin ja schon da.«

(*Kölner Stadtanzeiger, Dezember 1995*)

Bildnachweis

Fotos im Text

Seite 42: © Michelangelo de Battista
Seite 83 (rechts/Mitte/unten): © Hans Rohde, Berlin
Seite 97: © Jürgen Kranich, Berlin
Seite 238: © Sabine Gudath-Beeneken, Berlin
Seite 246 (oben rechts): © Udo Hesse, Berlin
Seite 246 (Mitte): © Frank Jockel, Remscheid
Seite 246 (unten): © Frank Roland-Beeneken, Berlin
Seite 250 (oben): © Imago/Herrenkind & Overberg, Berlin
Seite 264 (großes Bild): © Stefan Erhard, Berlin
Seite 277: © Bernhardt Link, Berlin
Seite 280: © Burkhard Peter/Montaz, Berlin
Seite 289 (oben links): © Melanie Grande, Köln
Seite 289 (oben rechts/unten): © Uwe-L. Günzler, Berlin

Bildteil

Seite I: © André Rival, Berlin
Seite II (oben): © Clemens Glade, Berlin
Seite III (unten): © Günther Martin, Berlin
Seite IV: © Stefan Erhard, Berlin
Seite VI: © Uwe-L. Günzler, Berlin
Seite VII: © Uwe-L. Günzler, Berlin
Seite IX: © Steffen Weigelt, Berlin
Seite X (oben rechts): © André Rival, Berlin
Seite X (Mitte): © Victor Vahlefeld, Köln
Seite X (unten): © Conny Bartsch, Berlin
Seite XI (Mitte): © Jörn Hartmann, Berlin
Seite XI (unten): © Süddeutscher Rundfunk, Stuttgart/Christel Korte
Seite XII: © W. Brückner, Berlin
Seite XIII (links): © Uwe-L. Günzler, Berlin
Seite XIII (oben rechts): © Life »n« Stage/Wolfgang Weimer, Köln
Seite XIII (unten): © Uwe-L. Günzler, Berlin

Humor in allen Lebenslagen

(73025)

(73030)

(2744)

(73032)

(73050)

(73028)